## 점거, 새로운 거번먼트
월스트리트 점거운동 르포르타주

**점거, 새로운 거번먼트 : 월스트리트 점거운동 르포르타주**

초판 1쇄 인쇄 _ 2012년 4월 15일
초판 1쇄 발행 _ 2012년 4월 25일

지은이 _ 고병권

펴낸이 _ 유재건 | 주간 _ 김현경
편집팀 _ 박순기, 주승일, 태하, 임유진, 김혜미, 김재훈, 강혜진, 고태경, 김미선, 고아영, 김현정
디자인팀 _ 서주성, 이민영, 지은미 | 마케팅팀 _ 정승연, 이민정, 박태하, 신지은, 한진용, 김효진
영업관리팀 _ 노수준, 이상원, 양수연

펴낸곳 _ (주)그린비출판사 | 등록번호 _ 제313-1990-32호
주소 _ 서울시 마포구 동교동 201-18 달리빌딩 2층 | 전화 _ 702-2717 | 팩스 _ 703-0272

Copyright © 2012 고병권
저작권자와의 협의에 따라 인지는 생략했습니다.
이 책은 지은이와 그린비의 독점 계약에 의해 출간되었으므로 무단전재와 무단복제를 금합니다.
책값은 뒤표지에 있습니다. 잘못 만들어진 책은 서점에서 바꿔 드립니다.

ISBN 978-89-7682-759-3 03330
이 도서의 국립중앙도서관 출판시도서목록(CIP)은 e-CIP 홈페이지(http://www.nl.go.kr/ecip)와
국가자료공동목록시스템(http://www.nl.go.kr/kolisnet)에서 이용하실 수 있습니다.(CIP제어번호: CIP2012001793)

이 저서는 2009년 교육과학기술부의 재원으로 한국학술진흥재단의 지원을 받아 수행된 연구입니다.
(학술진흥재단-2009-353-B00022)

그린비출판사 **나를 바꾸는 책, 세상을 바꾸는 책**
홈페이지 _ www.igreenbee.net | 전자우편 _ editor@greenbee.co.kr

트랜스 소시올로지
Trans Sociology 012

# 점거, 새로운 거번먼트

**월스트리트 점거운동 르포르타주**  고병권 지음

그린비

# 머리말

1.

사건은 언제나 급작스럽다. 그것은 준비되지 않은 때에 들이닥친다. 그러나 사건은 또한 제때를 놓치는 법이 없다. 그것은 꼭 필요한 때에 나타난다. 기특하구나, 두더지여! 우리가 너를 예기치 않게 만난 지금 여기가, 너를 학수고대하던 그때 거기구나.

2.

내가 그때 거기 있었던 것은 우연이다. 나를 지치게 했던 몇 가지 일이 정리되었을 때 나는 무작정 어디론가 떠나려 했다. 때마침 인연이 닿아 제주에서 몇 개월을 보냈고 다시 미국으로 가게 되었다. 이때 미국은 내게 그 어떤 나라여도 좋을 그런 나라 중 하나였다. 왜 미국이냐고 지인들이 물었을 때, 맑스에게 영국이 그렇듯이 내게 미국이 그런 나라일 수 있다고 말하기도 했고, 미야자키 하야오의 「원령공주」를 흉내 내며, 문제의 발단이 된 서쪽 나라에서 사태를 투명하게 보아야 우리의 병이 치유될 수 있다고 말하기도 했다. 또 제주에서 『민주주의란 무엇인가』(그린비, 2011)라는 소책자를 썼으니, 이제 토크빌처럼 '미국의 민주주의'를 보러 가겠다고도 했다. 물론 모두가 실없이 내뱉은 말들이었다. 사실, 난, 그냥 갔다.

이타카라는 미국의 한적한 시골에서 몇 개월을 보낸 뒤 여름이 되자 뉴욕으로 가겠다는 결심이 섰다. 딱히 이유는 없었고 그저 뉴욕에는 사람과 일이 많을 것 같다는 생각을 했다. 물론 이타카의 생활도 의미가 없지는 않았다. 이타카는 내게 휴식을 주면서 동시에 뉴욕에서 함께 활동할 동료들을 모아 주었다.

뉴욕에 작은 공간을 만들어 활동할 거라고 했을 때 이타카의 몇몇 선생들은 나를 가볍게 만류했다. 뉴욕에서 내가 생각하는 사태는 일어나지 않을 거라고 했다. 뉴욕시는 다른 유럽 도시의 열 배가 넘는 경찰력을 가진 끔찍한 공안 도시라 말하는 이도 있었고, 집단행동에 대해 거부감을 가진, 개인주의가 팽배한 소비 도시라 말하는 이도 있었다. 세계에서 가장 큰 다양성을 가졌지만 세계에서 가장 높은 인종적·계급적 분할의 벽을 가진 곳이라고도 했다.

미국에서 내가 만난 사람들은 중동과 유럽에서 일어난 시위를 말할 때는 열을 올리다가도 막상 미국의 민주주의를 말할 때가 되면 한숨을 쉬고 쓴웃음을 지었다. 미국은 더 이상 '미국의 민주주의'를 쓸 수 있는 나라가 아니었다. 미국은 더 이상 '가능성의 땅'도 아니었다. '미국적 가능성'을 묻는 내게 사람들이 해준 말은 '미국적 불가능성'이었다.

## 3.

참 묘하게 때가 맞았다. 8월에 뉴욕으로 거처를 옮기자마자 몇 해 전부터 알고 지내던 한 활동가를 공항에서 우연히 만났다. 누군가 파견한 전령처럼 그는 그날 있을 어떤 행사를 알려 주었다. 그리고 거듭되는 인연과 우연의 도움을 받아 그날 밤 처음으로 9월 17일의 '거사'에 대해 들었다. 그로부터 며칠 후 톰킨스 스퀘어에서 '월스트리트 점거'를 준비하는 모임이 있는데 가 보지 않겠느냐는 제안을 받았다.

공원에 모인 수십 명의 활동가들. 확언컨대 그때까지도 아니었다. 그들 중 누구도 자신들이 호명한 사건이 어떤 것인지를 알고 있지 않았다. 그들은 이집트의 타흐리르를 뉴욕에 만들고자 했지만 그 시도가 무슨 일을 불러일으킬지 알지 못했다. 수백 명의 사람이 하루이틀 버틸 수 있을까. 뉴욕 경찰의 진압은 확실해 보였고 뉴욕 시민의 호응은 불확실했다. 다시 말해 그들의 시도는 치밀한 계산의 결과가 아니었다.

그들이 무언가를 확신했다면 그것은 결과 쪽이 아니라 원너 원칙 쪽이었을 것이다. 대중의 집단적 창조성에 대한 믿음. 그것은 논리적 추론이나 과학적 계산 이전에 존재하는 입장과 결단의 영역이다. '운동의 과학'을 주장하는 사람들이 놓치기 쉬운 '과학 이전의 운동'이라는 것이 있다. 알고리즘의 수행이나 시스템의 재생산과는 다른 차원에, 오히려 알고리즘으로부터의 이탈과 재생산의 중단으로서 스스로를 드러내는 운동 말이다.

점거 첫날의 표정이 아직도 눈에 선하다. 월스트리트의 점거자들은 자신들의 계산을 넘어서는 운동, 자기 기대를 넘어서는 운동을 희망했고, 그것을 낳을 대중적 힘과 창조성을 긍정했다. 결국 과학적 계산에 앞선 이런 긍정이 현실을 만들어 냈다. 점거운동은 그들의 기대대로 그들의 기대를 넘어섰다. 그리고 불가능은 더 이상 불가능이 아니게 되었다.

4.

경찰이 둘러쌌던 그 작은 공원에서 도대체 무슨 일이 일어났는가. 수년간, 수십 년간, 어쩌면 수백 년간, 미국(그리고 세계)을 지배했던 법과 제도, 통념과 지향이 그 작동을 순간 멈춘 곳. 당대의 시간 규정과 공간 규정이 일시적으로 멈춘 곳. 기존의 우리 삶을 지배하던 가치 규정들과 자격 규정들이 판단중지되고, 그동안 판단금지됐던 모든 신성한 것들이 의심받기 시작한 곳. 이 독특한 사건의 현장, 이 사건의 시공간을 나는 해방구라고 불렀다.

여기서 사람들을 움직인 것은 법적·도덕적 명령이 아니었다. 오직 사람들의 진실한 말만이 사람들을 엮었다. 자신의 힘든 처지를 울먹이며 털어놓는 사람들, 타인의 말에 귀를 기울이며 공감하는 사람들, 그 말을 정성껏 또 누군가에게 전하는 사람들. 그것은 미디어가 전하는 말이 아니었다. 굳이 말하자면 미디어는 사람들 자신이었다. 진실한 말이면 충분했다. '진실한 말'이란 사실에 부합하는 '정확한 말'을 이르는 게 아니다. 사실을 재현하기 이전에 자기 자신을 표현하는 말, 자기가 겪는 고통을 분출하는 말, 자기가 품고 있는 희망을 내던지는 말, 그것이 중요했다. 서로 다르지만 또한 공감하는 말들이 거대한 퀼트천처럼 그 자체로 하나의 대중, 하나의 연대를 이루었다.

언뜻 사람들이 여기서 하는 일은 유치해 보였다. 가져온 음식들을 모아 놓고 여럿이 나눠 먹는 것, 몇 권의 책을 상자에 담아 도서관을 만드는 것, 종이를 접고 색칠을 하며 소품들을 제작하는 것, 공원 입구에 선 나무에 띠를 두르고 종교적 성지를 조성하는 것, 둥그렇게 모여 앉아 명상을 하는 것, 악기를 두드리며 노래를 하는 것, 정치집회를 열고 신문을 돌리는 것……. 맨해튼 복판에 생겨난 참으로 소박한 코뮨, 이 작은 해방구는 내게 민주주의가 무엇인지를 보여 주었다.

미국인들이 '드림'이라고 불러 온 삶의 지향들, 오랫동안 지속되어 온 삶의 지배 유형들이 거기서 타도되고 있었다. 음식을 나누고 책을 나누고 음악을 나누고 견해를 나누면서 사람들은 삶의 기본 유형을 교체하고 있었다. 엘리트들이 개별 정책과 제도에서 보여 주는 창의성과는 비교할 수도 없는 거대한 창조력이 거기서 발휘되고 있었다. 삶의 기본 유형을 바꾸는 데모스의 힘, 즉 민주주의!

주류 정치인과 언론인들은 점거자들이 단일한 요구, 통일된 조직을 만들지도 못한다고 비아냥댔다. 하지만 노동, 인종, 교육, 정보, 생태, 주택, 의료, 도시 등등 서로 환원되지 않고 대체할 수도 없는 여러 요구들이 함께 엮이면서 점거자들의 요구가 얼마나 크고 급진적인지 드러나기 시작했다. 대안은 개별 정책이나 제도가 아니라 다른 삶, 다른 체제라는 것 말이다. 점거운동에는 개별 요구가 없는 대신 온갖 요구가 있다. 이 운동이 어떤 성과를 낼 것인지는 불분명하지만 내게 이 운동의 의지와 욕망은 분명해 보인다. 이 운동이 요구하는 것은 이 체제를 바로잡는 일이 아니라 이 체제로부터 이행하는 것이다.

## 5.

최근 점거자들은 서로에게 총파업을 촉구하고 있다. 총파업은 현 체제에서 더 나은 지위, 더 많은 이익을 차지하기 위해 하나의 위협용 수단으로 사용되는 그런 파업이 아니다. 총파업은 거래의 메시지가 없는 일종의 체제 중단 선언이다. 거래는커녕 현 체제에 아무것도 요구할 것이 없을 때

(모든 것을 요구하는 것은 현 체제에 아무것도 기대하지 않는 것, 아무것도 요구하지 않는 것과 같다!), 오직 현 체제의 중단을 요구할 때, 전체 대중이 거는 비상 브레이크가 총파업이다.

총파업은 때로는 노예해방 이후 남부의 노동자가 되기를 거부했던 미국 흑인들의 대규모 탈출의 형태로 나타났고, 식민 체제의 협력자가 되기를 단호히 거부했던 인도인들의 비타협으로 나타나기도 했다. 총파업은 개별 공장에 대해서가 아니라 체제에 대해 하는 것이다. 현 체제에 참여하기를 거부하는 것, 현 체제의 부분이기를 그만두겠다는 탈퇴인 셈이다. 현 체제가 지속되어서는 안 된다고 생각하는 그 누구도, 체제의 일원이기를 단호히 거부하는 그 누구도, 총파업에 참여할 수가 있다.

**6.**

지금까지의 이야기 그리고 이 책에 소개될 이야기를 작년 미국의 어느 곳에서 진행된 신비한 이야기로 읽는 사람은 아무도 없을 것이다. 외국어는 통역을 필요로 하지만 외국의 상황은 지금 통역이 필요 없다. 여기가 미국이고 이집트이고 그리스이고 스페인이고 또 일본이다. 2001년의 아르헨티나 곁에 2008년의 한국이 섰고, 아랍의 봄 곁에 유럽의 여름, 미국의 가을이 섰다. 이제 모든 지역과 모든 계절이 한곳이고 동시이다. 그들에게 찾아온 때는 우리에게 찾아온 때이며, 그들의 가능성이 우리의 가능성이고, 그들의 위험이 우리의 위험이다.

과거 혁명의 실패를 상기시키는 역사의 늙은 예언자들, 운동을 가르치려 드는 선생들, 운동을 투표함으로 끌고 가 봉인해 버리는 정치인들이 벌써부터 줄을 늘어섰고, 그들이 아니더라도 운동이 스스로 열어젖힌 심연 속으로 뛰어들어 자살할 위험도 존재한다. 그러나 별 도리가 없다. 우리는 지금 이 체제를 견딜 수 없다는 것. 달콤한 비전은 거짓이며, 인류는 묵묵히 자기가 옮긴 걸음만큼만 세계를 이동시킨다는 것. 이것들만이 진실이다.

**7.**

지금 여기 실린 글들은 대부분 월스트리트 점거 시위가 발발하자마자 주간 웹진 『위클리 수유너머』(suyunomo.net)와 그린비출판사의 블로그에 계속해서 올렸던 현장리포트들이다(2011년 9월 27일부터 2012년 1월 17일까지 연재). 사건이 발발하고 여러 힘들이 충돌하는 곳에서 어떤 의미들을 읽어 내는 것이 얼마나 어려운지 절감했다. 어떤 것들은 너무 선명해서 의심스러웠고, 어떤 것들은 포착했다고 믿는 순간 소멸해 버렸고, 또 어떤 것들은 감추어진 채로만 전달되었다. 분명 엄청나게 많은 것들이 파악되지 않은 채 나를 통과했을 것이다. 특정한 곡률을 가진 내 시각에 들어온 것들만이 여기 이렇게 남았을 뿐이다. 게다가 이 책에서 다룬 사태는 지금도 진행 중이고, 운동에 대한 참여도, 운동에 대한 목격도 계속 이루어지고 있다. 이번 운동은 아직도 자기 이야기를 충분히 펼치지 않았다. 이 책은 내가 이해하는 한에서 이 운동의 프롤로그에 해당할 뿐이다.

끝으로 작은 감사의 말을 적어 두려고 한다. 무엇보다 신에게 우연을 빚졌다. 내가 그때 그 자리에 있게 해준 우연에 감사한다. 뉴욕의 동료들, 특히 '이본의 다락방' 동료들에게는 필연을 빚졌다. 나와 함께 현장을 뛰어다니며 내가 듣지 못한 말들을 전해 주고 내 말을 옮겨 준 베일랑(Beilang) 선생에게는 각별한 고마움을 표하고 싶다. 아울러 내게 뉴욕의 여러 활동가들을 소개해 주고 이번 점거운동에 대한 소중한 의견들을 들려준 사부 코소(Sabu Kohso, 고소 이와사부로)에게도 깊은 감사를 전한다. 그리고 이 책을 쓰게 한 위대한 사건, 위기의 순간 우리 세계에게 열린 그 가능성에 축복을 보낸다.

지금 세계를 이동시키고 있는 모든 점거자들에게 축복이 있으라!

• 차례

머리말 … 4

현장리포트 01 점거, 새로운 거번먼트 · 17
현장리포트 02 꽃을 든 점거자 · 22
   노트1 월스트리트 점거운동은 어떻게 시작되었을까 _운동을 준비한 이들 · 31
현장리포트 03 이것이 민주주의다 · 36
현장리포트 04 USA와 OSA · 42
현장리포트 05 이집트로부터 배우자 · 51
현장리포트 06 처음으로 적을 알게 되다 · 58
현장리포트 07 빈 중심 _제너럴 어셈블리 · 69
   노트2 단체들의 회의 _스포크스 카운슬 · 75
   노트3 점거 시위에 쓰인 핸드 제스처 · 79
현장리포트 08 미국의 가을 _행진 스케치 · 80
현장리포트 09 미래가 도래할 수 있을까 _채무자본주의 비판 · 93
   노트4 통계로 보는 미국 사회 · 104
현장리포트 10 운동은 수단인가 · 110
현장리포트 11 민주주의는 직접적인 것이다 · 115
현장리포트 12 시각 _어느 토론회의 요약(1) · 123
현장리포트 13 일국 민주주의와 세계 민주주의 · 135

현장리포트 14  탐욕과 금욕 _욕망의 거번먼트 · 142

현장리포트 15  폭력 비판을 위하여 · 151

현장리포트 16  불가능한 것을 실행하기 _합의 만들기에 관하여 · 159

현장리포트 17  운동의 도덕성 · 163

현장리포트 18  "모든 곳을 점거하라: 기업 권력에 맞서는 새로운 정치와 운동의 가능성" _어느 토론회의 요약(2) · 173

현장리포트 19  점거와 철거 _운동의 물리적 장소를 둘러싼 싸움 · 192

현장리포트 20  불복종 · 200

현장리포트 21  지상의 운동 _사라진 것과 남은 것 · 210

현장리포트 22  지하의 운동 _가능한 깊게, 가능한 멀리 · 218

노트5  아큐파이 오클랜드 _'함께할 권리'에 대하여 · 233

• 부록1  @데이비드 그레이버  월스트리트 점거운동의 아나키스트적 뿌리 · 252
• 부록2  @가야트리 스피박  총파업 · 263
• 부록3  @주디스 버틀러  불안정을 위하여, 그리고 불안정에 반대하며 · 267

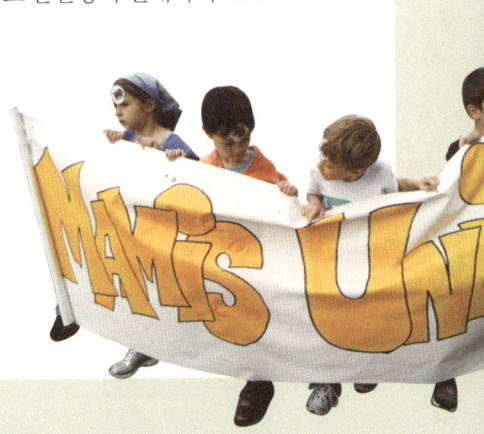

### 점거의 현장, 리버티 스퀘어(주코티 공원)

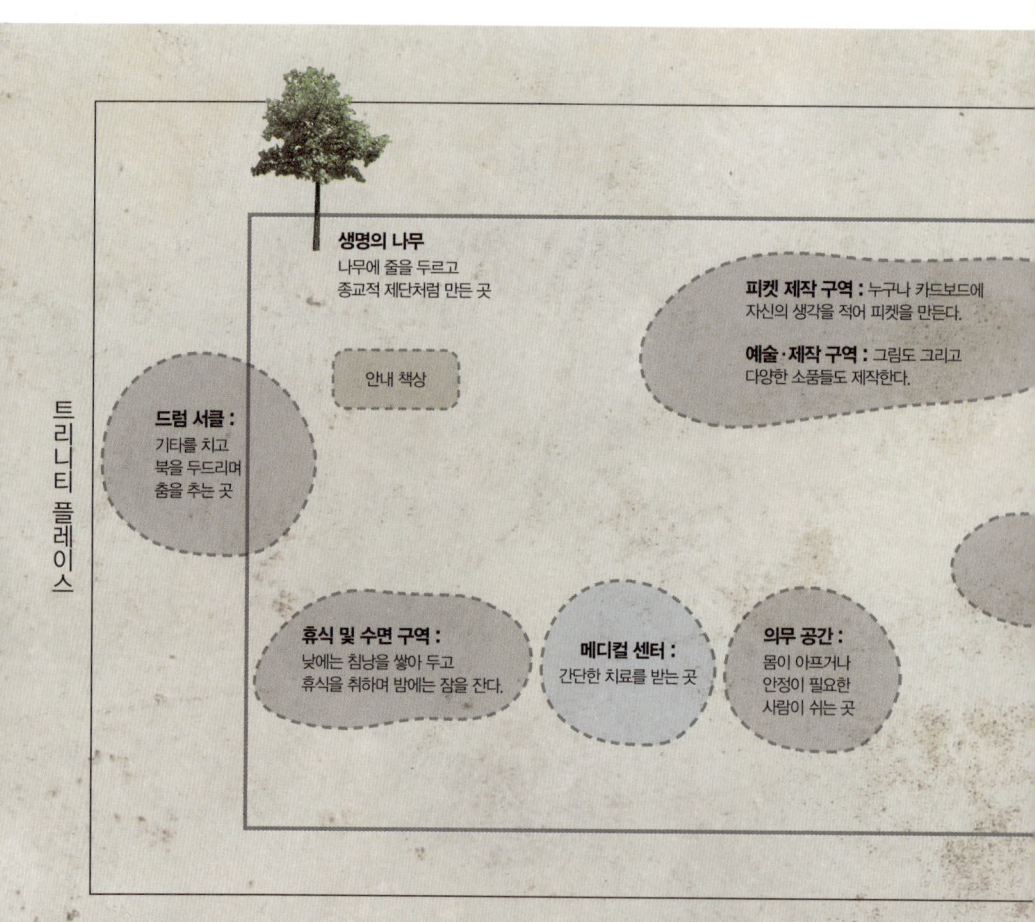

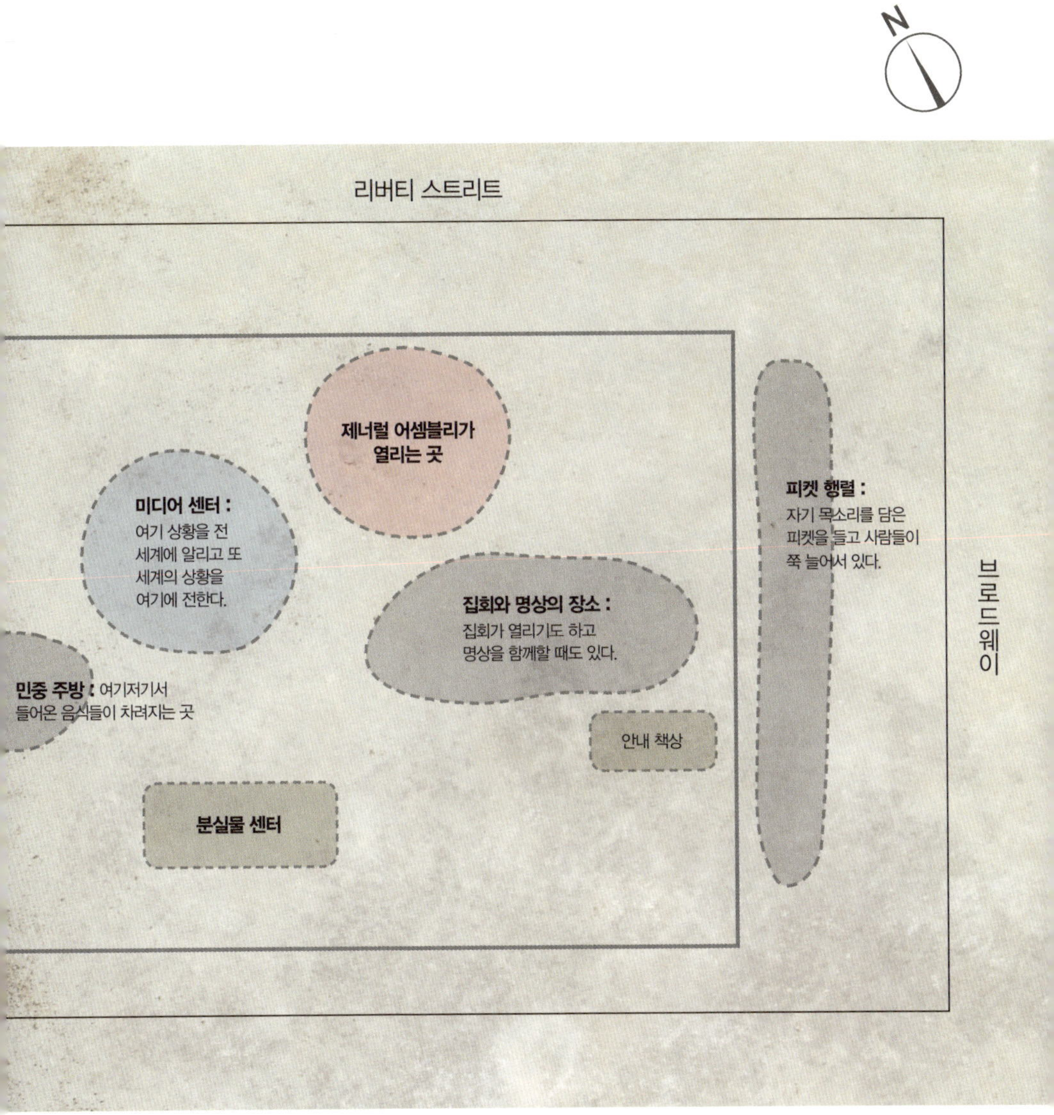

리버티 스트리트

제너럴 어셈블리가
열리는 곳

**미디어 센터 :**
여기 상황을 전
세계에 알리고 또
세계의 상황을
여기에 전한다.

**집회와 명상의 장소 :**
집회가 열리기도 하고
명상을 함께할 때도 있다.

안내 책상

**민중 주방 :** 여기저기서
들어온 음식들이 차려지는 곳

**분실물 센터**

**피켓 행렬 :**
자기 목소리를 담은
피켓을 들고 사람들이
쭉 늘어서 있다.

브로드웨이

**현장리포트 01**
# 점거, 새로운 거번먼트

　세계가 동시에 들썩이고 있다. 세계의 주식시장이 동시에 곤두박질친다. 한 기업은 다른 기업에, 한 나라는 다른 나라에 운명을 완전히 의탁하고 있는데, 모두가 제 발등의 불을 보느라 남을 돌볼 여력이 없다. 3년 전 위기는 금융에서 시작되었는데, 지금은 그것이 정부의 재정 위기로 돌변했다. 해소된 줄 알았던 위기가 확대 전가된 셈이다. 이제 부도 리스트에 이름을 올리는 건 기업들이 아니라 국가들이다. 미국, 유럽, 일본. 지난 수십 년간 세계 경제를 장기판 훈수 두듯 했던 이들이 이제는 졸(卒) 한 칸 움직이지 못할 정도로 외통수에 걸려든 느낌이다. 유동성을 공급하기 위해 낮춘 금리가 사실상 제로라는 수학적 한계에 직면해 있고(게다가 저금리는 천정부지의 물가 문제를 낳고 있다), 재정 파탄 때문에 경기 진작을 위한 재정 확대는 꿈도 못 꾼다. 속수무책. 정부 당국자들 스스로 그런 무책임한 말을 서슴없이 내놓고 있다. 적대적인 이념의 위협도 없고 제국 간 식민지 쟁탈전도 없는데, 위기는 한 세기 전 세계가 직면했던 그 수준에 딱 와 버렸다.
　그러나 지금 들썩이는 게 주식시장만은 아니다. 중동과 아프리카에서 시작된 세계 민중들의 시위는 그리스와 만났고 스페인의 광장을 거친

"이윤이 아니라 사람"(9월 17일, 월스트리트에 있는 국립원주민 박물관 뉴욕 분원 건물 앞).

뒤 런던으로 이어졌다. 높은 등록금에 항의해서 캘리포니아와 런던의 학생들이 대학을 점거했듯이, 아니 그보다 훨씬 높은 강도로 칠레의 학생들이 거리를 점거했다. 모두 지난 금융위기 이후 일어난 일이다. 그런데도 기업과 정부는 위기라는 이유로 정작 위기에 빠진 대중의 삶을 '나 몰라라' 하고 있다. 심지어는 최소 안전망을 제공하려는 노력 자체를 불온시하는 경우도 있다.

최근 미국 정가에 단어 하나가 논쟁의 중심에 섰다. 바로 '계급전쟁'(Class Warfare)이라는 말이다. 일자리 창출을 위한 재정 지출과 증세 요구에 미국 우파 인사들이 오바마에게 일종의 '빨갱이' 딱지를 붙인 것이다. '증세'에 대해 그들은 입을 모아 '계급전쟁' 선포라고 흥분했다. 그런데 따지고 보면 그 의도와 상관없이 그들 말이 맞는지도 모르겠다. 사회과학 개념 중 현재의 인구 분할과 갈등을 지칭할 수 있는 것으로 '계급'보다 나은 걸 찾기 어렵기 때문이다.

세계 곳곳, 그야말로 여기저기서 사람들이 뛰쳐나오고 있다. 누군가는 광장에 진을 치고 누군가는 건물을 장악하고 누군가는 첨탑에 올라간다. 무슨 혁명가의 대단한 정세 판단을 가져서도 아니고, 미래 사회에 대한 숭고한 비전을 가져서도 아니다. 오히려 앞길이 막막하고 가슴

"전쟁이 아니라 계급전쟁"(9월 24일, 점거 현장에 있던 피켓).

이 답답한데 대표라는 이들이 속수무책으로 있고, 아니 어떤 때는 위기를 핑계로 가난한 이들을 노골적으로 방치하고 비열하게 추방하는 걸 보면서 그냥 뛰쳐나오는 것이다. 법과 제도를 들먹이는 것은 이제 한가한 소리가 되었다. 이미 삶의 위기가 그것을 초과해 버렸기 때문이다. 누군가가 법이 안 되고, 제도가 안 되고, 논리가 안 된다고 말하면 사람들은 이제 그것들을 바꾸라고 말한다.

말 그대로 '점거'가 시위의 지배적 형태로 등장하고 있다. 그런데 이 점거는 과거의 바리케이드나 전통적인 농성과는 많이 달라 보인다. 이해와 요구를 걸고 방어적 자세로 버티는 것이 아니다. 오히려 문을 열고 모두에게 들어오라고 말한다. 그리고 이야기하자고 말한다. 사람들은 권력자들에게 말하기에 앞서 서로에 대해 말하고 또 듣고 싶어 한다.

이번에 월스트리트 시위를 취재하면서 재밌는 말을 들었다. 점거자 중 한 사람은 내게 이런 말을 했다. "여기 와서 나는 나에 대해서 알게 됐다." 자기 이해(self understanding). 내 답답한 마음의 정체에 대해 알게 되

9월 24일, 점거 장소에서 음식을 준비하기도 하고 다음 행동 전략을 논하기도 하는 사람들.

었다는 것이다. 점거는 그들에게 무언가를 요구하기 이전에 '나'와 '우리'를 이해하는 자리가 되고 있다. 갑자기 사람들은 장터를 연 것처럼 떠들썩하게 음식을 해먹기 시작했고 토론을 하고 서로의 살아온 이야기를 들었다. 그리고 서로의 잠자리를 보살폈다. 어떤 점거자는 "우리는 여기서 지금 셀프 거버닝(self-governing)을 하고 있다"고 했다. '지배', '통치', '정부' 등으로 번역되곤 하는 'government'라는 말은 여기서 완전히 새로운 의미를 획득한다('사물들의 배치와 운용'이라는 원래의 말에 더 다가갔는지도 모르겠다). 거번먼트, 그것은 여기서 '삶을 가꾸는 집단적 기술'이라 불러야 할 것 같다. 언뜻 보기에는 조잡해 보이지만 점거 장소에 설치해 둔 조리기구들과 침구류들은 공동체와 사회, 삶의 거번먼트에 대한 태초의 질문이 만들어진 장소처럼 오히려 숭고해 보인다. 이들이 점거한 공원은 참된 의미에서 공동의 장소로 거듭나고 있다. 여기서 사람들은 거번먼트를 새로 배우고 있다. 그리고 그들 나라의 거번먼트, 즉 정부가 자신들이 점거의 장소에서 알게 된 거번먼트에서 얼마나 멀리 있는지도 깨닫고 있다.

사실 우리는 이 이야기를 알고 있다. 한국 사회에서도 이런 점거가 나타나고 있기 때문이다. 2000년대 이후 한국 사회에 나타난 여러 점거들, 이랜드 비정규직 노동자들의 매장 점거, 평택 대추리 사람들의 마을 점거, 미국산 소고기 파동 당시 시민들의 서울광장 점거, 용산 남일당 사람들의 점거, 홍대 두리반 사람들의 점거, 그리고 지금도 진행 중인 김진숙 지도위원의 크레인 점거, 단 한 명의 점거에서부터 수십만 명의 점거에 이르기까지 우리는 새로운 거번먼트를 실험하고 있다.

**현장리포트 02**
# 꽃을 든 점거자

뉴욕으로 거처를 옮긴 8월 말, 우연의 징검다리를 거쳐 인류학자 데이비드 그레이버(David Graeber)를 만났고, 그에게서 '9월 17일 뭔가 벌일 것'이라는 말을 들었다. 그리고 얼마 지나지 않아 한 활동가에게서 연락을 받았다. 9월 17일 '월스트리트를 점거하라'라는 이름의 시위가 기획되었고 그 준비 모임이 열리고 있는데 한번 지켜보겠느냐고. 세계가 이 난리인데 미국, 특히 뉴욕의 활동가들은 어떤 생각을 갖고 있는지 궁금하기도 했고, 게다가 그것을 준비하는 과정을 볼 수 있다니 당연히 그러겠노라고 했다. 9월 초, 톰킨스 스퀘어(Tompkins Square)에 갔다(사실 이 모임은 누구에게나 개방되어 있고 그 일정이 인터넷을 통해 공개되어 있었다). 참고로 맨해튼의 로우어 이스트 사이드(Lower East Side)에 있는 이 공원은 여러 집회가 열린 역사적으로 유서 깊은 장소이다.

    인상적인 것은 활동가들이 자신들의 의사를 효과적으로 전하기 위해 개발해 놓은 다양한 수화였다. 목소리가 안 들릴 때, 강력한 동의를 표할 때, 강한 이견이 있어 발언을 요청할 때, 강력한 반대를 표할 때, 그때마다 다양한 손짓을 구사했다(점거운동에서 사용된 수화에 관해서는 79쪽의 〈노트 3〉을 참조하라). 상당수는 조직적 토론을 거쳐 온 사람들이겠지만 모임 자

"월스트리트는 (너희 것이 아니라) 우리 것이다."

체가 개방되어 있었기에 새로 온 사람들도 자유롭게 발언했다.

일부 그룹에서 '대량 구속'을 각오한 강력한 시위를 요구하면서 긴장이 흐르기도 했지만, 전체적인 분위기는 대중의 참여를 막아 버리고 경찰과의 불필요한 폭력 교환만을 낳는 시위에 반대하는 쪽으로 흘렀다. 사람들은 상당히 유연했다. 점거 투쟁을 알리는 홍보 포스터(24쪽 그림 참조)를 보면 알겠지만, 월스트리트를 상징하는 황소의 폭주 위에서 그것을 유연하게 다루는 어떤 힘과 능력을 생각했던 것일까. 경찰을 뚫는 게 목표가 아니고 대중이 함께하는 게 목표라고 말하는 이도 있었다. 나 역시 거기에 동의했지만, 속으로는 '너무 무른 것 아닌가' 하는 생각을 하기도 했다. 공원을 최소한 1박 2일은 점거할 생각이었던 것 같은데 내 짐작으로는 당일 다 쫓겨날 것 같았다.

어떻든 당일 경찰의 봉쇄에 맞서 구사할 전략을 고민하는 전략 위원회, 법률적 문제를 검토하고 조언할 법률 위원회, 음식물을 조달할 식품

월스트리트 점거 투쟁을 알리는 웹 포스터.

위원회 등이 효과적으로 결성되었고 (현장에 있던 사람들이 여기저기서 손을 들며 쉽게 결성되었는데 정말 인상적이었다. 자신이 잘하는 요리에서 시작해서 싸게 식재료를 파는 가게, 음식물을 보관할 넓은 친구집(!) 등을 소개하는 게 무슨 놀이 같았다), 플래시몹 등 자신들이 준비하고 있는 일을 광고하며 참여자를 받는 워킹그룹들도 있었다. 많은 사람들이 모인 건 아니었지만 정말 활기찬 모임이었다. 점거 전날인 9월 16일에도 몇몇 사람들이 브루클린의 어느 건물에 모였다. 각자 해온 음식을 나눠 먹으며 안부를 묻고 긴장을 풀었다. 그리고 최종 점검을 하기도 했다. 분명 시위를 준비하는 것이었지만, 다른 한편에서는 시위 준비 자체가 끼어들고 싶을 정도로 재밌는 놀이처럼 보였다.

9월 17일, 점거 시위는 오후 3시로 예고되어 있었다. 하지만 그전에 만난 활동가는 경찰이 미리 봉쇄를 할 수도 있으므로 조금 일찍 나오는 게 좋겠다고 연락을 해주었다. 정오께 월스트리트의 유명한 황소 동상 근처로 갔다. 경찰은 이미 점거가 예정되었던 증권거래소 주변, 체이스 맨해튼 플라자 근처를 모두 봉쇄하고 있었다. 하지만 관광객 때문인지 아니면 최소한의 집회 시위가 보장되어 있기 때문인지 황소상 주변의 인도는 통제하지 않았다. 다수의 사람들이 피켓을 들고 걸으며 구호를 외치는데도 전혀 제지받지 않았다.

월스트리트 황소상 근처에서 점거 제안자들이 참여를 호소하고 있다.

경찰은 황소상을 지키고 있었지만(황소를 지키는 것이 참 묘한 느낌을 주었다), 사람들은 그것을 에워싸고 탑돌이를 하듯 돌면서 구호를 외쳤다. 처음에는 20~30명이었는데, 어느새 200~300명으로 불어나 있었다. 시위 제안자들은 3시에 있을 점거를 알렸고, 일부는 미국 정부와 월스트리트를 비난하는 연설을 했다.

경찰의 경계가 삼엄했지만 시위 제안자들은 '꽃'을 들고 있었다. 그들 발언에는 유머가 넘쳤기에 지나가던 여러 사람들이 그들 주변에 몰려들었다. 경찰이 적극 제지를 하지 않은 탓도 있었지만, 곳곳에서 재치 있는 퍼포먼스가 펼쳐졌다. 주변을 지나가던 관광버스에서 사람들은 사진을 찍고 손을 흔들어 대고 엄지손가락을 치켜들며 지지를 표시하기도 했다.

갑자기 한쪽에서 재밌는 소리가 들렸다. "우리는 여기서 요가를 할 것이다! 월스트리트만 생각하면 몸이 굳어서 안 되겠다!" 갑자기 일군의

잔디밭에서 요가를 하고 있는 사람들.

사람들이 잔디밭에 눕더니 요가를 시작했다. 법률적으로는 모르겠지만 경찰이 막기엔 참으로 미묘한(!) 시위였다.

그 옆에는 흰 성직자 복장을 한 사람들이 있었다. 그들은 스스로를 '프로테스트 채플린'이라고 소개했다. 보스턴에서 온 범기독교 그룹으로서 다양한 사회적 이슈에 관여하고 있으며, "부자들이 가난한 이들에게 절실한 부를 오히려 가로채 가는 현실에 분개한다"고 했다.

그 옆에서는 한 청년이, 비트 세대의 지도자적 시인으로 알려진 앨런 긴즈버그(Allen Ginsberg)의 시 「아우성」(Howl)을 절규하듯 읽어 댔다. "아메리카여, 너희 힘을……" 하며 미국을 탄핵하는 대목을 큰소리로 읽었다.

또 다른 쪽에서는 수요일로 예정되어 있던 트로이 데이비스(Troy Davis)의 처형에 반대하는 사람들이 시위를 시작했다. 데이비스는 1989년 경찰관 살해 혐의로 체포되어 조지아주에서 사형선고를 받은 인물인

볼링 그린(Bowling Green)에서 토론을 하는 사람들.

데, 사형선고에 결정적 역할을 한 증인들이 증언을 철회하면서 사형 집행을 철회하라는 요구가 빗발쳤다. 나와 함께 이 집회를 본 베일랑(Beilang) 선생은 내게 남부 주에서 유지되는 사형제도는, 과거 흑인들을 향해 사적으로 내려지던 린치와 처형이 제도적 형태로 흡수된 것인지 모르겠다는 말을 했다. 그리고 석방 가능성을 타진한 내게 흑인의 백인 경찰관 살해는 이 나라, 특히 남부의 주에서는 상상할 수 없는 분노를 야기하며, 결국 사형이 집행될 것이라고 했다(그의 말처럼 데이비스는 예정대로 9월 21일 수요일에 처형되었다). 데이비스 시위 옆에서는 '법인'도 '인격'을 갖는다며 자유롭게 정치적 기부금을 낼 수 있다는 미국 대법원의 판결에 항의하는 시위가 있었다. 금권정치의 틀을 법원이 열어 준 것이다. 사람들은 정치에서 '돈이 말한다'(Money Speaks)는 것이 현실이 된다고 주장했다. 어떻든 '인종=정의'(Race=Justice), '돈=정의'(Money=Justice)라는 도식이 아주 선명해 보였다.

멕시코에서 온 이민노동자가 발언하고 있다.

사람들은 어느덧 2천 명 가까이 돼 보였다. 시위대는 한때 세관이었고 지금은 미국원주민박물관의 뉴욕 분원이 된 건물 앞으로 이동했다. 여러 사람들이 여기저기서 뛰어 올라와 다양한 발언을 했다. 곳곳에서 마이크 도움 없이 큰소리로 외쳐 대는 이도 있었고, 가면을 쓰거나 화려한 의상을 입은 채 퍼포먼스를 하는 이도 있었다. 그 중에 자신을 멕시코 이민노동자라고 밝힌 이의 연설이 이목을 끌었다. 그는 아메리칸 드림을 찾아 미국에 왔다고 했다. 그러나 여기도 한마디로 '개판'(bull shit)이라고 했다. 무엇보다 이민노동자들이야말로 온갖 불안에 시달리고 착취를 당한다고, 피를 보고 있다(bleeding)고 했다.

연단 아래서는 한 대학생이 가면을 쓴 채 등록금 문제의 심각성을 토로하고 있었고, 또 그 옆에는 월남전 참전 용사라는 문구가 박힌 옷을 입은 할아버지가 "월스트리트를 셧다운시켜라"라고 소리를 높였다. 일군의 사람들은 달러를 불에 태우는 퍼포먼스를 했다. 즐거움과 분노가 뒤섞인

주코티 공원으로 이동한 사람들이 곳곳에서 토론을 벌였다. 공원은 갑자기 거대한 토론장이 되었다.

묘한 집회였다.

3시가 넘어서고 경찰의 블록 봉쇄가 풀리지 않자 시위대는 리버티 스퀘어(Liberty Square) 근처에 있는 주코티 공원(Zuccotti Park)으로 이동했다. 인도를 따라 걸으며 그들은 계속해서 구호를 외쳤다. 그리고 공원에 다다르자 점거의 제안자들 중 한 사람(자신을 '뉴욕시 제너럴 어셈블리'에서 왔다고 소개했다)이 토론을 하자고 제안했다. 함께 온 사람들, 주변 사람들과 모여서 토론을 하자고. 그런데 신기하게도 사람들은 바로 그 요구를 이해했다. 금세 주변 사람들과 앉아서 말을 하기 시작했다. 그야말로 온갖 주제들이 나왔고 때로는 감동해서 숙연해지기도 하고 때로는 의견이 갈려 목소리가 높아지기도 했다.

한 대학생은 자신이 캘리포니아 주립대학에 다닌다고 소개했다. 자신의 아버지는 거의 돈을 내지 않고 대학을 다녔지만 이제 자신이 내는 등록금은 가족의 세금을 넘어선다고 했다. 그때 다른 학생이 일어나 26일

점거에 참여한 베트남 참전용사 할아버지. 기업지배체제(corporatocracy)가 아니라 민주주의(democracy)를 요구한다.

부터 대학과 관련해서 자신들이 뭔가 일을 벌일 것이니 참여해 달라고 했다. 어떤 아주머니는 거기 맞장구치며, 오늘은 점거의 첫날이며, 앞으로 있을 여러 의미 있는 날들의 첫날이 될 것이라고 열변을 토했다. 또 다른 그룹에서는 자본주의 금융화에 대한 제법 아카데믹한 논쟁이 벌어졌고, 또 다른 그룹에서는 중동에서 미군 철수에 관해 이야기하고 있었다. 어떤 이는 캐나다에서 미국으로 연결되는 가스관 공사(키스톤 엑스엘 Keystone XL 송유관 공사를 말한다)가 추진되고 있다면서 그것이 대단한 생태적 재앙을 불러일으킬 것임을 널리 알려 달라고 했다.

한 그룹 한 그룹 가까이서 보면 정말 중구난방인데, 공원 뒤쪽에서 바라보니 모두가 삶의 문제에 대해 서로의 생각을 나누는 하나의 집합적 거번먼트를 구성하고 있었다. '내 속을 털어놓고 당신 생각을 들으니 이제 내가 이해되고 우리가 이해된다'고 말하는 사람들, 그것은 결코 빈말이 아니었다. 경찰이 공원을 느슨하게나마 둘러싸고 있었으나 아무도 경찰을 의식하지 않았다. 지금은 그렇게 한가한 때가 아니었던 것이다. 지금은 민중들이 서로의 말을 듣고, 서로에게 연대를 표시할 때였기 때문이다.

### 노트1
# 월스트리트 점거운동은 어떻게 시작되었을까
#### 운동을 준비한 이들

월스트리트 점거운동은 어떻게 시작되었을까. 성냥을 그은 건 이미 언론을 통해 많이 알려진 것처럼, 『애드버스터』(Adbusters, www.adbusters.org)라는 잡지였다고 한다. 2011년 7월 13일, 이 잡지의 편집자 라슨(Kalle Lasn)과 화이트(Micah White)는 9월 17일 월스트리트 점거를 제안하는 메일을 돌렸고 그것이 트위터 등에 돌면서 큰 호응을 얻었다.

『애드버스터』는 지난 20여 년 동안 반자본주의·반소비주의 운동을 해온 잡지이다. 소비주의 탐욕이 사회와 환경을 망치고 있다는 생각에 이 잡지는 그동안 '아무것도 사지 않는 날'(Buy Nothing Day) 운동을 벌이기도 했고, 지역의 중소 가게들을 고사시키는 스타벅스 반대 운동을 벌이기도 했다. 재밌게도 『애드버스터』는 미국이 아니라 캐나다 밴쿠버에 사무실을 두고 있고, 편집인인 라슨은 밴쿠버 외곽에서 농사를 짓는 사람이다. 2011년 11월 28일자 『뉴요커』에 따르면, 그는 어린 시절을 호주의 난민 캠프에서 보냈고, 대학에서 응용수학을 전공한 뒤 컴퓨터 프로그램 관련 일을 하다, 일본에서 시장조사 회사를 차려 전후에 돈을 많이 벌었다고 한다. 세계 곳곳을 다니다 캐나다에 정착했고 이후 실험영화 제작과 환경운동에 투신했다. 라슨과 함께 이 운동을 제안한 화이트는 버클리 출신으로 올해 갓 서른이 된 젊은이다. 그는 대학을 마치고 전혀 일면식도 없던 라슨에게 일하고 싶다고 편지를 써서 인연을 맺었고 지금은 『애드버스터』의 수석 편집자이다.

7월 초 이들은 서로 의견을 나누던 중 이집트 민주주의의 상징적 장소인 '타흐리르'(Tahrir) 같은 게 아메리카에도 필요하다는 생각에 도달했다고 한다. 민주주의를 요구하며 대중들이 농성을 벌이는 광장. 서로 생각이 통하자 이들은 곧바로 'occupywallstreet.org'라는 도메인을 등록하고, 『애드버스터』 예술부서로 하여금 포스터를 디자인하도록 했다. 이렇게 해서 이번 시위를 대표하는 포스터, 즉 월스트리트의 상징인 '황소' 위에서 '춤추는 발레리나' 모습이 담긴 포스터가 만들어졌다. 자본주의의 역동성을 담은 황소와 선(禪)의 고요함을 담은 발레리나, 배경은 자욱한 최루탄 연기 속에 나타난 시위대. 날짜를 9월 17일로 정한 사연도 재밌다. 처음에 화이트는 준비 기간을 고려해서 2012년 7월 4일을 제안했는데, 라슨은 그렇게 되면 정치 환경이 크게 변할 것이라며 2011년 9월을 주장했다. 『뉴요커』의 취재에 따르면 9월 17일은 라슨 어머니의 생일이었다.

그런데 뉴욕 월스트리트에서는 또다른 시위가 준비 중에 있었다. 2011년 봄 미국 의회에서 벌어진 연방정부 채무 상한선 협상 여파로 대규모 재정 감축이 이루어지면서 이에 항의하는 시위가 예정되어 있었던 것이다. 이 시위는 '예산 삭감에 반대하는 뉴요커들'(NYABC, New Yorkers Against Budget Cuts)이라는 단체가 주도했는데, 이들은 얼마 전에도 점거 형태의 시위를 시도한 경험이 있었다. 이들은 8월 2일 월스트리트의 황소상 근처에서 시위를 하겠다고 밝혔다. 라슨과 화이트는 이들과 접촉했고 이들 또한 9월 17일에 있을 월스트리트 점거에 함께하겠다는 약속을 받았다.

이것이 그동안 언론을 통해 많이 알려진 월스트리트 운동의 시작이다. 정리하자면, 캐나다의 한 작은 언론사의 편집자 둘이 이집트의 타흐리르를 떠올리며 미국에도 그런 점거운동이 일어났으면 좋겠다고 생각했고, 그것이 인터넷을 통해 여러 사람들에게 큰 호응을 얻었고, 결국 9월 17일, 그러니까 라슨 어머니의 생일날 점거 시위에 나서게 된 것이다. 하지만 과연 이게 점거운동 시작의 전말일까. 이번 시위와 관련해서 『애드버스터』의 역할을 평가하지 않는 건 아니지만, 이런 이야기는 사실 물밑에서 일어난 너무 많은 일을 생략한 것이다. 라슨과 화이트가 좋은 생각을 떠올렸고 그들 나름대로 열심히 움직인 것은 사실이지만, 뉴욕의 시위가 밴쿠버의 두 사람에 의해 시작되었고 그들의 지휘를 받은 것처럼 생각하는 것은 잘못이다. 이들이 어떤 발화점이 되었을 수는 있지만 아주 짧은 시간에 불길이 수평적 형태의 점거로, '대중의 지속적 광장 점거'라는 새로운 형식으로 발전해 나간 데는 '다른 이들'의 준비가 있었기 때문이다.

내가 아는 한 월스트리트 점거 시위의 초기 세팅은 이 '다른 이들', 다시 말해 이후 뉴욕시 제너럴 어셈블리(NYCGA, New York City General Assembly)를 만든 뉴욕 활동가들에 의해 이루어졌다. 사실 나는 맨해튼에서 이번 점거를 지켜보는 동안 '애드버스터'라는 이름을 거의 듣지 못했다. 8월 말 톰킨스 스퀘어 공원에서 열린 준비 모임을 봤을 때, 활동가들은 이미 나중에 리버티 스퀘어에서 본 제너럴 어셈블리 형태로 회의를 진행하고 있었다. 각종 위원회나 워킹그룹의 초기 형태들도 이미 갖추어져 있었다(물론 점거가 본격화되면서 대중들에 의해 수많은 창조가 또 일어나기도 했지만).

게다가 크롤(Andy Kroll)에 따르면 뉴욕 활동가들은 『애드버스터』

의 제안과는 별개로 뉴욕에서 이집트의 타흐리르나 스페인 마드리드의 '푸에르타 델 솔'(Puerta del Sol)에서와 같은 점거 시위를 고민하고 있었다.■ 이들은 그냥 그런 게 미국에도 있었으면 좋겠다고 생각한 수준이 아니라, 실제로 거기서 온 활동가들과 만나 논의를 진행하고 있던 중이었다.■■ 크롤에 따르면 점거가 시작되기 수개월 전 일군의 활동가들과 작가들, 학생들, 운동가들이 리버티 스퀘어 근처에 있는 비버 스트리트(Beaver Street) 16번지에 모였다고 한다. 여기에는 뉴욕에 있는 사람들만이 아니라, 이집트, 스페인, 일본, 그리스에서 온 활동가들이 있었다. 이들은 아랍과 유럽에서 일어난 시위에 참여했던 이들이었다.

특히 스페인에서 온 두 명의 활동가는 5월에 있었던 마드리드 광장의 경험을 뉴욕 활동가들에게 전했다. 스페인이 이집트의 타흐리르를 어떻게 마드리드에서 자기 식으로 만들어 냈는지, 그리고 이것이 스페인과 이탈리아의 수백 개의 도시들로 어떻게 퍼져 나갔는지. 특히 이들은 비버 스트리트 모임에서 '제너럴 어셈블리'의 아이디어를 제시했다. 지도자 없이 민중들이 함께 모여 이슈들을 함께 논의하고 컨센서스를 통해서 결정을 내리는 모델을 맨해튼에 도입해 보는 게 어떠냐고 제안했다. 일부 사람들은 시간도 에너지도 많이 소모되는 방식이라고 회의적 반응을 보였지만, 꽤 많은 이들이 이 제안에 관심을 가졌다고 한다.

> Andy Kroll, "How Occupy Wall Street Really Got Started", *This Changes Everything: Occupy Wall Street and the 99% Movement*, San Francisco: Berrett-Koehler Publisher, 2011 참조.

> 뉴욕 대학에서 만난 어느 대학원생은 내게 "미국에서는 이런 운동조차 바깥[캐나다]에서 지시를 받고서 일으킬 정도다"라고 냉소적으로 말했지만 이는 사실이 아니다. 미국에는 미국 나름의 중요한 운동의 전통이 있으며, 무엇보다 뉴욕과 같은 주요 도시들에서는 운동의 흐름들이 새롭게 형성되고 있다. 이번 점거 시위도 그동안 축적된 뉴욕의 운동 역량이 일정하게 발휘된 것으로 보아야 할 것이다.

8월 2일, 월스트리트의 황소상 앞에서, 앞서 '예산 삭감에 반대하는 뉴요커들'(NYABC)이 제안한 시위가 벌어졌다. 하지만 그것은 제너럴 어셈블리가 되지 못했다. 몇 사람들이 마이크를 잡고 말했고 나머지는 그 이야기를 수동적으로 듣는, 아주 전통적인 집회가 된 것이다. 이때 그것을 참을 수 없던 일부 활동가들(이들은 비버 스트리트에 모였던 사람들이다)이 근처 볼링 그린 공원(Bowling Green Park)으로 옮겨서, 곧바로 제너럴 어셈블리 형식의 집회를 만들어 버렸다(그날 이 행동을 주도한, 뉴욕에 사는 그리스 아티스트 조지아 새그리Georgia Sagri의 표현을 빌리면, 집회를 '날치기해 버린'hijacked 것이다). 크롤은 이 순간을 '뉴욕시 제너럴 어셈블리', '직접민주주의를 위한 뉴욕 자신의 실험'이 시작된 때라고 묘사했다(내가 8월 말 톰킨스 스퀘어 공원에서 본 것은 바로 이렇게 시작되었던 것이다).

당시에 인터넷에는 월스트리트 점거에 대한 『애드버스터』의 제안이 돌고 있었다. 어찌 보면 뉴욕의 활동가들은 그 제안을, 마치 8월 2일 시위에 대해 그랬던 것처럼, 자기 것으로 만들어 버린 게 아니었나 싶다. 이들은 『애드버스터』와 곧바로 접촉을 했고 9월 17일 행동에 참여하기로 했다. 이로써 인터넷 공간에서 유령처럼 돌던 하나의 제안, 사람들에게 새로운 영감을 불어넣어 준 그 제안은 현실적 신체성을 갖게 된 것이다. 그리고 9월 17일 주코티 공원에서, 뉴욕의 활동가들이 "제너럴 어셈블리를 열자"고 제안했을 때, 대중들은 마치 오래전부터 그것을 알았던 사람들처럼 그것을 곧바로 현실화해 버렸다.

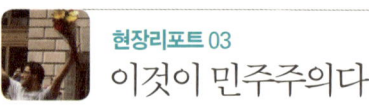

**현장리포트 03**
# 이것이 민주주의다

9월 17일의 시위는 그렇게 끝났겠거니 했다. 그런데 한 통의 메일을 받았다. 이번 월스트리트 점거의 법률 자문을 맡고 있는 변호사이자, 2000년대 초반 국가부도 사태 당시 아르헨티나 대중들의 봉기와 놀라운 실험을 소개한 책 『호리즌탈리즘』(Horizontalism, 2006)의 편저자인 마리나 시트린(Marina Sitrin)이 친구들에게 보낸 메일이었다.

오늘로 점거 5일째입니다. 나 자신을 포함해서 많은 이들이 이번 점거가 이렇게 오래갈 거라고는 미처 생각지 못했습니다. 정말이지, 뉴욕에서 많은 정치적 운동의 경험을 가진 이들도 이것이 이렇게 지속하리라고는 생각지 못했습니다. 새로운 사람들, 상상력이 자유로운 이 새로운 사람들, 지금 분노하고 있고 또한 새 세상을 꿈꾸는 사람들, 새로운 세계에 대한 제약들을 상상하지 않는 사람들은 우리가 공원을 점거할 것에 대한 절대적 믿음을 가졌고, 그들은 지금도 계속 그것을 믿고 있을 뿐만 아니라 그것을 더 키우고 넓히고 있습니다.
도대체 이런 믿음이 어디서 나온 것일까요? 난 잘 모르겠습니다. 하지만 지금까지는 그들이 옳습니다. 오늘, 5일째 되는 날, 이삼백 명에 이르는 핵심

9월 24일의 공원 점거 풍경. 마치 시골 장터가 열린 듯한 느낌이다.

그룹의 사람들이 있습니다. 그리고 수백 명의 사람들이 계속해서 들락거립니다. 첫날과는 비교가 되지 않을 정도로 다양한 사람들입니다. 인종적으로는 물론이고 연령대를 봐도 다양한 배경을 가진 사람들입니다. 부모 손을 잡고 온 어린아이들부터 인근 지역에서 온 노동자들까지. 특히 9·11 기념관에서 일하는 보안요원들이 점심을 먹고 수다를 떨며 오기도 합니다. 근처 건설 현장의 노동자들도 오고요. 내가 만난 보안요원은 스페인에서 왔는데, 스페인에서처럼 이번 점거가 계속되고 더 확장되었으면 좋겠다는 말까지 했습니다.

이 편지는 거기 들어온 사람들의 발언을 소개하는 것으로 계속 이어졌다. 편지를 받은 날, 뉴스에서는 점거 농성자 중 7명 정도가 구속되었다는 소식도 들려왔다. 뉴욕은 굵은 비가 일주일 내내 이어졌다.

점거자들이 카드보드에 적어 놓은 다양한 주장들.

다시 배낭을 챙겨 점거가 지속되고 있는 리버티 스퀘어로 갔다. 그곳의 풍경은 1주일 새 완전히 변해 있었다. 그곳은 흡사 시골 장터, 고대 그리스로 말하자면 '아고라' 같았다. 여기저기 침낭이 쌓여 있었고 곳곳에서 음식을 준비하는 사람들로 북적였다. 개별적인 퍼포먼스가 펼쳐지고 있었고 인도를 따라 몇몇이 구호를 외치며 돌아다니고 있었다. 무엇보다 인상적인 것은 거기 있는 사람들과 주변을 지나가던 사람들이 만든 여러 장의 카드보드였다.

'말로만 빈곤과의 전쟁을 떠들지 정작 돈은 다른 나라 쳐들어가는 전쟁에 쓴다'는 야유도 있었고, '우리의 마음과 체제를 재전유하자, 우리는 서로를 충분히 돌볼 수 있다'는 주장도 있었다. 한쪽에서는 월스트리트를 비난하는 문구와 함께 '벌거벗은 진리'라며 나체 퍼포먼스를 하는 여성도 있었다. 온갖 요구를 담은 카드보드들이 그 자체로 대중이었다. 목소리들의 대중, 요구들의 대중, 구호들의 대중, 호소들의 대중, 절규들의 대중.

점거자들은 민주주의를 요구하고 있었지만 사실은 그 속에서 민주주의를 체험하고 있었다. 제각각의 목소리가 한데 모여 있다는 것, 그것이 공동의 리듬을 타며 하나의 곡을 이루어 가는 모습이 퍽 인상적이었다. 처음에는 피켓을 들고 행진을 하더니 다음에는 함께 앉아서 토론을 벌이고, 이제는 공간을 점거하며 생활을 함께하고 있다.

점거, 그것은 일상의 삶을 가장 급진적인 정치적 행동과 결합한 새로운 투쟁 형식이었다. 2011년 9월 24일 현재, 맨해튼에서 민주주의는 진행 중이다.

◎ 24일 공원 주변의 시민들에게 점거에 대해서 알리고 있던 활동가 이타마르 라마티 씨와 짧은 인터뷰를 가졌다.

**고병권** 지난주, 그러니까 점거 시위 첫날 목격했던 것과 지금은 분위기가 아주 다릅니다. 그날은 행진과 토론이 중심이었는데, 점거가 이루어지면서 시위 자체가 새롭게 변화한 것 같아요. 이런 시위 형식은 그동안 미국에서 많이 시도되었던 것인가요?

**라마티** 아닙니다. 무척 새로워요. 사실 이건 이집트와 스페인에서 많이 하고 있는 것을 우리가 배운 것이라고 할 수 있습니다. 실제로 거기 사람들과 연결도 되어 있죠. 동영상으로 서로 찍은 것을 보여 주기도 하고 의견을 교환하기도 합니다. 여기 함께 모여서 일종의 코뮨 내지 가족을 이룬 느낌이에요.

**고병권** 민주주의를 요구하고 있는데, 한편으로는 정치적 대표자들에 대한 어떤 요구이지만 다른 한편으로는 그들에게 질렸다고 할까, 사람들이 그들에게 요구하는 대신 서로에게 뭔가를 요구한다는 느낌을 받았습니다.

**라마티**  어쩌면 지금 우리의 행동은 민주주의를 바로잡는 일(fixing democracy)인지도 모르겠어요. 그런데 우리의 행동은 그들[정치지도자들]에게 뭔가를 기대한다기보다 직접적인(direct) 어떤 요구를 벼려 내려는 것입니다. 그들로 대표되는 어떤 시스템을 통해서 만들어지는 요구가 아니라 우리가 직접 만들어 내는 요구 말이에요.

**고병권**  지금 점거는 어떻게 운영되고 있고, 기획자들은 어떤 일을 하고 있나요?

**라마티**  우리는 리더들이 아닙니다. 사실 우리도 지금 여기에 와 있는 사람들이 어떤 사람들인지 다 알지 못하죠. 여기에는 리더가 따로 없어요. 오가는 것도 무척 자유롭죠. 새로운 사람들이 많이 오고 있어요. 재미있는 것은 사람들이 함께 모여 이야기하면서 자기 자신을 이해하는 기회로 삼는다는 점이에요. 누가 뭔가를 설교하지 않아도 서로 말하면서 무언가를 깨달아 간다고 할까요. 지금 나 같은 이들이 하는 활동이란 주로 [점거하면서 필요한 일들을 준비하는 모임에서] 사람들을 조직해 주고, 정보가 필요한 사람들에게 필요한 정보를 알려 주며, 피켓 등을 함께 만드는 일을 하는 정도죠. 새로 온 사람들이 무리 없이 참여할 수 있도록 돕는 겁니다. 여기는 셀프 거버넌스가 이루어지는 곳이라고 할 수 있어요.

**고병권**  지난번 몇 명이 구속되었다고 들었는데 지금 상황은 어떤가요?

**라마티** 지난번 구속된 사람들은 사소한 법규를 어긴 사람들이 대부분이고 경찰이 아직 본격적으로 체포를 하고 있는 것은 아니에요. 어떤 사람들은 공원에서 텐트를 쳤는데 여기서 그것은 금지되어 있거든요. 또 어떤 이들은 정보 형사들이 채증을 하는데 그 앞에서 노골적인 방해 행위를 했죠. 그런데 이제는 잘 모르겠어요. 엊그제 트로이 데이비스가 죽은 후 유니온 스퀘어 쪽에서 큰 시위가 있었어요. 그리고 우리 쪽에서도 그쪽으로 가는 사람들이 있었고. 오전에도 몇 번 충돌이 있었고 수십 명, 많으면 백 명 넘게 연행되었다는 이야기도 들었습니다.

**고병권** 언제까지 점거를 지속할 생각인가요?

**라마티** 그런 걸 정하지 않았어요. 우리는 계속할 겁니다.

현장리포트 04
USA와 OSA

## 1. 셀 수 없는 힘 — 척도를 넘어설 때 척도가 바뀐다

9월 28일. 점거는 갈수록 활기가 넘친다. 시위에서 규모보다 중요한 것이 바로 이것이다. 5만 명이 모여도 그것이 정점으로 느껴지는 시위가 있는가 하면(가령 2008년 6월 10일 서울시청 주변에 60만 가까이 모였을 때가 그랬다), 단 500명이 모여도 그것이 이후 일어날 폭발의 단지 첫 단계임을 예감케 하는 시위가 있다(다시 2008년 예를 들자면 4월 말에 있었던 시위가 그렇다). 비유가 어떨지 모르겠지만 김진숙 지도위원 한 명이 크레인에서 한 달, 두 달, 100일을 넘게 점거 농성을 벌였을 때 그때 고양된 힘이란 1년에 한 번씩 노동자 수만 명이 여의도 고수부지에서 노동자 대회를 열고 정권 타도를 외칠 때보다 비교할 수 없이 크다. 그래서 힘이란 셀 수가 없는 것이다.

어떻든 월스트리트 점거 시위가 일어나고 있는 주코티 공원에서는 셀 수 없는 묘한 힘이 느껴진다. 적어도 내가 준비 모임을 보며 예측한 것과는 아주 달랐다. 계산을 넘어섰다. 적어도 준비 모임을 보면서 가진 내 느낌이 틀린 것이 아니었다면, 나의 '놀람'은 분명 준비자들의 '놀람'이기도 할 것이다. 한 운동이 성공하려면 준비한 자들, 기대한 자들을 넘어서야 한다. 정치는 혹은 사회운동은 공학과 달라서 성공 이상을 산출해야 비로소 성공할 수가 있는 것이다. 척도를 넘어설 때 척도가 바뀐다.

## 2. 함성과 고요

오후 3시 40분. 일부 사람들은 뉴욕 증권거래소를 향해 행진하기 시작했다. 증권거래소 폐장을 알리는 벨소리가 울리기 전에 거기서 항의의 목소리를 내기 위해서다. 하루 일과는 대개 이렇다. 아침 8시에서 9시 사이

"월스트리트는 네로다. 그리고 로마는 지금 불타고 있다."

에 사람들은 둘러앉아 오늘 하루에 있을 일들에 대해 말한다. '아침 회합' (Morning Circle)이다. 그리고 9시가 되면 증권거래소 개장 시간에 맞춰 행진을 한다. 10시부터 1시 사이에는 자유로운 시간을 갖는다. 어떤 이들은 휴식을 취하고 어떤 이들은 연주를 하고 또 어떤 이들은 이야기를 나눈다. 1시에서 3시 반 정도 사이에는 '제너럴 어셈블리'(General Assembly)가 열린다. 일종의 전체 집회인 셈이다. 그리고 4시쯤에는 다시 행진을 하고 이후에는 음악 연주, 토론회, 휴식 등을 여기저기서 벌인다. 그리고 저녁 7시에서 9시 사이에는 다시 제너럴 어셈블리가 열린다. 하지만 이는 점거를 제안했고 전체를 조율하고 있는 이들이 제시한 것이고, 사람들은 여기 일정을 따르면서도 또 각자의 생각에 따라 행동한다. 그러나 묘하게도 아무런 문제없이 공동의 리듬을 타며 움직이고 있다.

공원 동쪽, 브로드웨이 방면에서
명상하는 사람들.

밴드의 연주에 빨려 든 사람들의
열광.

드럼 서클에서 흥겹게 연주하는 사람들.

음악에 맞춰 아이가 춤을 추고 있다. 아이가 입고 있는 티셔츠에는 이렇게 쓰여 있다. "비트를 떨어뜨리라구, 폭탄 말구!"

현장리포트 04 | USA와 OSA

오후 4시 일부 사람들이 증권거래소 쪽으로 행진을 시작한 후에도 공원에는 수백 명이 진을 치고 있다. 그런데 거기서 일부 그룹이 명상을 시작했다. 주변은 소란스러운데도 그곳은 고요가 지배한다. 아주 오랫동안 지속된 이 고요의 세계 옆에는 강력한 비트로 이루어진 또 다른 세계가 펼쳐져 있다. 신나게 북을 두드려 대고 거기에 맞춰 온몸을 흔들어 대는 사람들. 색소폰 소리는 귀를 잡아서 사람들을 끌어오고, 드럼 소리는 발바닥과 어깨 밑으로 들어가 사람들을 추어올린다. 상당수 사람들이 이론과 논리가 아니라 이 비트를 따라 공원에 들어오고 있었다.

참 묘했다. 함성과 고요가 섞이지 않고 나란히 있다니. 함성은 침묵을 방해하지 않고 고요는 소란을 어색하게 만들지 않는다. 고요는 스스로 하나의 함성이고, 함성은 나름의 고요이다. 그것은 그것 나름의 발언이고 그것은 그것 나름의 침묵이다.

### 3. 먹는다는 것

여기 매우 중요한 장소가 하나 있다. 바로 음식을 나눠 먹는 주방. 여기서는 누구나 차려진 음식을 그냥 먹을 수 있다. 음식을 차리고 있던 라피엘 베리오와 짧은 대화를 나누어 봤다. "여기가 이 점거 시위의 상징적 장소로 보입니다. 우리가 어떻게 살아야 하는지 어떻게 살고 싶은지를 보여주는 곳이랄까요. 이게 바로 민주주의로 보입니다." 내 말에 그가 답했다. "그들[월스트리트]과는 아주 다릅니다. 그들은 다 가지려고 하지요. 그들과 우리는 다릅니다. 우리는 나눕니다. 여기 있는 음식들 모두가 누군가 선물을 한 것들이지요." 사실은 나도 지난번에 간식을 여기에 놓고 갔다고 말하자 그는 웃으며 말했다. "여기는 월스트리트와만 다른 게 아니라

오른편 검정 윗옷을 입은 이가 그날 음식 배분을 담당했던 라파엘이다.

유엔과도 달라요. 여기는 온 세계의 사람들이 모이지만 여기서 우리에게 국적은 의미가 없습니다. 우리는 모두 하나입니다."

## 4. 빈자리

광장 한편에 얼마간의 사람들이 모여서 이야기를 나누고 있었다. 이야기를 주재하고 있는 이는 지난번 집회에서도 사회를 봤던 이였다. 그런데 그와 이야기를 나누고 있는 사람들은 활동가들처럼 보이지 않았다. 사람들은 여기 온 이유를 말하면서 자기 처지의 답답함과 어려운 상황을 말하고 있었다. 영어도 영어려니와 거리가 있어 좀처럼 말을 알아듣기는 어려웠다. 하지만 단어는 아주 부수적인 것이었다. 혀가 아니라 표정이 이미 너무도 많은 말을 해주고 있었기 때문이다. 한 여성은 자신의 이야기를 하다 끝내 울음을 터뜨렸다. 그리고 들어 줘서 고맙다고 했다. 어쩌면 이곳을

"점거를 해줘서, 그리고 자기 말을 들어 줘서 고맙다"며 울먹이고 있는 여성.

점거해 주어서. 여기 이 자리를 만들어 줘서. 그때 이 점거를 제안한 이들 중 한 사람이 말했다. "사람들은 왜 우리에게 여기를 점거했느냐고 묻습니다. 그것은 여기가 비어 있었기 때문입니다." 상당히 흥미로운 말이다. 단지 비어 있다. 미디어가 더 이상 중계를 하지 않기에 텅 빈 곳. 정치가가 더 이상 대의하지 않기에 텅 빈 곳. 여기가 비어 있다. 그저 여기를 직접 점거하면 된다. 단지 귀를 열어 주고 말할 시간과 장소를 주는 것. 시간과 장소를 민중이 직접 점거하는 것. 이것은 너무도 중요하다.

그때 어떤 이가 곧 워싱턴에서도 점거가 있을 거라고 말했다. 이 일은 어렵지 않기에 분명 가능할 것 같다. 누구나 점거하면 된다. 그리고 모방하면 된다. 모방은 결코 창조의 반대말이 아니다. 그것은 창조가 일어나기 위한 첫 스텝이다. 월스트리트의 점거를 모방하라. 그러면 세계에 큰 차이를 만들어 낼 수 있다. 그때 누군가 미국 지도를 들고 일어나 외쳤다. "지

"혁명은 필연적이다. 지금이라고 왜 안 되겠는가."

금 우리는 66곳을 점거하고 있다!"

'아메리카합중국'이 아니라 '아메리카점거국'이다. 'United States of America'가 아니라 'Occupied States of America'. 그가 든 지도는 미합중국이 아니라 미국에서 점거된 주들을 표시하고 있었다. USA가 아니라 OSA. 미국만이 아니라 지금 세상이 충분히 말라 있다. 작은 불꽃처럼 보이는 월스트리트 점거가 무시할 수 없는 잠재력을 갖는 이유가 여기 있다. 세상은 지금 불이 타기 좋은 환경이 되고 말았다. 공원 입구에는 누군가 이런 문장을 붙여 놓았다. "우리는 이걸 전 세계로 확산시킬 것이다."

**5. 육성을 전달하라**

경찰이 마이크 사용을 원천적으로 차단하자 사람들은 인간 마이크를 이용하고 있다. 한국에서도 오래전부터 사용되어 온 '마이크' 내지 '소리통'

"돈으로 살 수 없는 게 있다. 이 돈이 지배하는 시스템에 굴복하지 않겠다. 나는 아무런 두려움 없이 여기 있다."

이다. 사람들이 스스로 전달 및 증폭 장치가 되어 큰소리로 메시지를 옮기고 있다. 오히려 대형 마이크가 있었다면 사람들은 지도부에 종속되었을지도 모르겠다. 그러나 지금은 어느 유명인사라도 자기 목소리를 전하기 위해서는 다른 이의 도움을 필요로 한다. 사람들은 서로의 말에 훨씬 더 귀를 기울이고 있다. 한 사람이 말을 하면 주변 사람이 그 말을 잘 들었다가 큰소리로 증폭 전달하고, 그다음엔 다른 사람들이 그 말을 받아서 다시 전달한다. 그러다 보니 말 한마디가 오랫동안 '메아리'친다. 음성이 파장이라는 건 물리학적으로는 아무것도 아닌 상식이지만, 정치학에서는 매우 위험한 진실이다. 무엇보다 사람들이 소리를 전달하기 위해 소리에 귀를 기울이고 있다는 것, 이것은 너무도 중요하고 중요하다.

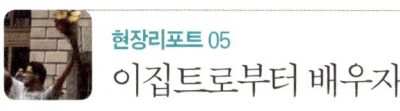

**현장리포트 05**
# 이집트로부터 배우자

**1. 민주주의 — 뒤늦은 나라와 앞서 간 나라**

9월 30일, 점거 14일째, 사람들이 급증했다. 매번 사람들은 늘지만 오늘은 어떤 도약이 느껴질 정도로 많았다. 5천 정도? 모르겠다. 어떻든 말 그대로 발 딛기 어려울 정도로 많았다. 금요일이기도 했고, 유명 밴드인 라디오헤드(Radiohead)가 온다는 말이 인터넷에 돌았다. 이미 영화감독 마이클 무어나 배우 수전 서랜든 같은 이들이 방문했던 터라, 그리고 많은 유명인사들이 월스트리트 점거를 지지하고 있는 터라, 라디오헤드의 방문은 아주 그럴듯한 소문이었다. 하지만 그것이 루머였다는 게 밝혀진 뒤에도 사람들은 떠나지 않았다. 다시 말해 밴드 공연이 아니라 점거 자체가 가진 힘이 만들어 낸 규모라는 이야기다. 맘에 들지는 않지만 자본주의 주식시장 용어를 사용하자면 아직도 이 점거가 갖는 잠재력은 저평가되어 있다. 다시 말해 이 점거는 아직도 구현되지 않은 대단한 잠재력을 여전히 갖고 있어 보인다.

앞선 3호 리포트에서도 잠깐 말한 바 있지만, 민주주의를 요구하는 이들의 시위는 중동과 아프리카에서 시작된 민주화 시위에 큰 영향을 받았다. 단지 시위가 일어났다는 사실만이 아니라 시위 방식 자체 — 다시 공원에 사람들이 빽빽하게 들어찼다. 말 그대로 발 딛기도 힘들었다.

"이집트처럼 시위하라"라는 구호를 몸에 붙인 할머니.

말해 오랫동안 광장을 점거하고 민중들이 서로 토론을 벌이는 것 — 를 그곳에서 배워 온 것이다. 사람들은 '중동의 봄'이 '미국의 가을'이 되길 바란다. 아랍 민중들에 대한 대단한 존경심을 곳곳에서 볼 수 있다. 한국의 주류 미디어나 정치학자들이 생각하는 것처럼 아랍은 뒤늦게 민주화에 탑승한 지역이 아니다. 그들은 지금 세계 민주주의를 선도하고 있다. '독재자 타도'라는 익숙한 구호 때문에 그것을 우리의 과거와 혼동해서는 안 된다. 그들의 시위가 폭발한 것은 지금 우리 사회 역시 겪고 있는 위기로부터 온 것이다. 지난 세계 금융위기 이후 계속되고 있는 폭발적인 물가상승과 높은 청년 실업률의 문제. 뿐만 아니라 아랍 시위자들은 페이스북이나 트위터 등 '소셜네트워크'(SNS, Social Network Service)로 무장한 사람들이었다. 사실 이러한 새로운 형태의 민주화 시위는 2000년대 초반, 구제금융을 겪던 아르헨티나에서 놀라운 모습으로 나타난 바 있고, 한국에서도 지난 몇 년간 새롭게 등장한 것이다. 문제는 단지 보편선거나 다당제, 방송들의 자유 따위가 아니다. 사람들은 삶의 형태에 대해 근본적 요구를 하고 있고, 그것은 제3세계에서 불이 타올랐고 지금 제1세계로 옮겨 붙었다.

어떤 점에서는 제1세계니 제3세계니 하는 구분이 무의미해졌다. 전통적 의미에서 제국 바깥에 있던 식민지들은 사라져 간 반면, 식민-제국 문제, 제3세계-제1세계 문제는 각 나라 영토 안으로 들어가 버렸다. 미국과 유럽은 외부 식민지가 아니라, 어느새 이주자의 형태로 자기 나라 내부에 들어온 식민 문제에 직면해 있다. 물론 제3세계에도 제국은 들어와 있다. 제3세계, 식민지는 지금 내부 문제이다.

## 2. 파장 — 연대하라

오후 4시쯤 공원 전체가 술렁거렸다. 이미 너무도 많은 이들이 들어온 공원에 새로운 그룹이 들어오기 시작했다. 운송 노조(TWU Local 100)였다. 상당수 조합원을 둔 노조가 이번 점거를 공식 지지하고 참여한 것이다. 어제 뉴스에 따르면 미국 상당수 지역에서 점거 움직임이 나타나고 있다고 한다. 여러 사람의 연설이 사람들 서로의 중계를 통해 공원에서 메아리치고 있을 무렵, 연단에는 '모든 것을 점거하라'는 현수막이 펼쳐졌다. 그리고 어느 디자이너가 선물한 대형 깃발이 소개됐다.

사람들이 서로에게 육성을 전달하고 있을 무렵 상공에는 헬기가 큰 소리를 내며 정지한 채 떠 있다. 경찰 헬기로 보이는데 시위대의 동선을 주시하고 있다. 사람들의 목소리 전달을 방해할 목적인지도 모르겠다. 소리가 너무 커서 사람들은 "마이크 체크"를 외치며 서로에게 육성을 전달하려 안간힘을 써야 했다. 저녁에 '악명 높은' 「폭스 뉴스」에서는 이번 점거를 실업자들의 황당한 시위로 묘사하고 있었다. "도대체 요구가 뭐냐"는 앵커의 물음에 "혁명이나 공산주의죠, 뭐" 하며 기자는 낄낄댔다. 그러면서 '일거리 없는 실업자들'이 거기 모여서 그렇게 노숙하는 거라고 비꼬았다.

무슨 중세 귀족들 같아 보였다. 혁명이 코앞에 온 줄도 모르고, 대중들의 요구를 '세상에, 사람들이 모두 평등하단다' 하며 낄낄댔을 것 같은 그런 귀족들 말이다.

해가 힘을 잃어 갈 무렵, 사람들은 지난번 시위대에 가해진 폭력(경찰 일부가 최루 스프레이를 난사하고 일부 시위대를 연행했다)에 항의하는 평화의 행진을 벌였다. 사람들은 비폭력적으로, 평화롭게 행진하자는 말을 유

"모든 것을 점거하라."

상공에 머무른 채 시위대를 주시하고 있는 헬기.

"민중의 힘이 권력자들보다 강하다."

"목소리를 내면 일자리를 잃을지도 모른다." 달러로 입을 막는 미국 사회를 풍자한 퍼포먼스.

난히 강조했다. 지난 13일 동안 그렇게 해왔듯이 앞으로도 그렇게 하자고 말했다. 2008년 촛불시위에서 본 모습과 정말 똑같았다. 사실 이들은 폭력을 사용할 필요가 없다. 충분히 힘을 갖고 있기에. 폭력은 자주 나약함의 징표가 되곤 한다. 폭력/비폭력보다 더 중요한 것은 얼마나 시위가 공격적이고 적극적이냐, 즉 얼마나 활력을 가졌느냐이다. 지금으로서는 사람들이 강해 보이며 더 강해지고 있다.

**현장리포트 06**
## 처음으로 적을 알게 되다

### 1. 속수무책

10월 1일, 점거 15일째. 내가 찾아간 곳은 월스트리트가 아니라 허드슨 강 부두 95호(Pier 95)였다. '핵 없는 미래'(Nuclear-Free Future)라는 이름의 '핵발전소 반대' 집회장이었다. 일본인 친구 유코*의 제안으로 찾아간 곳이었다. 사실 일본의 지진과 쓰나미, 핵발전소 방사능 유출

> 도노히라 유코는 일본의 '3·11 재앙' 이후 나온 여러 글들을 일본어와 영어로 번역 하고 있다. jfissures.org 참조.

은 자연재해가 인간재해와 만나는 방식을 보여 준다. 인간은 자연재해를 당하기 전에, 자연을 재해의 형태로 먼저 생산한다. 미국 자신이 키운 테러리스트 빈 라덴이 미국 비행기를 빌려 무역센터를 날려 버렸듯이, 일본의 재앙은 지진에 몸을 실은 원전의 공격이다. 이제 자연은 테러리스트처럼 무서운 존재가 되어 버렸다.

지난달에는 9·11의 10주년을 맞아 뉴욕이 난리를 치렀다. 공안 활동이 대단히 강화되었다. 엊그제는 9·11 이후 특별히 만들어진 초법적 조치(테러와의 전쟁에서 적으로 규정된 자는 사법심사를 거치지 않고 살해할 수 있다)에 입각해서, 정부가 무인 폭격기를 이용하여 자국 시민을 재판 없이 살해한 일도 있었다. 그냥 대외 정책을 수정하면 쉬울 것 같은데, 제 스스

"방사능의(radioactive) 내일보다 활력 있는(active) 오늘이 낫다."

로 세상을 온통 테러리스트의 배양지로 만들어 놓고 테러리스트의 공격을 막기 위해 온갖 공안 조치를 취하고 있다.

참고로 이런 상황에서도 '최고의 원전 기술을 가졌다고 원전 홍보대사로 세계를 누비는' 이명박 대통령 때문에 참 무안한 일을 겪었다. 이날 집회에서 케빈이라는 반핵운동가는 미국의 핵폐기물 저장시설이 한계에 이르고 안전성에도 문제가 생겨 당국에 따져 물었는데 결국 지난 수십 년간을 대책 없이 지내 왔음이 드러났다고 주장했다. 즉 세계는 공식적으로 핵폐기물에 대해 대책이 없는 게 진실이라고 했다. 그때 옆에 있던 할머니가 내게 어디서 왔냐고 물었다. 한국에서 왔다는 말에 그는 이명박 대통령 이야기를 꺼냈다. 핵발전소 세일즈맨. 내가 왜 미안해야 했는지 모르겠지만 얼굴이 붉어졌다. 그러자 할머니가 힘내라며 말했다. "난 늙어서 금방 가겠지만, 젊은 사람들은 아이들을 위해서 그런 인간들과 맞서 싸워야 해요"라고.

## 2. 의견은 선택하는 게 아니라 만드는 것이다

속수무책인 것은 원전만이 아니다. 금융위기 이후 세계 경제도 현재로서는 속수무책이다. 10월 2일로 점거 16일째다. 어제 반핵 집회에 가느라 월스트리트에 가지 못했다. 뉴스에서는 브루클린 다리로 가던 시위대 수백 명이 연행되었다는 소식이 나왔다. 지금 경찰은 인도에서 구호를 외치며 다니는 것은 허용하지만 도로에 내려오면 연행을 하겠다고 위협한다. 어제 행진은 이미 예고된 것이었고 경찰도 처음에는 교통 통제를 하며 다리까지 시위대를 에스코트한 모양이다. 많은 이들이 경찰이 행진을 허용한 것으로 받아들였다고 한다. 그런데 경찰이 다리에 들어선 시위대를 갑자기 에워싸고는 연행을 시작했다. 시위대는 함정이라고 항의를 했지만 경찰은 막무가내였다. 그렇게 해서 700명이 연행되었다.

꽤나 걱정을 하며 월스트리트 점거장을 다시 찾았다. 그런데 달라진 것은 아무것도 없었다. 무려 700명이 연행되었는데도 변한 것은 없었다. 여전히 그만큼의 사람들, 아니 그보다 더 많은 사람들이 공원을 점거하고 있었다. 특히 어린아이들 손을 잡고 나온 가족들이 많아졌다.

사람들은 계속해서 무언가를 새로 쓰고 있었다. 매일 그렇게 수십 개의 피켓들이 만들어지고 또 갱신된다. 새로운 요구들이 계속 탄생하는 것이다. 언론에서는 시위대의 통일된 요구가 없다고 문제 삼지만, 사람들은 여기서 자신의 생각과 요구를 새로 만들어 낸다. 즉 여기는 생각을 드러내는 곳이면서 또한 생각을 만드는 곳이다. 이처럼 민주주의란 이미 만들어진 의견에 지지/반대를 표하는 것이 아니라 새로운 의견을 만들어 내는 힘 자체일 것이다. 그래도 몇 가지로 요구를 모아야 하지 않느냐는 지적도 있다. 그에 대해 사람들은 이렇게 말한다. 토론의 결과로 그런 것들

카드보드에 자신들의 요구를 적는 사람들. 오늘은 특히 아이들이 많이 왔다.

금융자본의 이해를 대변하는 『월스트리트 저널』에 맞서는 점거자들의 신문 『아큐파이드 월스트리트 저널』.

이 만들어질 수도 있지만, 제발 그렇게 서두르지 말라고(Don't hold your breath!).

오늘 점거 상황과 의견, 행동 지침 등을 알리고 제안하는 신문이 발행되었다. 신문 이름은 『아큐파이드 월스트리트 저널』(The Occupied Wall Street Journal)이다. 단체 이름도 없었고, 각 기사 끝에는 그 글을 쓴 사람 이름만이 쓰여 있었다. 신문을 배포하던 이에게 '누가 발행한 신문'이냐고 묻자 그냥 '시위자들'(protesters)이라고 답했다. 아마도 제너럴 어셈블리를 운영하는 이들이 아닌가 추측해 볼 뿐이다. 어떻든 글의 내용도 그렇고 필자 이름을 넣은 것도 그렇고 '대표자'나 '조직'의 느낌을 지우려고 했다. 신문 뒷면에는 '당장 할 수 있는 다섯 가지'라는 이름의 행동 지침 같은 게 적혀 있었다. "① 점거하자: 침구류 등 장비를 챙겨 점거에 참여하자. ② 말을 퍼뜨리자: 다운로드하고 인쇄하고 디스플레이하고 의견을 나누자. 트위터와 페이스북 등을 통해. ③ 선물하자: 돈을 기부해도 좋고 음식들, 옷가지와 양말 등도 좋다. ④ 점거 상황을 체크하자: 예정된 행사나 현재 진행되는 일을 참고할 수 있는 사이트를 소개한다. ⑤ 당신 자신을 교육하라." 특히 이 다섯번째 지침이 인상적이었다. '당신 자신을 교육하라'는 것. 말하고 듣고 쓰면서, 먹고 노래하면서, 외치고 행진하면서 당신을 교육하라는 것.

### 3. 적이 누군지 알게 되었다

즉석에서 만들어지는 건 의견만이 아니다. 현장에서 곡을 만들거나 율동을 만드는 사람들이 있다. 점거를 경직되지 않고 유연하게 만드는 데 음악과 춤은 결정적 역할을 하고 있다. 많은 이들이 음악과 춤에 이끌려 점거 장소에 들어오고 있다. 누군가 연단에서 '우리 안에 경찰 끄나풀이 있을지 모른다'고 말했을 때, 사람들은 그 목소리를 전달해 주지도 않았을 뿐 아니라 웃으면서 손바닥을 아래로 하고 흔들며 거부 의사를 표시했다. 그런 경직된 태도는 필요 없다는 것이다. 오히려 경찰도 참여하라고 말하는 이들이 박수를 받았다. 그만큼 사람들은 자신감이 있었다. 사실 감출 것도 없다. 2008년 우리의 경험에 비추어 보면 경찰은 모든 것이 드러나 있을 때 항상 '엄청난 배후'를 제멋대로 상상하고 그것 때문에 머리를 쥐어뜯는다. 그냥 드러나 있는 것을 보지 못하는 것이다.

이제는 그룹을 이루어 온 사람들도 많이 보인다. 공원 아래쪽 입구에는 교사들이 모여 있었다. 연방정부 예산이 삭감되면서 많은 교사들이 계약 해지되고 각종 프로그램에 대한 지원이 축소된 모양이다. "교육 문제는 교사들 때문도 아니고 공교육 시스템 때문도 아니며 성적 평가 시험이 부족해서도 아니다. 교육에 닥친 진정한 문제는 부의 끔찍한 양극화와 가난한 아이들의 증대, 공교육 시스템의 기업형 사립학교로의 전환, 인종주의 등이다." 아마 한국 교사들도 똑같이 말하지 않을까. 교사들은 공교육을 살리기 위해 월스트리트를 점거한다고 말한다.

공원 앞쪽으로 두 개의 피켓이 눈에 띄었다. 하나는 아이 둘과 서 있는 젊은 엄마(?)가 든 것인데, 내용인즉 이렇다. "나는 석사 학위를 갖고 있고, 5만 달러의 학자금 대출 빚을 안고 있고, 연금이나 보험이 없는 파트타임을 두 개 뛰고 있고, 건강보험도 없고, 집도 없다. 그리고 아이가 둘 있다. 아주 엿 같다." 일종의 퍼포먼스인지 자신의 이야기인지는 잘 모르겠다. 그러나 웬만한 사람들이라면 그녀가 적은 항목 한두 가지는 해당될 것이다.

춤과 노래는 사람을 모을 뿐 아니라 유연하게 한다.

"공교육을 살리자."

즉석에서 만든 곡을 부르며 배우는 사람들.

학자금 대출, 연금, 보험, 집, 아이들……. 삶의 모든 것이 공격받고 있다.

"처음으로 내 적을 알게 됐다."

그녀와 아이 곁에는 군복을 입은 할아버지가 피켓을 들고 서 있었다. "내 나라를 위해 다시 참전했다. 처음으로 내 적을 알게 되었다." 그것은 반전의 메시지, 철군의 메시지였지만, 또한 이 공원에서 많은 사람들이 깨닫는 것이기도 하다. '월스트리트', 그것은 맨해튼의 어느 거리에 있는 기업들을 지칭하는 게 아니라, 그것으로 상징되는 현재의 체제를 의미하는 것이었다.

**4. 민주주의를 낳아야 한다**

공원을 나오며 '민주주의를 다시 시작해야 한다'고 요구하는 조앤과 짧은 인터뷰를 했다. 현재의 시스템이 민주주의가 아니냐고 묻자 그는 단호하게 답했다. "이것은 민주주의(democracy)가 아니라 기업지배체제(corporatocracy)입니다." 설명을 더 해달라고 하자 이렇게 말했다. "지금 선거에 어마어마한 돈이 쓰이고 있는데다 미국 대법원은 기업도 법인이니 인격을 가졌다고 돈을 자유롭게 낼 수 있다고 했습니다. 따지고 보면 [그들의 돈으로 만들어진 그럴듯한 광고를 보고] 우리 표가, 민주주의가 돈에 팔린 겁니다. 지금 후보들 보세요. 사람들의 진정한 이해가 아닌 돈의 이해를 따르게 되어 있습니다." 그렇다면 '민주주의 재탄생'은 무엇을 의미하느냐고 물었다. 그러자 그는 공원을 가리키며 말했다. "민주주의는 저기서 만들어지고 있습니다. 사람들의 진정한 이해는 저기서 만들어지고 있잖아요."

신문을 보니 10월 5일 대규모 행진이 있을 모양이다. 학생들과 노동자들이 함께 행진을 한다고 되어 있었다. 경찰이 어떻게 대응할지 모르겠다. 정치권도 아마 열심히 계산기를 두드리고 있을 것이다. 점거 시위는 미국 전역으로 퍼져 가는 중이다. 오늘 받은 안내문에는 미국의 70개 정도의 도시에서 사람들이 점거에 참여하고 있다고 한다. 엊그제 보스턴에서는 제법 강한 시위도 있었던 모양이다.

"민주주의는 다시 태어나야 한다."

대통령 선거까지 맞물리면서 좋든 싫든 미국의 정치인들은 지금 대중들을 동원하거나 자극하는 발언을 하고 있다. 극우적인 대중운동 '티파티'(Tea Party)가 현재 공화당을 견인하고 있는 마당에 오바마 정부는 현재의 시위를 자기 목소리를 뒷받침하는 근거로 삼을지도 모르겠다. 아주 당분간은. 하지만 머지않아 깨닫게 될 것이다. 대중들의 움직임은 이미 새로운 국면으로 나아가고 있다. 지금은 언론이나 정치인들이 '계급전쟁'이니 '혁명'이니 '봉기'니 하는 말들을 반쯤은 농담으로, 반쯤은 정치적 수사로 사용하고 있지만, 적어도 내가 본 공원의 대중들은 그 말을 할 때 꽤나 진지한 표정을 짓고 있었다. 시위는 확대되는 양상이지만 분명 폴리스라인은 있다. 그 선을 넘어야 하는 시간이 오고 있다. 지금은 대중들이 서로에게 말을 걸고 있지만 얼마 안 있어 경찰과 대중, 권력과 대중이 맞닥뜨리게 될 거라는 건 누구나 짐작할 수 있다. 진짜 지혜를 발휘할 때가 다가오고 있다.

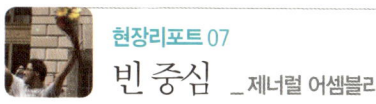

현장리포트 07

빈 중심 _ 제너럴 어셈블리

## 1. 태풍의 중심은 비어 있다

이번 점거가 지도자가 딱히 없는 자율적 시위라고 하지만, 자율적이라는 것이 어떤 노력도 필요하지 않다는 말은 아니다. 오히려 반대다. 아우토노미아, 즉 자율이란 방치와 무능력이 아니라 적극적인 참여와 노력, 무엇보다 엄청난 능력을 요구하고 또 표현한다. 이번 시위에서 '규율 없는 무질서의 극치'를 떠올리는 사람들은, 거꾸로 군대식 규율이야말로 무신경과 무관심, 무능력의 표현임을 모르는 사람이다. 그런 규율 아래서 사람들은 생각할 필요가 없다. 그저 지도자의 명령에 따르기만 하면 되기 때문이다. 권력을 움켜쥔 권력자는 권력을 철저히 박탈당한 복종자, 말 그대로 꼭두각시인 인형을 이끌게 된다. 그런 조직에서는 힘과 권력, 영광이 오로지 지도자의 것이며 그것은 대중의 무기력과 무능력, 비참에 상응한다.

이번 점거는 전혀 다른 방식으로 진행되고 있다. 언뜻 보기에는 점거가 대중에게 그저 내맡겨진 것 같지만, 우리는 이 '내맡김'이 얼마나 잘 준비된 것인지, 이 '내맡김' 속에 얼마나 많은 운동의 경험이 축적된 것인지, 또 얼마나 지혜로운 것인지 알 필요가 있다. 악기가 저마다의 소리를 내면서도 하모니를 이룰 수 있는 것은 분명 어떤 일관성을 만들어 내기 위한

제너럴 어셈블리의 모습(사진 출처: vice.com).

노력이 있기 때문이다. 이번 점거에서 그 역할을 하는 것이 '제너럴 어셈블리'다.

제너럴 어셈블리는 매일 두 차례 열리는 점거자 전체 회합의 이름이면서 동시에 그 회합을 준비하고 운영하는 모임의 이름이다. 어떤 이들은 '너희가 뭔데 이것을 주도하느냐' 혹은 '모임의 주도자가 누구냐'고 따지듯 묻는다. 그러면 그들은 이렇게 답한다. "아무도 제너럴 어셈블리를 대표하거나 책임지는 지위에 있지 않습니다. 당신이 뭔가 하고 싶은 이야기가 있다면 어셈블리가 열릴 때 필요한 몇 가지 규칙들만 따르면 됩니다. 만약 당신이 우리처럼 조력자(facilitator)가 되고 싶다면 조력자들의 워킹그룹에 참여하세요. 당신은 민주주의를 위한 몇 가지 규칙을 배우기만 하면 됩니다. 언제든 워킹그룹에 와서 말하고 그냥 참여하세

참고로 이번 시위를 주관하는 뉴욕시 제너럴 어셈블리의 웹페이지 주소는 http://nycga.net이다.

요. 그리고 하고 싶은 말이 있다면 언제든 제너럴 어셈블리에 그냥 와서 말하면 됩니다."

이번 모임을 주관하고 있는 이들은 그냥 '조력자들'인 셈이다. 제너럴 어셈블리에서는 '주관자=조력자'라는 매우 역설적인 도식이 성립한다. 개인적으로 우스꽝스러운 기억이 있다. 90년대 중반에 사파티스타 봉기가 일어났을 때, '부사령관' 마르코스의 글을 읽고 너무 감동한 나머지, 도대체 이런 부사령관을 둔 사령관은 어떤 사람일까 궁금했던 적이 있다. 그런데 사령관은 '원주민들'이었고, 마르코스는 자신을 조력자로서 '부사령관'이라고 부른 것이었다. 정말 멋진 사령관에 딱 맞는 부사령관이란 생각이 들었다. 중심을 비울 때 운동은 파괴력을 갖는다. 태풍의 빈 중심을 누구도 태풍의 약점이라고 말하지 않는다.

**2. 삶도 운동도 앙상블이다**

제너럴 어셈블리는 또한 다양한 위원회의 앙상블이기도 하다. 다양한 테마 그룹과 워킹그룹들이 독자적으로 움직이면서 긴밀하게 협력한다. 다양한 예술 퍼포먼스 그룹, 식품 위원회, 세탁과 샤워 기부 그룹(점거자들의 세탁물을 가져다 자기 집에서 세탁을 해서 전해 준다), 디자인 워킹그룹, 조력자 위원회, 인터넷 워킹그룹, 미디어 위원회, 법률 위원회, 청소 위원회, 재정 위원회, 학생 위원회 등. 각 위원회나 워킹그룹에 참여하고 싶은 사람은 자신을 소개하고 의견을 내며 자신의 할 일을 찾는다. 점거가 널리 알려지면서 다양한 사람들이 몰려오고, 현장에서는 이들이 할 수 있는 일, 이들이 참여하고 싶은 위원회를 안내해 준다.

전체 제너럴 어셈블리든 각 워킹그룹이든 운영 원리는 비슷해 보인

(왼쪽) 10월 4일, 연극과 예술 워킹그룹의 논의 모습.

(오른쪽) "여기서는 당신의 역할을 어떻게든 찾을 수 있다."

다. 의제가 제안되면 사람들은 다양한 손짓을 이용해서 그것을 지지하거나 반대하거나 거부한다. 이런 규칙들은 뉴욕의 여러 운동 그룹들이 그동안의 직접행동의 경험을 통해 만들어 낸 것이고, 또 몇 가지 운영 원리들은 세계 다른 지역의 운동으로부터 배운 것이다. 특히 스페인 등에서 만들어진 '피플 어셈블리'(People's Assembly)가 상당한 아이디어를 주었다고 한다. 이들은 자신들이 다른 지역 운동에서 배웠듯이, 자신들의 '제너럴 어셈블리'를 운영하는 방식과 원리를 다른 이들과 공유하려고 한다. 누구든 웹페이지의 연락처를 통해 이들과 연락을 취할 수 있다.

최근 삼성과 애플의 맞소송이 보여 주듯 자본주의 기업들은 아이디어나 디자인을 배타적 재산으로 취급한다. 지식이란 그 자체가 공동체(인류 공동체만이 아니라 만물 공동체)를 전제하고 그로부터 나온 것이며, 또 그것을 검증하고 공감하는 것 역시 공동체를 통해서 가능한 것이지만, 자본가들은 그것을 상품으로 만들기 위해 인위적 희소성을 창조한다. 법의 힘,

한 할아버지가 주변 밴드의 리듬에 맞춰 책상을 두들기며 즐기고 있다.

즉 국가의 강제력을 이용해서 배타적 독점성을 확보하고 돈을 통해서만 거기에 접근 가능하게 하는 것이다. 그러나 사회운동에서는 모든 아이디어가 모방과 응용의 대상이다. 여기서 '불법 다운로드'라는 말은 성립하지 않는다. 다운로드는 '도용'이 아니라 오히려 '연대'를 의미한다. 운동의 아이디어를 모방하고 확산시키는 것은 앎과 그 앎에서 나오는 감동은 전달될수록 그 가치가 증가한다는, 지식에 관한 본래적 사실을 재확인하는 일이다.

점거 중인 주코티 공원에서는 매일 하나씩 새로운 것을 발견할 수 있다. 하나의 요구를 내걸고 버티기를 하는 농성과는 다르다. 언론에서는 요구가 분명치 않다고 말하지만, 내 생각에 이들이 요구하는 것은 '다른 삶'이다. 그리고 그것을 본인들이 의식하든 그렇지 않든 보여 주고 있다. 한쪽에서는 음악을 연주하고 춤을 추고 다른 쪽에서는 토론이 벌어지며 또 다른 쪽에서는 음식을 나누고 있고 또 다른 쪽에서는 그림을 그리며 또 다

기증된 도서로 운영 중인 민중도서관.

른 쪽에서는 굳은 몸을 마사지해 주고 또 다른 쪽에서는 명상을 하며 또 다른 쪽에서는 서로를 껴안고 사랑을 나눈다. 여기서는 돈이 들지 않는다. 오늘 내 눈에 들어온 것은 도서관이었다.

이 긴박한 시위의 순간에 무슨 책 읽기냐고 말할 수 있겠지만, 이것이 점거라는 시위 형태가 가질 수 있는 새로운 모습이다. 바리케이드형 시위에서는 사실상 시위대에게 시민 군대이기를 요구하지만, 점거형 시위에서는 '시공간을 점유해서 새로운 삶을 생산'하는 것이 중요한 목표가 된다. 그러므로 시위가 '버티기'가 아니라 '즐기기'가 되는 것이다. 물론 지배권력을 희화하고, 무엇보다 현 체제가 기능하는 '삶의 형태'가 아닌 다른 삶의 비전을 제시하려는 이런 운동을, 권력자들이 그대로 둘 리는 없을 것이다. 싸움은 그 외면이 어떤 것이든 '삶의 형태'를 둘러싸고 벌어진다고도 할 수 있다.

### 노트 2
# 단체들의 회의 스포크스 카운슬

월스트리트 점거자들의 회합은 전체 회합인 '제너럴 어셈블리'(GA, General Assembly)와 단체들의 회합인 '스포크스 카운슬'(Spokes Council)로 이루어져 있다. 점거 시작부터 스포크스 카운슬이 있었던 것은 아니다. 제너럴 어셈블리는 다양한 사람들이 다양한 의견을 내놓는 대단한 민주주의의 장이지만, 모든 일을 이런 전체 회합을 통해 준비하고 추진할 수는 없다. 민주주의를 '만인에 의한 만사의 결정'이라고 오해하는 사람이 있을지도 모르겠지만, 모두가 모든 일에 관심을 가지고 관여해야 한다고 생각하는 것도 이상한 것이다. 얼마나 많은 수가 결정(가령 표결)에 참석했느냐보다 더 중요한 것은 얼마나 다양하고 독특한 생각들이 만들어졌고 널리 소통되었는가가 아닐까 싶다.

나는 전체 회합, 즉 제너럴 어셈블리가 이번 점거 민주주의의 심장이라 불리는 이유가 그것이 중대 사안들에 대한 최종결정권을 가졌기 때문이라고만 보지는 않는다. 최종결정권은 물론 전체 회합이 가진 중요한 권리이지만 민주주의에 있어 오히려 부차적이라고 생각한다. 내 생각에 제너럴 어셈블리를 민주주의의 심장이라 부를 수 있는 이유는 거기서 다양한 생각들이 소통되고(알려지고 공감을 얻고), 또 그런 와중에 다양한 생각들이 새로 생성되고, 그 과정에서 여러 개인들이 다질적인 한 신체로 엮이면서, 거대한 민중적 역량, 즉 거대한 데모스의 힘이 구축되기 때문이다.

한마디로 말하자면, 거기에 부여된 권리 때문이 아니라 거기서 일어나는 일 때문에 그것은 민주주의의 심장이다.

하지만 앞서 말했듯이 모두가 모인 곳에서 모든 일이 기획되고 결정될 필요는 없다. 물론 그렇게 할 수도 없다. 게다가 이번 점거의 힘이 하나로 환원되지 않는 다양한 활동들에 있다면 전체 회합은 새로운 사람들이 그런 활동들을 발견하고 참여하는 데 어떤 불편함을 준다. 각 활동에 고유한 욕구를 만족시키거나 매일 벌어지는 일들에 대처하고 어떤 일들을 새로 기획하는 데도 적합한 형식이 아니다. 결정의 신속함이 필요할 때도 마찬가지다. 그리고 참여자들 사이의 친밀감에 있어서도 일정한 한계가 있을 수밖에 없다. 어떤 문제를 강도 높게 토론하고 때로는 논쟁을 벌일 필요가 있을 때도 전체 회합은 좋은 형식이 아니다. 뿐만 아니라 전체 회합에서는 소수자들의 목소리가 묻힐 위험도 있다.

그래서 이러저런 문제를 해결할 방안으로 제안된 것이 '스포크스 카운슬'이다. 다양한 활동 수행 그룹들(OGs, Operation Groups)과 운동단체들(MGs, Movement Groups), 그리고 인종, 젠더, 섹슈얼리티, 연령, 장애 등 다양한 형태의 소수자 그룹들(Caucuses)이 '스포크스 카운슬'을 만든 것이다. 뉴욕시 제너럴 어셈블리에 조직구조 워킹그룹(Structure Working Group)이 제안한 「월스트리트 점거 조직구조 제안서」(OWS Structure Proposal)에 따르면, 운동 전체(공식선언, 원칙, 비전 등)의 대표, 다른 점거운동들과의 관계, 전체 운동의 재정에 대한 결정, 스포크스 카운슬의 해체 등에 대한 주요 권리는 '제너럴 어셈블리'가 갖되, 월스트리트 점거운동의 다양한 부대 업무들에 대한 결정, 예산 계획과 지출에 대한 승인, 스포크스 카운슬에 참여할 단체에 대한 결정, 제너럴 어셈블리의 권한을 침해하지 않는 한에서 스포크스 카운슬의 기능에 대한 개정의 권한을 스포크스 카운슬이 갖는 것으로 했다.

스포크스 카운슬은 제너럴 어셈블리와 비슷하게 합의를 이뤄 가는 절차를 밟는다. 하지만 합의가 불가능할 경우 표결 절차를 밟기도 한다. 표결을 통과하기 위해서는 90% 이상의 지지를 받아야 한다(즉 10% 이상의 반대가 나오면 부결이다). 소수자 집단은 자신들이 생각하기에 자기 집단에 부정적 영향을 미칠 수 있는 제안에 대해서 다음 회의가 열릴 때까지 결정을 연기시킬 수 있다. 제안에 대해 충분히 숙고할 시간을 확보하기 위해서다.

사실 '스포크'(spoke)는 '바퀴살'이라는 의미이다. 아래 그림을 보면 왜 그런 이름을 갖게 되었는지를 알 수 있을 것이다. 이런 형태의 회합은 스페인 혁명 이래로 다양한 곳에서 이루어졌으며, 멕시코 치아파스의 사파티스타 등 원주민들의 운동에서도 나타났다고 한다. 최근에는 여성운

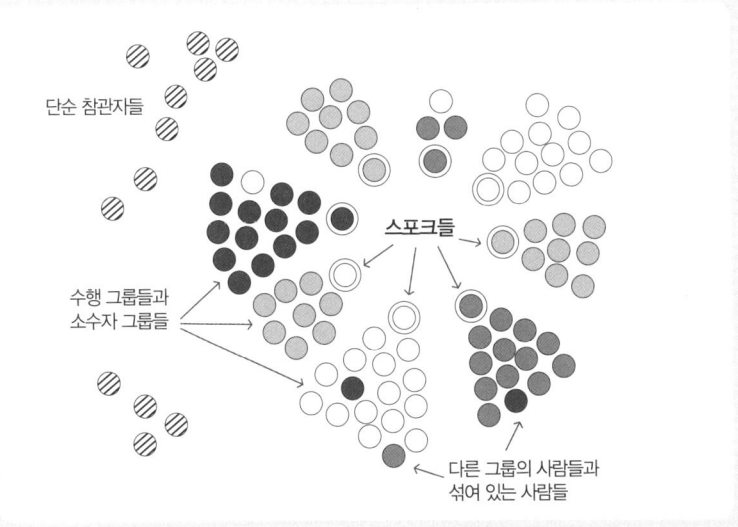

동, 반핵운동, 지구적 정의 운동 등에서도 활용되고 있다.

그림을 보면 알 수 있듯이, 원형의 회의 장소에서 각 그룹은 자신의 '바퀴살', 즉 '스포크'를 선택해서 다른 '스포크들' 곁에 앉게 하고, 스포크가 아닌 나머지 사람들은 스포크 뒤에 그룹을 지어 앉는다. 스포크들은 어떤 권위를 갖지도 않고 의사결정자들도 아니다. 그들은 다만 스포크스 카운슬에 참여한 자기 그룹의 사람들과 제안된 모든 의제에 대해서 적극적으로 논의한다. 그들은 자기 그룹 안에 있을 수 있는 다양한 감정과 정서들을 소통시키는 책임을 진다. 매번 회합마다 스포크는 돌아가면서 맡고, 해당 그룹은 언제든 스포크를 교체할 수 있다. 스포크스 카운슬이 열리는 동안 각 그룹의 개인들은 다른 그룹의 사람들과 어울려 앉을 수도 있고 자유롭게 돌아다닐 수도 있다. 운동 그룹은 수행 그룹이나 소수자 그룹과 파트너를 구성할 수도 있다.

회의 장소는 누구에게나 열려 있다. 회의에 참여하고 싶다면 수행 그룹이나 운동 그룹에 참여해도 되지만 말 그대로 점거자가 되면 된다(가령 리버티 스퀘어의 점거에 참여해서 살면 된다). 회합은 가급적 누구에게나 접근성이 용이한 실내 장소에서 열린다. 그리고 각 회의는 인터넷을 통해 생중계된다. 안건들은 뉴욕시 제너럴 어셈블리의 홈페이지(nycga.net)에 공지된다. 그리고 여기서 내려진 모든 결정 사항들은 제너럴 어셈블리에서 공개된다. 스포크스 카운슬은 제너럴 어셈블리가 열리지 않는 월요일과 수요일, 금요일 저녁에 열린다.

### 노트 3
# 점거 시위에 쓰인 핸드 제스처

동의
Agree

공감하거나 동의를 표할 때는 손을 위로 들어 손가락을 반짝반짝 흔든다.

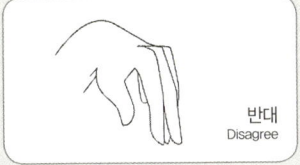

반대
Disagree

공감할 수 없거나 반대하는 의견에는 손바닥을 구부린 채 아래로 하고 손가락을 흔든다.

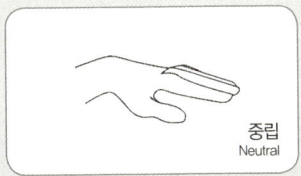

중립
Neutral

중립적 의사 표시는 손바닥을 쫙 편 상태에서 위아래로 흔든다.

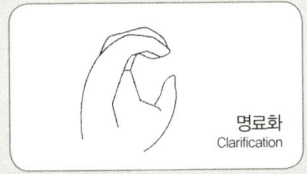

명료화
Clarification

의견이나 정보를 더 명료화할 필요가 있을 때, 손가락을 모아 알파벳 'C'자 형태가 되게 한다.

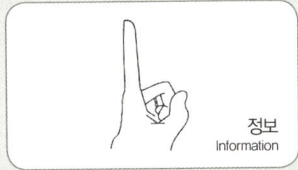

정보
Information

논의 중인 사안에 대한 정보가 있을 때 검지를 편 채로 손을 든다.

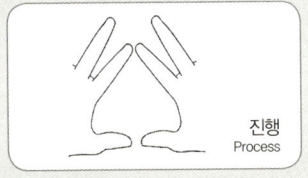

진행
Process

의사진행 발언을 할 때 두 손바닥을 펴서 삼각형을 만든다.

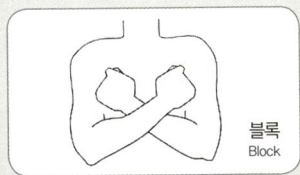

블록
Block

도저히 받아들일 수 없는 제안에 대해 그 제안이 통과될 경우 회합에서 탈퇴할 수도 있다는 강한 반대를 표시할 때, 주먹을 쥔 채 두 손을 'X'자 형태로 가슴에 댄다.

현장리포트 08
## 미국의 가을 _행진 스케치

**1. 점거에서 행진으로**

10월 5일. 행진이 예고된 3시가 되자 사람들이 물밀듯이 밀려왔다. 점거가 시작된 지 19일째. 주코티 공원은 처음으로 자신이 수용할 수 없는 인파를 만났다. 공식적으로 오늘 행진은 점거를 지지하는 대학생들과 노동조합이 함께 준비한 것이다. 사람들은 약간씩 들떠 있었다. 서로가 서로에 대해, 대중이 스스로의 규모에 놀란 것이다. 평화재향군인회에서 나온 할아버지는 "뉴욕에서 이런 게 가능하다니 놀랍다"고 말했다. 학생들은 자기 대학을 찾느라 분주히 움직였고, 동호회나 트위터에서 만들어진 모임들도 피켓을 만들어 회원들을 확인하고 있었다.

　3시 30분쯤 제너럴 어셈블리의 한 사람이 곧 행진을 시작하겠다고 말했다. 그는 차도가 아닌 인도를 통해 걷게 될 것이며 경찰과 충돌하지 말라고 했다. 무엇보다 "우리는 점거자들로서 이번 행진을 주도한 학생과 노동자들을 존경하는 마음으로 평화롭게 이곳 점거 장소까지 안내"할 것임을 강조했다. 대학생과 노동자들을 집회 장소로 맞이하러 가서 이곳으로 안내한다는 것이다. 물론 노동자와 학생을 맞이하러 간다는 말은 상징적인 차원에서 한 말이었다. 이미 상당수 노동자와 학생들이 함께 행진하기 위해 이곳 공원에 들어와 있었기 때문이다.

　오늘 노동자와 학생들이 집회를 열 장소는 법원 앞 폴리 스퀘어(Foley Square)이다. 폴리 스퀘어에는 미국 혁명의 주역이자 프랑스 혁명을 열렬히 지지했던, 『인간의 권리』의 저자 토머스 페인(Thomas Paine)을 기리는 공원이 있고, '참된 정의의 행정이야말로 좋은 정부의 가장 굳건한 기둥이다'라는 문구가 새겨진 법원 건물이 있기도 하다. 묘한 느낌이 들었다. '건국의 아버지들'은 보수주의자들이 '미국 정신'을 강조하며 애용하는 말이다. 그런데 그 '아버지들' 중 한 사람인 토머스 페인을 기리는 공원에서 월스트리트 점거를 주장하는 이들이 '인간의 권리'를 외치며 집회를 연 것이다. 한편에는 '건국의 아버지들'의 이름으로 미국의 배타적인 자부심을 강조하는 이들이 있고, 다른 한편에는 그들의 장소에서 그들의 행위를 반복하려는 사람들, 즉 나라를 뜯어고쳐 나라를 다시 만들려는 사람들이 있다. 미국은 애당초 점거를 통해 만들어진 나라가 아니던가. 참 역설적이다. 미국을 만든 전략이 미국을 위협하는 전략이기도 하니 말이다.

　참고로 『뉴욕열전』의 저자 고소 이와사부로는 그의 글 「뜰-운동 이후」에서, "미국의 형성에는 무엇으로도 정당화할 수 없는 경위"가 있기에 거기서 최소한 두 가지 윤리적 요구를 받는다고 했다. 하나는 그들이 폭력적으로 침탈한 선주민의 특권을 제도화해야 한다는 것, 다른 하나는 '불법점거자'로서의 조상들의 행태를 인지하고 모든 이들의 유입을 "한정으로라도 계획적으로 승인해야 한다"는 것이다.\* 그렇게 보면 이번 점거자들의 행위는 조상들의 행위를 반복하는 것이자 조상들의 행위(이후 미국 자신의 행위)에 대한 사죄를 뜻하는 것인지도 모르겠다.

> 고소 이와사부로, 「뜰-운동 이후」, 『부커진R』 1호, 그린비, 2007.

행진 전 공원에 모인 사람들.

유색인들의 권익과 해방을 위해 싸우는 이들의 점거운동단체 '아큐파이 더 후드'가 회원들에게 모임 장소를 표시하고 있다.

## 2. 행진 — 우리는 99%다

3시 30분쯤 행진이 시작되었다. 행진 직전에는 비폭력에 대한 강조와 함께 세심한 법률적 조언도 제공되었다. '미등록 이주자의 경우', '등록 이주자의 경우', '시민의 경우'로 나누어서 문제가 될 상황을 설명해 주었다. 그러고 나자 사람들의 함성과 함께 행진이 시작되었다. "우리는 99%다. 그러니 당신도 99%다". 행진을 하면서 사람들은 구호를 노래처럼 불렀다. 그리고 지나가는 사람들을 보면 '당신도'라는 말을 덧붙였다. '99%'라는 말은 특권층의 사람들을 1% 속에 고립시키고 다수의 사람들을 한편으로 끌어들이는 일종의 '프레임워크'였다. 사람들은 "모든 곳을 점거하자"라고 외치기도 하고 "단결된 민중은 패배하지 않는다"라고 외치기도 했다.

행진에는 다양한 사람들이 함께했다. 기본적으로 노동자들과 대학생이 많았지만 일반 시민들의 참여도 크게 뒤지지 않았다. 보수 언론에서는 점거자들을 불과 수십에서 수백에 이르는 '사회불만세력'으로 묘사했지만, 뉴욕 시민들은 점거자들 하나하나가 수많은 시민들의 분신이며, 자신들은 점거를 지지한다는 의사를 확실히 표현했다. 다양한 시민들이 참가한 만큼 행진은 축제의 퍼레이드 같은 느낌도 주었다.

## 3. 집회 — 나는 다시 태어난 미국인이다

두 시간 정도의 행진이 이어졌다. 하늘에는 헬기 두세 대가 정지한 채 대열을 감시하고 도로에는 경찰들이 늘어서 있었다. 하지만 그렇게 위압적인 모습은 아니었다. 지난번 일부 점거자에게 최루 스프레이를 사용한 것, 그리고 브루클린 다리에서 평화롭게 행진을 하던 시위대를 대량 연행한 것 때문에 뉴욕 경찰은 현재 고소 고발된 상태다. 폴리 스퀘어에 이르니 행진이 막 시작될 때의 모습.

행렬이 차도로 내려오지 못하도록 경찰이 통제하고 있다.

행진 중 기타를 치며 노래하는 할아버지.

아이들의 구호 "우리는 99%다", "지구온난화를 멈춰라".

『쇼크 독트린』의 저자 나오미 클레인과 『블랙 워터』의 저자 제레미 스카힐의 모습도 보인다.

미국 뮤지션들의 조합인 Local 802의 행진.

사서 모임. "사서들이 행진을 시작하면 일들이 모두 엉킨다는 거 알죠?"

사회안전망을 잘라 내는 월스트리트의 돼지 퍼포먼스.

이미 대학생과 노동자들의 집회가 진행 중이었다. 행진하던 수가 계속 유입되면서 넓던 공원은 어느새 사람들로 꽉 차기 시작했다. 일부 사람들은 공원 건너편, 그러니까 법원 앞쪽으로 이동했고 그곳을 마저 다 채웠다.

만 명 정도 되지 않았을까 싶다. 평일 오후에 뉴욕 맨해튼에 그 정도의 대중들이 운집한다는 것은 분명 쉽지 않은 일일 것이다. 뉴스쿨(New School) 학생들이 "아랍의 봄, 유럽의 여름, 미국의 가을"(Arab Spring, European Summer, American Fall)이라고 쓰인 펼침막을 들고 행진했다. 계절을 따라 운동이 세계를 순환하고 있다. 그러나 운동의 계절은 공간적으로는 다른 의미를 갖는다.

봄이 가고 여름이 가고 가을이 가는 것이 아니다. 봄 옆에 여름이 놓이고 여름 옆에 다시 가을이 놓이고 있다. 봄과 여름, 가을이, 다시 말해 아랍과 유럽, 아메리카가 드디어 동시간대에 함께 존재하는 것이다. 얼마나 그 호소가 받아들여질지는 모르겠지만, 어떤 이들이 행진 중 10월 중순을 '세계 행동의 날'로 만들자고 외치고 있다. 당장에 얼마나 큰 호응이 있을지, 솔직히 '세계혁명'이라는 네 글자는 여전히 몽상에 가깝지만, 그래도 이렇게 말할 수는 있을 것 같다. 적어도 사람들은 그 네 글자 중에서 앞의 두 글자까지는 와 있다고.

뉴욕이라는 도시는 세계가 가진 문제의 축소판이자 세계가 가진 가능성의 축소판이기도 한 것 같다. 처음 뉴욕에 왔을 때 나는 세계의 온갖 인종, 온갖 문화가 유입되는 뉴욕이야말로 어떤 가능성의 공간이 아니냐고 친구에게 물었던 적이 있다. 그때 그는 말했다. 여긴 세계에서 인종과 계급의 경계가 가장 확연한 곳이라고. 온갖 사람들이 모여 있지만 도시의 블록 안에 한 인종으로서, 한 계급으로서, 한 개인으로서 철저히 고립되어

"아랍의 봄, 유럽의 여름, 미국의 가을."

있는 곳이라고. 하지만 이번 행진은 뉴욕의 문제가 뉴욕의 가능성이기도 하다는 것을 보여 준다. 온갖 인종들, 온갖 문화를 가진 이들이 함께 외치고 있기 때문이다. "우리는 99%다." 그들은 분명 1%에 대한 분노를 표현하기 위해 모였지만, 그보다 먼저 그들 모두가 99%라는 사실을 즐기고 있었다. 개인적·인종적·문화적 차이는 더 이상 문제가 안 되었다. 오히려 그 차이들은 여기 온 사람들이 얼마나 다양한 사람들인지, 말 그대로 얼마나 많은 이들이 함께했는지에 대한 증명이 되었다. 그동안의 차이가 고립과 격리를 의미했다면 지금의 차이는 힘과 다양성의 표현이 되고 있다.

　행진을 시작할 때의 긴장감은 찾아볼 수 없었다. 다양한 구호와 다양한 사람들이 사람들을 서로 즐겁게 해주었다. 우리의 유모차 부대처럼 젊은 엄마들이 아이들과 함께 나왔다. 귀여운 아이들이 '단결한 엄마들'이라는 펼침막을 들고 행진을 벌였다. 그 옆으로는 환한 표정을 한 여성이 이런 피켓을 들고 지나갔다. "나는 다시 태어난 미국인이다."

"이것이 미국의 가을이다."

다양한 인종들이 다양한 언어로
'사회적 정의'를 요구하고 있다.

이날 행진에는 다양한 이민자들이 참여했다. 라틴계 이주 노동자들.

필리핀계 이주 노동자들.

엄마들의 단결, 아이들의 행진.

"나는 다시 태어난 미국인이다."

## 4. 점거 — 내 목소리는 그의 목소리고 그녀의 목소리다

저녁 6시쯤 행진은 다시 점거 장소인 주코티 공원으로 오는 것으로 마무리됐다. 어둠이 찾아왔지만 공원은 야시장이 열린 듯 오히려 활기가 넘쳤다. 사람들은 뭔가 대단한 승리를 거둔 것처럼 곳곳에서 환호성을 질렀다. 공원 한쪽에서는 페이스북을 통한 실시간 지지 메시지가 중계되었다. 세계 각지에서 응원 메시지가 이들에게 전해졌다.

그리고 곳곳에서, 이번 집회의 최고 상징어 '마이크 체크'가 울려 퍼졌다. 뭔가 말을 하고 싶은 사람들이 부르는 소리다. 내 말을 지금 전해달라고. 그 중에서도 가장 많은 이들이 몰린 곳은 영화감독 마이클 무어 (Michael Moore)의 연설이었다. 그리 긴 연설은 아니었지만 오늘 행진을 정리하는 말로는 더할 나위 없이 깔끔했다. 그는 이렇게 말했다.

오늘은 역사적인 날입니다. 이 운동은 함께 일어났습니다. 그것은 사람들, 민중들이 그것이 일어나기를 원했기 때문입니다. 리더 때문도 아니고 큰 조직이 원해서도 아닙니다. 바로 사람들이 원했기 때문입니다. 나는 인간 마이크를 원합니다. 왜냐구요? 이것은 바로 내 목소리이고 그의 목소리이고 그녀의 목소리이고 우리 모두의 목소리이기 때문입니다. 무엇이 이 집회를 유지시키는가. 정치가들이 이 집회를 제멋대로 이용하게(coopt) 두지 맙시다. 오늘 여러분 각자가 수십만의 미국인들을 대표하는 겁니다. 오늘 여기 올 수 없었던 사람들 말입니다. 그들은 오늘 여기 있는 여러분들을 자랑스럽게 생각할 그 사람들입니다. 이제 점거는 그들의 도시에 있을 것이고 어디에나 있을 것입니다. 모든 곳을 점거합시다(Occupy Everywhere)! 그리고 이 빌딩 꼭대기에 있는 사람들, 특히 당신들 골드만 삭스. 누가 이 실시간 지지 메시지 중계.

집회를 조직했느냐고? 바로 당신들이야, 골드만 삭스……. 지금 발걸음을 내딛어야 합니다. [대선이 있는] 내년이 아니라 바로 지금 말입니다. 이제 지금까지의 미국은 '그만 됐어!'(Enough!)입니다. '더 이상 안 돼. 이제 충분해!'라고 말합시다.

저녁 8시, 발길을 돌리려는데 한쪽이 시끄럽다. '월스트리트로 행진하자'고 하는 강경파들이 나선 것 같다. 그들은 지금 집회 방식이 너무 소극적이라고 비판했다. 경찰 사이렌이 연이어 울리고 큰 소란이 일었다. 밤늦게 뉴스에서는 수십 명이 다시 연행되었다고 나온다. 예전 촛불집회 경험으로는 조금 걱정되는 대목이다.

현장리포트 09
# 미래가 도래할 수 있을까 _채무자본주의 비판

**1. 월스트리트를 점거하는 자기만의 이유**

이미 많은 이들이 하는 이야기지만 점거 현장에는 참 다양한 사람들이 와 있다. 언론이나 정치인들은 도대체 뭘 요구하는 건지 모르겠다고 하지만 사람들은 누구나 공감하는 각자의 이야기를 갖고 있다. 10월 5일 행진에서 간호사들이 눈에 많이 띄었다. 미국 의료보험 제도 개혁은 미국의 최대 현안 중의 하나이다. 오바마 정부가 야심차게 추진했지만 금융위기 이후 재정이 대폭 삭감되면서 의료보험 개혁은 동력을 많이 잃어버렸다.

　미국 의료시스템의 후진성과 관련된 괴담 수준의 이야기는 이미 널리 알려져 있다. 세계 최고의 의료기술을 가졌지만 보험이 없어 병원 근처에도 갈 수 없는 사람이 무려 5천만 명을 넘는다. 미국에 처음 왔을 때 내가 겪은 충격적인 일 중 하나도 그와 관련이 있다. 룸메이트가 요리를 하다 손에 큰 화상을 입었는데, 911을 부르려는 나를 그는 강하게 말렸다. 그럼 병원에 가자고 해도 한사코 거부했다. 그는 보험이 없다고 했다. 내게는 꽤나 충격적인 장면이었지만 사실 이런 건 충격 축에도 끼지 못한다는 걸 안다.

　10월 5일 행진을 할 때 브롱크스 지역의 의사 몇 명이 월스트리트 점

점거 지지 행진에 참여한 전국 간호사 연대.

거를 지지한다며 행진을 했는데 정말 큰 박수를 받았다. 몇 명 되지도 않은 그 의사들에게 그런 박수가 쏟아지는 것은 그 자체로 미국이 어떤 사회인지, 미국인들이 그동안 의사에 대해 어떤 감정을 품어 왔는지를 역설적으로 잘 보여 준다. 의사와 간호사들의 행진에 대해 이야기를 나누던 내 친구는 이렇게 말했다. "아마도 그들은 가난 때문에 제대로 된 치료를 받지 못한 사람들의 이야기를 누구보다 많이 알고 있기 때문 아닐까." '재산보다 건강이 우선'(HEALTH OVER WEALTH)이라는 이들의 피켓은 우리가 흔히 듣던 말 '돈보다 건강이 우선'이라는 말과 다르지 않다. 많은 부자들이 서로에게 덕담처럼, 지혜처럼 건네는 말이기도 하다. 하지만 사회의료 정책에서는 그게 완전히 달라진다. 그들은 '건강보다는 이윤'을 위해 엄청난 로비와 압력을 행사하기 때문이다.

의사와 간호사 이야기를 했지만 사실 이번에 점거에 나선 이들은 모두 저마다의 이유를 갖고 있다. 대출 학자금을 갚지 못해 학업을 포기하고 나온 대학원생, 가계대출을 갚지 못해 집을 빼앗긴 중년 부부, 금융위기 여파로 해고된 노동자, 모두 자기 가슴에 쌓아 둔 이야기를 하나씩 갖고 있다. 언론에서는 사람들의 요구가 모호하다고 하는데 전혀 그렇지 않다. 사람들 이야기는 매우 구체적이고 명확하다. 다만 어느 하나로 환원되지 않을 뿐이다. 그리고 그것은 월스트리트로 상징되는 현 자본주의 체제의 착취 성격과도 깊이 연관된 것이다.

이윤보다 건강이 중요하다.

## 2. 월스트리트의 정치경제학

산업자본은 개별 상품의 생산가치와 시장가치의 차이를 이용해 수익을 내지만 월스트리트의 금융자본은 아주 다르다. 그렇다고 맑스주의의 전통 이론처럼 산업자본이 생산한 잉여가치의 일부를 지대로 받는 것도 아니다. 그런 면이 없진 않겠지만 금융자본의 현재적 행태를 설명하는 데는 무리가 있다. 산업자본의 잉여의 일부로 유지되기에는 금융자본의 규모가 상상할 수 없을 정도로 크다. 금융자본은 전통적 의미의 상품보다는 다양한 권리들, 가령 주식이나 채권, 화폐 등을 상품화해서 그 매매 차익을 노린다(이 권리들을 다시 묶어 만들어 낸 파생상품들의 규모는 그야말로 어마어

마하다). 미래 수익 예측을 어떻게 하느냐에 따라 천문학적 규모의 돈이 오간다. 그런데 이 예측은 그동안 경제학에서 '외부재'라고 불렸던 환경에 결정적인 영향을 받는다. 통제가 불가능한 자연환경(나쁜 기후나 지진 등의 자연재해가 금융시장에 미치는 영향은 막대하다)은 말할 것도 없고, 정부의 세금·환율·주택·토목·고용·교육·의료 정책과 제도 등이 수익 계산에 큰 영향을 미치는 것이다. 이 때문에 공공정책에는 막대한 로비와 압력이 행사된다. 한국은 이미 97년 외환위기 때 국제 금융자본의 명령이 어떤 것인지를 실감했다. 왜 돈 좀 빌리는데 사회 전체를 구조조정해야 하는지 이유가 거기에 있다.

"오바마 대통령, 은행이 아니라 나에게 구제금융을 제공해 주시오"(10월 4일, 주코티 공원).

사람들이 월스트리트를 지목하는 것은 그것이 우리가 지난 수십 년간 겪어 온 체제의 상징이기 때문이다. 물론 사람들이 직접 월가의 금융자본가를 만날 일은 없었다. 월스트리트의 사람들이 상대하는 것은 실시간으로 변하는 모니터이고, 일반 사람들이 상대한 것은 대출 납입액이 체납되었다고 압류 고지서를 들고 온 은행 직원이기 때문이다. 기업 자체의 가치를 올리기 위해 구조조정을 하는 것은 금융자본과 관계되어 있지만, 해고명령서를 전달하는 것은 어떻든 그들이 아니다. 물론 학자금 상환 연체를 알리는 것도 그들이 아니다.

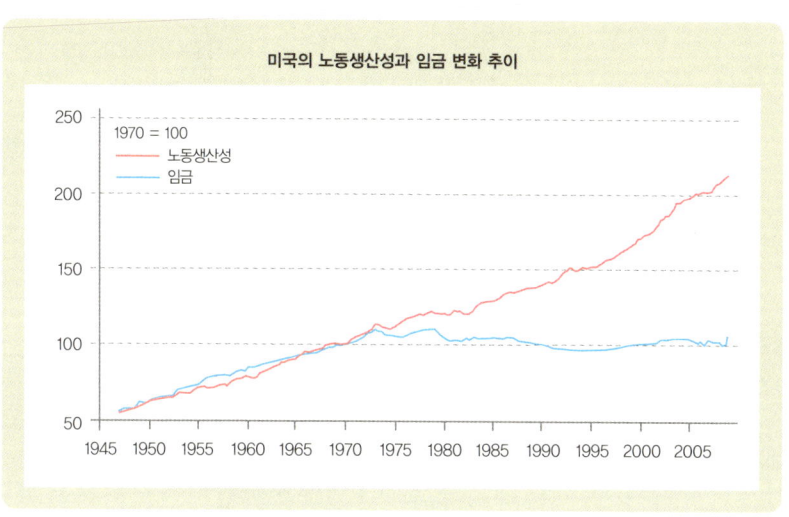

미국의 노동생산성과 임금 변화 추이

　지난 수십 년간(특히 신자유주의 내지 채무자본주의가 본격화된 80년대 이후) 노동생산성은 급증했지만 임금 상승은 그만큼 이루어지지 않았고, 양자의 격차는 오히려 크게 벌어졌다. 삶에 필요한 재화의 가치총계는 임금이나 열악한 사회복지망을 고려할 때 너무 높아졌다. 임금은 낮추고 소비지출은 늘려야만 하는 구조를 만든 것이다(생산현장의 노동자가 시장의 소비자임을 생각한다면 아주 모순된 아이디어였지만, 자본가의 이익이라는 점에서 보면 아주 일관된 아이디어이기도 하다). 도깨비 방망이를 가진 게 아닌 한 심각한 간극이 생길 수밖에 없다. 그런데 이 간극을 메우는 데 동원된 것이 채무였다. 각종 재화와 서비스를 얻는 데 필요한 돈을 빌려 주고 그 이자를 평생에 걸쳐 받아내는 시스템이 만들어진 것이다. 집도 자동차도 모두 빚을 내 얻어야 하고 죽을 때까지('모기지'mortgage라는 말은 그 안에 '죽음'mort을 담고 있다) 무슨 수를 쓰든 갚아야 한다. 무슨 수를 쓰든(여기에 금융가는 관심이 없다). 항상 사회적 곤궁에 대한 해결책으로 제시되는 것도 '저리 융자'다. 결국 빚을 내게 해서 빚을 갚게 만드는 구조가 만들어진 것이다. 즉 '채무자본주의'가 금융자본주의의 다른 이름인 것이다(크게 보면 미국 전체가 자신의 무역적자와 재정적자를 중국 등 아시아 국가에서 들어온 값싼 채무로 해결해 온 채무자본주의 국가였다).

> 사실 지금 한국이 그렇다. 서민 대책은 '마이크로 크레디트'고 학자금 대책은 '저리 장기 융자', '취업 후 상환' 같은 것이다. 집값을 낮추거나 등록금을 낮추는 일은 결코 없다.

그런데 2008년 금융위기가 찾아오고 경제적·사회적 파산이 곳곳에서 일어나자 미국 정부가 막대한 규모의 돈을 투입한 곳은 위기에 처한 서민들이 아니라 대형(투자)은행들, 다시 말해 금융자본이었다. 그들이 실패하면, 다시 말해 그들이 무너지면 사회 전체가 위험하다는 논리였다. 실패하게 두기에는 너무 덩치가 크다(Too Big to Fail)는 것이었다. 이는 뒤집어 말하면 현재 사회 전체가 그들을 위해서, 그들 위에서 세팅되었다는 말에 다름 아니다.

사람들은 직관적으로 월스트리트를 문제의 원인으로 지목했다. 처음에는 막대한 구제금융을 받아 보너스 잔치를 했다는 것에 분개했다. 하지만 여러 사람들의 이야기가 맞물리면서 이것이 점점 체제의 문제로 번져 가고 있다. 이제 월스트리트는 특정한 은행이나 투자회사를 나타내는 게 아니라, 지난 수십 년간 지속된 하나의 체제 이름이 되고 있다. 그리고 많은 사람들이 이렇게 말하고 있다. 이제 지긋지긋하다고.

참고로 현재 오바마의 '증세와 공공부문 투자를 통한 일자리 창출' 계획은 공화당이 지배하는 의회의 반대로 진행되지 못하고 있다. 오히려 공화당은 지난번 연방정부의 채무 상한을 올려 주는 대신 향후 재정 지출을 단계적으로 삭감할 것을 요구했다. 사실 연방정부의 재정이 이렇게 엉망

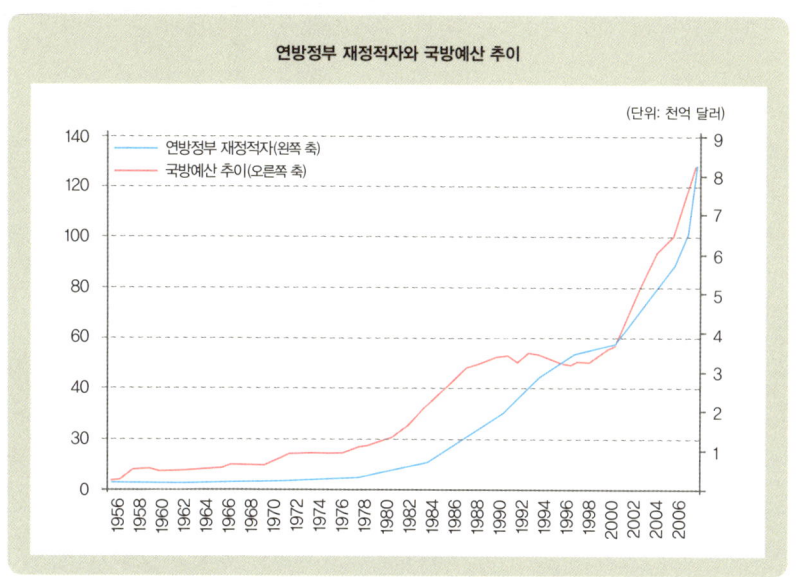

이 된 것은 수입 쪽에서는 부자의 세금 감면이, 지출 쪽에서는 전비 지출이 큰 요인이다. 이번에 미국이 치른 아프가니스탄과 이라크 전쟁 비용은 아주 보수적인 계산에 입각해서도 3조 달러가 넘는다고 한다.* 부시 정부하에서 미국 관료들은 미국이 석유 같은 자원을 통제함으로써 얻게 될 이익이 꽤 될 것처럼 말했지만(이 말의 도덕적 죄악성은 일단 따지지 말자), 그 액수는 추정 전비에 전혀 미치지 못하며, 더욱이 전비는 정부가 세정으로 충당해야 하지만, 전쟁의 직접적 수익은 군산복합체나 석유회사, 토목건설회사들이 챙긴다.

> Joseph Stiglitz and Linda Bilmes, *The Three Trillion Dollar War : The True Cost of the Iraq Conflict*, New York: W. W. Norton, 2008.

연방정부는 막대한 규모의 재정적자 때문에 가난한 이들을 도울 여력이 없다. 의료보험 개혁을 할 수도 없고, 공공부문 투자를 통한 일자리 창출도 어렵다. 오히려 기존의 복지 지출조차 줄여야 할 실정이다. 그런데 정부는 재정의 상당 부분을 전비와 거대 은행의 구제금융에 쏟아부었다. 게다가 부자들에 대한 세금 감면 취소는 이데올로기적 공격을 받고 있다. 반전운동, 납세자 운동, 의료보험개혁 운동가들이 모두 월스트리트를 점거할 수밖에 없는 이유이다.

### 3. 미래는 없다, 팔아 버렸기에

아놀드 슈워제네거가 주연했던 영화 「터미네이터」는 흥미로운 시간 구조를 갖고 있다. 일단 '기계의 노예'라는 운명이 인간에게 예정되어 있다. 운명이 예정되어 있다는 것은 미래가 없다는 말과 같다. 그 미래를 바꾸기 위해 미래 인간이 현재로 돌아오고 그 인간을 저지하기 위해 '터미네이터', 말 그대로 그 노력을 끝장낼 기계가 돌아온다.

채무란 무엇인가. '채무'라는 제목의 책을 낸 데이비드 그레이버는 이렇게 정의한다. "채무란 약속의 전도(the perversion of a promise)이다. 그것은 수학과 폭력에 의해 변질된(corrupted) 약속이라고 할 수 있다." 대출을 받는다는 것, 빚을 진다는 것은 '미래에 갚겠다'고 약속하는 것이다. 그것은 미래에 대한 약속이

> David Graeber, *Debt: The First 5,000 Years*, New York: Melville House, 2011. 이 책은 『채무, 그 첫 5,000년: 인류학자가 다시 쓴 경제의 역사』라는 제목으로 한국어판이 번역 출간되어 있다.

지만 정확히 말해 미래를 저당잡히는 일, 더 나아가 미래를 포기하는 일, 팔아 버리는 일이다. 현재를 살기가 너무 힘들기에 우리는 미래를 크레디트, 즉 믿음과 신용의 이름으로 팔아 버리는 것이다. 자본은 미래에 대한 우리의 약속 능력을 크레디트라고 부른다. 그런데 우리가 돈을 갚겠다고 약속하는 순간, 우리는 무능력자, 다시 말해 노예가 된다.

니체는 『도덕의 계보』에서 '미래를 약속할 수 있음'을 강자의 능력으

"학생들의 대출을 갚아 달라. 미국에서는 교육비가 20만 달러에 이른다"(10월 5일 집회 사진).

로 불렀다. 강자란 미래를 약속할 수 있는 자이다. 그것은 미래를 향해 자기가 말한 것을 책임지고 완수해 내겠다는 의지이자 힘의 표현이다. 그런데 주택담보 대출을 받을 때, 학자금 융자를 받을 때, 우리가 하는 서약은 니체가 말한 '약속의 힘'을 전도시킨다. 그 약속은 사실상 충성의 맹세이고 미래를 당신의 처분에 맡기겠다는 '자기 포기 각서'이기 때문이다.

그레이버는 『채무』에서 "주류 경제학 이론에 따르더라도 채무를 꼭 갚아야 하는 건 아니"라고 재치 있는 주장을 편다. "대부자는 어떤 정도의 위험을 감수하는 것으로 가정되어 있다." 그러기에 회수 가능성에 따라 이자율이 크게 변하는 것이다. "만약 모든 대출이, 아무리 바보 같은 대출을 했다 해도 다 회수된다면, 다시 말해 파산법 같은 게 없다면, 아마 그 결과는 재앙적일 것이다." 채무는 경제적 용어이기 이전에 도덕적 용어인 것이다. '빚은 갚아야 한다'는 도덕적 힘에 의해 작동한다. 하지만 은행에 대한 대규모 구제금융이 보여 주듯 혹은 파산 위험 국가에 대한 채무 감면이 보여 주듯, 채무는 어느 한계에서 갚지 않을 수도 있는 것이다. 실제로 작년 『위클리 수유너머』(www.suyunomo.net)에 소개된 바 있는 도쿄의 '블랙리스트회'는 학자금 대출을 갚지 말자는 운동을 벌이는 대학생과 대학원생들의 단체이다. 지금은 채무를 거부하거나 감면을 요구하거나 정부에게 구제금융을 요구해야 한다. 그것도 1순위로. 사실상 파산 상태에 있는 서민들의 삶을 봐도 그렇고, 교육의 공공성을 봐도 그렇고, 구제금융이 현재의 문제를 야기한 금융자본에 다시 투여되는 것을 볼 때도 그렇다.

참, 그리고 보니 영화 「터미네이터」의 주인공이었던 슈워제네거는 금융자본의 이해를 대변하면서 캘리포니아 재정을 완전히 끝장내 버린 인물이었다.

### 4. 약속의 도래를 위하여

점거는 진행 중이지만 점거를 통해 사람들은 시스템의 진행을 막을 수 있는 가능성을 열었다. 그 가능성이 아직 크다고 말할 수는 없지만, 사람들은 서로에 대한 약속과 신뢰의 힘을 회복하고 있다. 채무에 의해 빼앗겨 버린 '미래를 향한 약속'을 되찾을 가능성을 얻었다. 그러고 보니 화폐경제하에서 많은 용어들이 도덕적 타락을 경험하고 있다. 1달러 화폐에는 'In God We Trust'라는 말이 들어 있다. 약속, 믿음, 신용 등이 모두 새로운 미래를 열 수 있는 사람들의 능력이 아니라, 그 능력을 판 대가로 얻는 돈의 크기가 돼 버렸다.

10월 5일 행진에 참여한 나오미 클레인(Naomi Klein)은 어느 인터뷰에서 이렇게 말했다. "내 가장 큰 걱정은 오바마 정부 아래서 젊은 세대들이 정치적 냉소주의와 정치적 반감에 빠지지 않을까 하는 것이었습니다. 하지만 그들은 지금 힘이 있는 곳으로 가고 있습니다. 그들은 변화가 워싱턴에서 오지 않는다는 것, 기업의 이해가 지배하는 그곳, 바로 지금 이 나라의 근본 위기를 만들어 낸 그런 기업의 이해가 지배하는 그곳에서 오지 않는다는 것을 깨닫고 있습니다."

워싱턴에 대한 꿈, 월스트리트에 대한 동경, 이 모든 것이 이번 점거를 통해 금이 가고 있다. 사람들은 이제 투표함이 변화를 가져오지 않는다는 것을 안다. 오히려 변화가 투표함을 바꿀 것이다. 사람들은 이제 월스트리트가 사회 최고의 엘리트들이 가는 곳, 아메리칸 드림이 농축된 곳이라고 생각지 않는다. 거기에 있는 건 오히려 돈에 눈이 먼 무책임한 탐욕자들, 인생의 도덕적 실패자들이다. 워싱턴과 월스트리트를 보는 대신 사람들은 이제 자신과 같은 처지에 있던 사람들, 주변의 동료들을 보기 시작했다. 그리고 거기에 진정한 힘, 진정함 꿈이 있다는 것을 느낄 것이다. 얼마나? 그것은 잘 모르겠다. 그러나 모든 변화의 시작은 변화로 얻게 될 결과보다도 소중하다. 그리고 변화는 작게나마 시작되었다.

### 노트 4
# 통계로 보는 미국 사회

경제적 불평등의 심화 경향은 한국을 비롯해 세계 여러 나라들에서 나타나고 있다. 아래에 이어지는 그래프들은 1980년 이후 미국 사회의 불평등이 얼마나 심화되었는지를 보여 준다.

먼저 세금을 제한 후 계층별 평균 소득의 추이를 보자. 상위 1%의 경우 1979년에 비해 네 배 가까이 늘었지만 다른 계층에서는 별 변화가 없다. 이번 월스트리트 점거 시위에서 내걸린 '1%의 탐욕'이라는 말은 그냥 나온 말이 아니다.

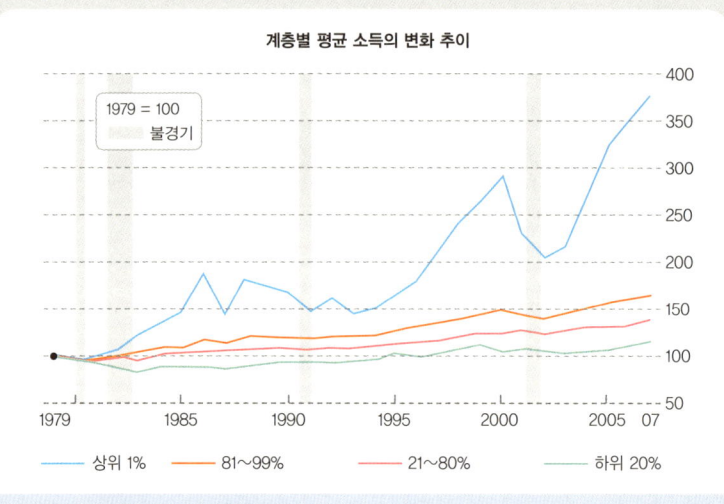

출처: Congressional Budget Office.

미국 노동자들의 경우 전후 1970년대 후반까지 꾸준히 늘어나던 실질임금은 미국에서 신자유주의가 본격화된 1980년대 이후 사실상 정체되었다(생산성 상승과 임금 정체 경향은 97쪽의 그래프 참조).

　생산성은 증대되었음에도 실질임금이 정체되었다면 어떻게 구매력이 유지될 수 있었던 것일까. 그 비밀 아닌 비밀은 채무에 있다. 아래 그래프는 미국 가구의 가처분소득 대비 채무가 얼마나 증가했는지를 보여 준다. 2000년대 중반 이후 미국 가구의 평균 채무는 가처분소득을 넘어섰다. 사실상 빚을 내서 생활을 하고 있다는 말이다.

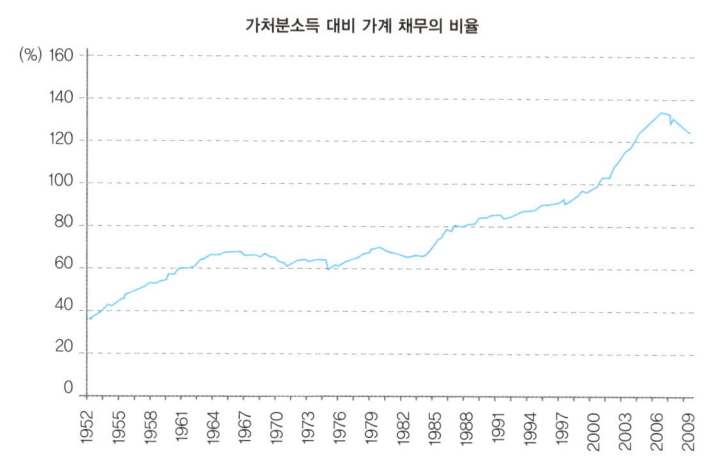

출처: National Income and Product Accounts, U.S. Bureau of Economic Analysis.

　다음 그래프는 중간 수준의 소득을 올리는 가구의 소득이 늘어나는 정도에 비추어 가구당 카드빚이 얼마나 늘었는가를 보여 준다. 신용사회란 채무사회에 분칠을 한 용어에 불과했다는 것이 다음 그래프에서 극명하게 드러난다.

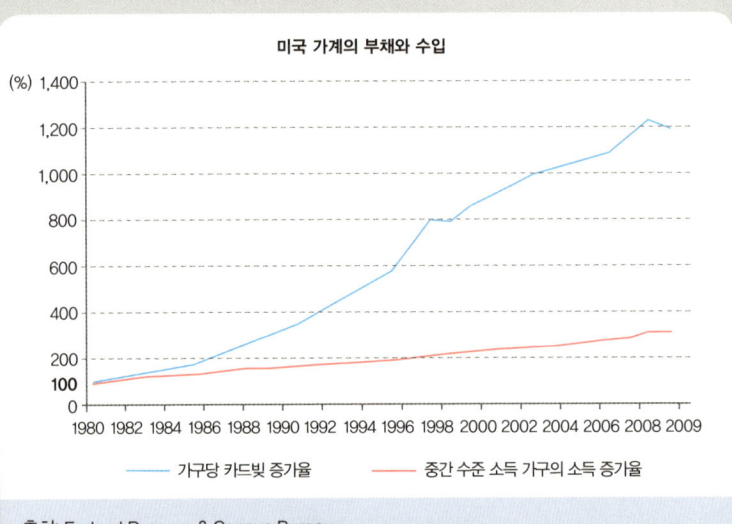

출처: Federal Reserve & Census Bureau.

이번 월스트리트 점거 시위를 지켜보면서 현재 미국 서민들의 목을 죄고 있는 세 가지 커다란 문제들 ─ 내 개인적으로는 '미국 서민들의 지옥을 이루는 세 개의 기둥'이라고 부른다 ─ 을 발견할 수 있었다. 하나는 주택 모기지이고, 다른 하나는 대학 등록금이며, 나머지 하나는 의료보험 문제이다. 다시 말해 주택과 교육, 의료인데, 미국 사회는 삶의 기본을 이루는 이 세 가지가 과도하게 상품화된 사회인 것 같다. 삶(생명)의 기본 재화들이 전적으로 시장에 내맡겨져 있다는 것, 이는 삶(생명)에 대한 자본 통제력이 극대화되었다는 것과 함께 삶에 대한 서민들의 불안이 극대화되었다는 것을 의미한다.

다음의 그래프는 가구별 가처분소득에서 주택 모기지 상품의 상환액을 갚는 비율을 보여 준다. 하향 곡선을 그리던 상환액 비율은 2000년대 이후 폭등하기 시작했다.

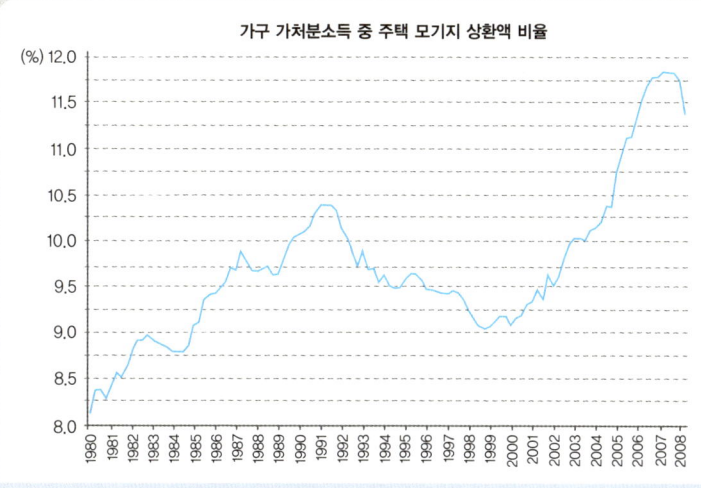

출처: http://www.federalreverse.gov/release/housedebt/.

다음으로 살펴볼 것은 대학 등록금이다. 아래 그래프를 보자.

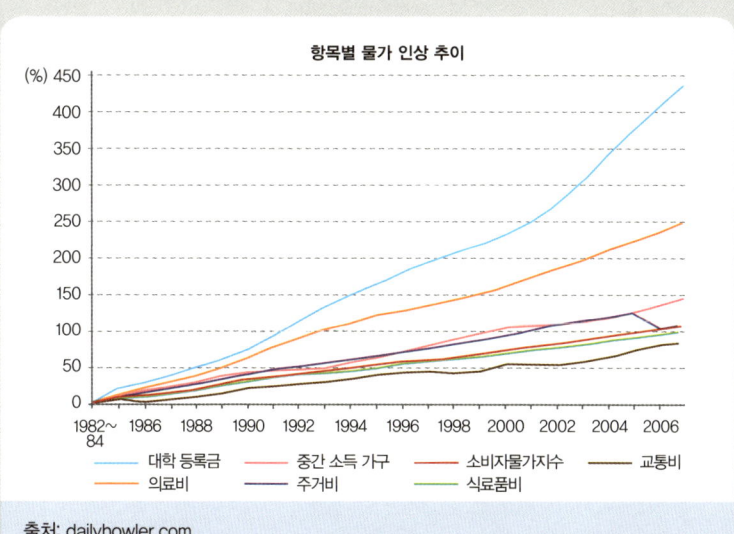

출처: dailyhowler.com.

이 그래프는 대학 등록금이 얼마나 많이 올랐는지를 다른 물가와 대비해서 보여 준다. 말 그대로 '미친 등록금'이라 불릴 만하다. 1980년대 초반과 비교하여 단 20년 만에 무려 네 배 이상 올랐다(그다음 인상폭이 큰 것은 의료보험료이다).

그렇다면 미국 가구는 이토록 높은 대학등록금을 어떻게 감당했을까. 답은 역시 채무이다. 아래 그래프는 학자금 대출이 불과 10여 년 만에 다섯 배가 넘게 증가했음을 보여 준다. 푸른색 선은 학자금 대출을 제외한 채무들의 추이다. 미국 가구 채무도 계속 급증하여 100%를 넘었지만 학자금 대출 채무 규모 성장이 워낙 크다 보니 상대적으로 완만해 보인다.

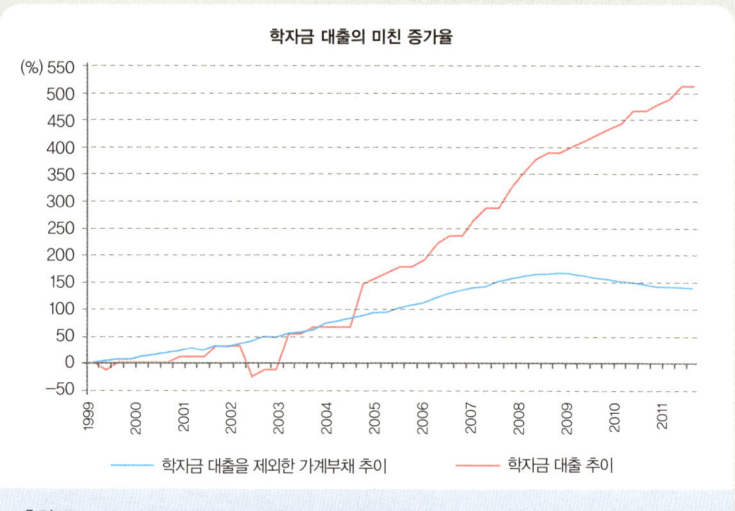

끝으로 미국 의료보험 문제다. 잘 알려진 것처럼 미국은 국민의료보험 제도를 갖고 있지 않은 나라다. 따라서 서민들이 병원에서 치료를 받기 위해서는 비싼 보험 상품을 구입해야 한다. 보험을 커버해 주는 직장을 갖지 못한 사람들은 매달 상당한 돈을 납입해야 하는 보험 상품을 구매하기 어렵다. 보험이 없다면 막대한 병원 치료비를 감당할 수 없는 것은 물론이다. 따라서 미국의 많은 서민들이 병원 치료 자체를 포기하는 상황이 나타난다. 미국민 중 대략 5천만 명 정도가 의료보험이 없는 불안한 삶을 살고 있다.

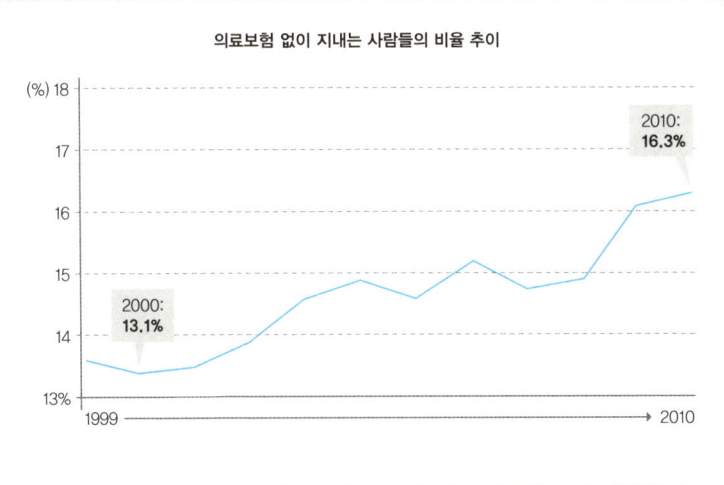

출처: U. S. Census Bureau.

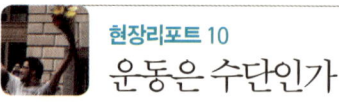

**현장리포트 10**
# 운동은 수단인가

도대체 이번 점거는 무엇을 얻어 냈을 때 '성공'했다고 말할 수 있을까. 점거가 1회성 시위가 아니라 지속의 형식을 취하면서 사람들은 이것이 언제까지 진행되는 것인지 묻기 시작했다. 점거를 지속할지 말지를 결정하는 지점이 어디냐는 것이다. 또한 성공과 실패에 대한 계산법이 분명히 서야 나중에 이 점거를 평가할 수 있지 않겠냐고 말하는 사람들도 있다. 묘하게도 이런 의견은 '도대체 요구하는 게 뭐냐'는 주류 언론이나 정치권의 물음과도 통한다. 점거의 목표 내지 목적을 묻는 것이다.

    그런데 이런 물음을 허용하는 것은 경찰특공대의 침투를 허용하는 것보다 위험하다. 왜냐하면 이 물음이 점거 자체를 질적으로 타락시키기 때문이다. 이 물음이 허용되는 순간 '점거'는 하나의 '수단'이 되고 만다. '이번 점거를 주도하는 사람이 누구냐'는 물음도 마찬가지다. 누가 무엇을 얻기 위해 이번 일을 벌였는가. 이 물음은 그 자체로 의도했든 의도하지 않았든 점거라는 사건을 행위자와 그 의도에 종속시키는 효과를 낸다. 만약 이런 물음이 성공적으로 작동하면 시위를 진압하거나 통제하려는 쪽에서는 일이 무척 쉬워진다. 주동자와 협상하거나 그를 제거하면 되는 것이다.

전체의 단일한 '목표'를 설정케 함으로써 과정을 하나의 '수단'으로 전락시키는 것, 거기에는 우리가 성찰하지 않으면 안 되는 아주 중요한 문제가 들어 있다. 운동은 과연 수단인가. 운동은 수단일 뿐인가. 그것은 로자 룩셈부르크가 파업에 대해 물었듯이, 이런 비유가 안됐지만, 권력자들을 위협하기 위해 꺼내드는 일종의 주머니칼 같은 것인가. 운동은 그것에 부여된 목표에 따라 평가되어야 하는가.

10월 7일, 리버티 스퀘어에서 '자유의 종' 목걸이를 만들어 나눠 주는 사람들. 이 사람들은 무엇을 얻기 위해 이 일을 하는가.

이번 점거를 지켜보며 내 머리에서 떠나지 않는 물음이 바로 이것이었다. 점거자 중 한 사람인 슈나이더는 '점거에서 아무도 책임자의 자리에 앉지 않는다면 결정을 어떻게 내리느냐'는 물음에 이렇게 답변했다. "합의를 이루어 내는 과정은 정말 힘이 듭니다. 하지만 점거자들은 서두르지 않아요. 그리고 어떤 이슈들에 대해 합의를 이뤄 내면, 며칠을 걸려서 말이에요, 그때의 감동이란 정말 믿기 어려울 정도로 크죠. 대단한 응원의 힘이 스퀘어를 가득 채우고 있어요. 열정이 가득한 시위자들, 어떤 것에 대해 동의할 준비가 되어 있는 창조적인 그 수백의 사람들과 함께하는 경험은 뭐라 설명하기가 어려워요." 그리고 이번 점거의 '목표'가 뭐냐는 물음에 대해 흥미로운 답변을 한다. "9월 17일을 준비하면서 뉴욕시 제너럴 어셈블리는 어떤 법안의 통과라든

"나는 투표권은 없지만 그래도 이건 엿 같은 일이라고 말할 수 있다"(10월 9일).

가 혁명의 시작 같은 것에 목표를 두지 않았어요. 그보다는 새로운 종류의 운동을 만들어 내는 목표를 두었다고 할 수 있죠. 정치적 조직화의 새로운 기초가 될, 이런 어셈블리들을 여기저기에, 세계 곳곳에 만들기를 원했다고 할 수 있죠. 그리고 그것은 이제 이미 일어나기 시작했어요"(『아큐파이드 월스트리트 저널』 1호).

'결론의 도출'이니 '운동의 목표'니 하는 용어들 때문에 오해가 있을 수도 있겠지만, 정작 그가 힘을 주어 설명하고 있는 것은, '도출된 결론'이 아니라 그 '과정'이다. 그 '과정'의 경험을 그는 어떤 식으로든 전하고 싶어 한다. 왜냐하면 그 '과정'이 그에게 뭔가 강한 자극을 주었기 때문이다. 뿐만 아니라 이번 시위의 초기 제안자이면서 진행 과정에서 촉매 내지 조력자 역할을 하고 있는 그룹인 뉴욕시 제너럴 어셈블리가 세운 목표란 우리가 통상 경험하는 운동의 목표와는 많이 다른 것이다. 새로운 법안이나 제도를 만드는 것도 아니고, 국가를 전복시키는 혁명의 도화선이 되고자 하지도 않는다. 운동의 목표는 운동의 확산이다(운동은 그 자체의 증식만을 요구한다). 지금 일어나고 있는 제너럴 어셈블리 형식의 운동이 전 세계로 확산되는 것 말이다. '과정'이 도달해야만 하는 '목표'가 있다기보다, 과정의 지속과 확대가 목표라면 목표라고 할 수 있다. 슈나이더의 말은 재밌다. "이미 일어나고 있어요." 이는 과

정의 끝에 목표가 있지 않고 과정 중에 목표가 달성되고 있음을 의미한다. 이것을 우리는 어떻게 이해해야 하는가.

정작 어떤 '변화'가 일어나는 것은 '과정'인데, 목표를 부과하는 사람들은 변화의 기준을 목표의 달성에 둔다. 그 때문에 '과정'에서 '일어나는 일'— 사실 '과정'과 '일의 일어남', 이 두 말은 동어반복이다 — 에 주의를 기울이지 않는다. 어떤 점에서 이들은 '과정'이 아주 짧게 끝나기

황금소에 대한 월가의 우상숭배를 조롱하는 퍼포먼스 (10월 9일).

를 바란다. 공리주의적 관점에서 볼 때는 그것이 매우 효율적인 투쟁이기 때문이다. 물론 어떤 시위가 법과 제도의 변경을 가져오는 것은 중요하고 많은 경우 바람직하다. 그러나 그것은 시위, 운동의 본래적 가치가 아니다. 마치 투표를 잘하기 위해, 정권을 바꾸기 위해 운동을 하는 게 아니라, 하나의 운동이, 운동 속에서 이루어진 변화가 투표함으로도 표현되고 정권 교체로도 표현되는 것처럼 말이다. 운동의 성과가 있다면, 그것은 '운동한다는 사실', '변화가 일어난다는 사실' 그 자체에 있다. 우리가 운동의 성과를 말해야 한다면 그것은 무엇보다 거기에 참여한 이들의 변신이라고 할 수 있다.

점거를 제안하고 준비한 사람들 중 한 명인 저스틴 위드스(Justin Wedes)는 「데모크라시 나우」(Democracy Now)라는 미디어와의 인터뷰에

서 이렇게 말했다. "우리의 시위 구호는 '월스트리트를 점거하라'(Occupy Wall Street)였습니다. …… 그 생각은 들불처럼 번졌습니다. 과정이 항상 지배한다는 것을 이해하게 되었습니다. 합의를 이루어 가는 과정, 우리의 요구, 우리의 행동계획에 도달해 가는 과정, 바로 그것이 이곳을 이끄는 힘(driving force)이 되어 왔습니다. 우리는 여전히 만들어 가고 있는 중입니다. 여기 우리의 제너럴 어셈블리에서 매일 밤 우리는 여전히 합의를 만들어 가고 있는 중입니다"(10월 11일 방송). 도대체 합의한 결과가 무엇이고 그것은 언제 확정되는 거냐는 식의 질문은 의미가 없다. '과정'이 존속하는 한에서만 이 점거는 계속 존속할 것이기 때문이다.

결국 운동 속에서 제기되는 물음은 표상된 목표에 얼마나 다가갔느냐가 아니라, 운동 속에서, 흐름 속에서 어떻게 그것을 전달하고 증폭시킬 것이냐이다. 강약과 리듬을 만들고 때로는 거기에 변조를 가하면서 끊임없는 멜로디를 만드는 것이 중요하다. 노래의 끝 음표가 그 노래가 추구한 목표가 아니듯이, 중요한 것은 어떤 지속을 만들어 내느냐에 있지 그것이 어디에서 멈추었느냐에 있지 않다. 그러므로 운동에는 정말로 예술적 기예가 필요하다. '과정'이 작품이 되는 것이 중요하지, 과정 끝에 작품에 도달해야 하는 것은 아니다.

정리하자면 이렇다. '과정'을 목적에서 구원하라. '과정'을 최대화하라. '과정' 속에서 최대한 멀리 가라. 현재로부터 최대한 멀리!

**현장리포트 11**
# 민주주의는 직접적인 것이다

### 1. 소위 '직접민주주의'

이번 점거에서 자주 보이는 피켓 중 하나는 '직접민주주의'(Direct Democracy)다. 미국의 공화당과 민주당에 대해 사람들은 모두 월스트리트를 대의하는 '똑같은 놈들'이라고 말한다. 이들 정당이 사실상 대중이 아닌 돈을 대의(대표, 표상, representation)한다는 점에서 '금권정치'(plutocracy)라 부르는 사람도 있고, 기업의 이해를 대의한다는 점에서 '기업정치'(coporatocracy)라 부르는 사람도 있다. 한마디로 민주주의가 아니라는 것이다. 민주주의를 제도, 특히 '대의 시스템'과 동일시해 온 사람들에게는 물론 전혀 먹히지 않는 소리다. 감정은 이해할 수 있지만 지금의 제도를 민주주의라고 부르지 않는다면 도대체 무엇을 민주주의라고 부를 수 있겠냐고 말할 것이다. 하지만 대중이 가진 생각, 즉 저들은 우리가 아닌 자본이나 기업을 대의한다는 생각이 틀렸다고 할 수는 없다. 나는 한국에서도 간혹 이런 말을 들었다. '정치인들에게 중요한 건 당선이고, 당선되는 데는 돈이 들기에 돈 가진 자의 이해에 민감할 수밖에 없다.' 우리는 현대 민주주의에서 대중의 지지를 받는 것과 대중의 지지를 낚는 것, 즉 대중의 이해를 대변하는 것과 대중의 이해를 장악하는 것을 구별하기 어렵다.

물론 대의제에 대한 비판이 어제오늘의 것은 아니다. 이런 비판에 입각해서 소위 '직접민주주의'를 주장하는 사람들도 많다. 하지만 직접민주주의자들이 가진 설득력은 대의제, 다시 말해 '간접민주주의'의 문제점을 비판하는 데서 멈춘다. 직접민주주의라는 말이 나오면 자동으로 튀어나오는 말들이 있다. 그런 건 '아테네처럼 작은 곳'에서나 가능하지 지금처럼 큰 나라에서 어떻게 가능하냐는 이야기, 나랏일을 전문적 능력도 없는 대중들이 어떻게 직접 맡느냐는 이야기, 반상회 한 번 하는 것도 번거로운데 나라의 온갖 문제들에 대해 매번 대중들이 결정해야 하느냐는 이야기 등등. 요컨대 직접민주주의는 비현실적이라는 것이다. 그래서 이런 논쟁은 항상 대의제를 어떻게 보완할 것이냐의 문제로 귀결되고 만다.

사실 이 문제는 '민주주의란 무엇인가'에 대한 매우 근본적인 물음과 맞닿아 있다. 하지만 지금 여기서 이 이야기를 꺼낼 생각은 없다. 다만 '직접민주주의'와 '간접민주주의'의 대립 구도는 잘못 제기된 것이라는 점만은 지적해 두고 싶다. 다시 말해 '전체 국민이 가진 주권을 누군가에게 위임할 것인가' 아니면 '국민이 직접 주권을 행사할 것인가'는 애당초 제기될 수 없는 대쌍이다. 왜냐하면 나라를 하나의 단일체로 가정하고 그 단일체가 가진 힘이라는 의미에서의 근대 주권(이 규정은 단순히 최고의 권력이라는 전통적 의미 이상의 것이다)은 나라 전체, 무엇보다 '국민 전체'를 표상 가능한, 다시 말해 '대표 가능한' 형태로 바꾸어 놓는 것을 전제하기 때문이다. 근대 주권 개념 자체가 '대표' 개념을 내포하고 있다.* 주권이 있고 그것을 '대표'

> 이에 대한 자세한 논의는 고병권, 『민주주의란 무엇인가』(그린비, 2011) 2장 참조.

에게 위임했다기보다, 현실의 '대표'를, 우리 모두가 상상하는(적어도 그런 게 있다고 상정하는) 주권의 대행자로 간주하는 '메커니즘'이 역사적으로 탄생한 것이다. '국민-주권-대표'는 근대 정치를 작동케 하는 하나의 도식, 하나의 기계라고 부를 수 있다.

> 오해를 피하기 위해 말하자면 여기서 '국민'은 개개의 시민들이 아니라 통일체로서 전체 시민이며, 주권 역시 개별 권리들이 아니라 그 권리들의 기반이 되는 단일 권리를 말한다. 그래서 루소가 잘 지적한 것처럼, 개별 국민의 총합은 결코 주권자 국민에 이르지 못하며, 개별 권리들의 총합 역시 주권과 동일하지 않다.

직접민주주의가 '국민'이 곧바로 '대표'의 자리를 차지해야 한다는 주장이라면 이는 뭔가 크게 착각하는 것이다. 이는 '화폐'로서의 '금'의 역할에 불만을 품은 누군가가 '가치'를 직접 유통시키자고 말하는 것처럼 어리석다. 국민이나 주권은 대표처럼 만질 수 있는 실체가 아니다. 반대로 대표를 통해서만, 그리고 대표에 대해서만 우리는 그것을 생각하고 요구하고 인정하고 그것의 이름으로 행동하는 것이다. 그래서 만약 국민들의 총합이, 어떻게 현실적으로 그게 가능할지는 알 수 없지만, 어떻든 모든 개별 국민들이 청와대나 백악관에 몰려가서 '대표'로서 권력을 행사한다고 하더라도, 그것은 여전히 대의제일 뿐이다. 한마디로 대표 수만 늘어날 뿐이다.

나는 민주주의와 관련된 직접성을 다르게 사유해야 한다고 생각한다. 10월 7일, 리버티 스퀘어(이제 사람들은 주코티 공원을 리버티 스퀘어로 바꾸어 부르고 있다)에서 "민주주의는 직접적인 것이다"(Democracy is Direct)라는 표지판을 보았을 때 묘한 느낌이 들었다. 밝게 빛나는 그 표지판은 백악관을 장악하겠다는 의지의 선언이라기보다는 이곳 리버티 스퀘어에서 일어나는 어떤 일을 가리키고 있었다. 사람들은 '민주주의란 직접적인 것'이라고 선언하기 위해 백악관과 의회가 있는 워싱턴DC로 가지 않았다. 과연 무엇이, '민주주의는 직접적인 것이다'라는 말을, 이곳 리버티 스퀘어에서 하게 하는가.

"민주주의는 직접적인 것이다" (10월 7일).

## 2. 해방구

반복해서 말하지만 '민주주의의 직접성'(나는 '직접민주주의'가 근거한 오해에 반대하기 위해, 그리고 민주주의와 직접성이 갖는 내적 연관을 지시하기 위해 이 표현을 사용한다)은 2억 5천만 미국인이 모두 대통령 당선자가 되는 것과는 무관하다. '민주주의는 직접적인 것이다'라는 표지판이 여기 리버티 스퀘어에 선 것은 매우 상징적이다(이 표지판을 제작한 이의 의도는 모르겠지만). 왜냐하면 민주주의의 직접성은 백악관과 상관없이, 언제 어디서나 제 모습을 드러낼 수 있으며 지금 여기 리버티 스퀘어가 그곳일 수 있기 때문이다.

매번 리버티 스퀘어를 방문할 때마다 느끼는 것이지만 이곳은 권력 탈취를 모의하는 사령부보다는 삶의 공동체, 다시 말해 갑자기 탄생한 '마을' 같은 모습을 하고 있다. 장시간의 '점거'라는 시위 형식 때문에 그것이 가능한 것 같기는 한데, 점거 장소에서 하나의 공동체가 탄생하는 모습을 보는 것은 매우 흥미롭다. 한쪽에서는 노래를 하고 춤을 추고, 다른 쪽에서는 음식을 장만하고, 또 다른 쪽에서는 명상을 하고, 또 다른 쪽에서는 책을 읽고, 또 다른 쪽에서는 토론을 하고, 또 다른 쪽에서는 뭔가를 함께 만들고 있다. 점거 시위 중에 만들어지는 이런 삶의 형태를 어떻게 이해해야 할까. 나는 여기에 어떤 '직접성'이 표현되어 있다고 생각한다. 여기서 말하는 '직접성'은 지난 10호 리포트「운동은 수단인가」에서 언급한 '목적과 수단' 문제와도 통하는 것이다(과정이 목적에서 구원될 때 그것은 직접성을 갖는다). 나는 운동에 목적을 부여함으로써 운동을 수단으로 전락시키는 것에 반대했다. 이런 맥락에서 보자면 리버티 스퀘어는 그동안 우리 삶에 내려진 모든 선험적 목적들, 우리 모두가 달려가도록 명령받았던 길에 대한 거부 내지 판단중지를 담고 있다.

이 점에서 리버티 스퀘어는 '해방구'의 역할을 하고 있다. 해방구란 시간과 공간의 규정력이 일시적으로 멎는 사건의 장소, 즉 현장이다. 점거가 일어나기 전에 '주코티 공원'이라 불렸던 장소를 현재까지 규정했던 모든 코드들은 효력을 상실하거나 부차화된다. 이곳 리버티 스퀘어를 에워싸고 있는 경찰은 오히려 이곳이 그들의 명령 바깥에 있음을 상징적으로 보여 주는 것 같다. 다시 말해 뉴욕의 법과 권력은 외부에서(그들이 외부에 있다는 건 내부에서 밀려났다는 뜻이기도 하다), 단지 외부에서만 리버티 스퀘어를 위협하고 있을 뿐이다. 물론 점거 28일째인 오늘만 해도 아침부터 청소를 핑계로 점거자들을 몰아내려는 당국의 시도가 있었다. 이 심연의 공간, 이 유한성 안에서 열린 영원성과 무한성을 닫아 버리려는 시도가 지속되고 있다. 이 팽팽한 긴장 속에서 해방구가 매우 불안정한 것은 사실이다. 그러나 어쨌든 그것은 작게나마, 일시적으로나마 열렸다.

해방구에서 시민과 미등록 이주자를 가르는 기준은 없다.

해방구에서는 모든 것들의 직접적인 난입이 이루어진다. 참가자의 자격을 걸러내는 규정들이 와해되기 때문이다. 연령, 직업, 인종, 문화, 성적 지향, 심지어 국적까지도 발언의 자격을 가르는 기준이 될 수 없다(마치 '영토'가 생겨나기 전의 '대지'로 돌아간 느낌이다).

여기서는 각종 터부들이 깨져 나간다. 집회에서는 그동안 미국 사회의 금기어였던 다양한 말들이 튀어나온다. 9월 27일 점거장을 방문한 철학자 코넬 웨스트(Cornel West)는 "혁명이라고 말하는 것을 두려워하지 말자"고 했다. "과두체로부터 일반 시민들로 권력을 이동시키기에" '혁명'이라는 말을 쓸 수 있다고 했다. 10월 첫 주에 내가 본 어떤 연사는 2차대전 이후 미국 사회를 지배해 온 금기어 '자본주의'에 대해서 이제는 솔직하게 말하자고 했다. 따지고 보면 결국 '자본주의' 문제 아니냐는 것이다. 미국 사회에서는 좀처럼 받아들여지지 않는다고 하는 '계급투쟁'이나 '계급전쟁'이라는 말을 최근에는 심심치 않게 듣기도 한다.

그동안 우리 삶을 지배해 온 각종 원칙과 방향들, 규칙들이 일시적으로 판단중지되는 곳, 그곳이 해방구이다. 가깝게는 신자유주의에서 멀게는 자본주의까지 모든 원칙들은 일단 괄호 쳐진다. 그동안 사람들이 '드림'이라고 불러 온 지향점들, 삶의 이상적 유형들이 여기서 타도되는 것이다. 나는 지난 리포트에서 '과정 속에서 최대한 멀리 가는 것이 중요하다'고 말했는데, 정말 사람들이 얼마나 멀리 가느냐에 따라, 그리고 사람들이 흐름을 얼마나 증폭시키느냐에 따라 타도의 폭은 달라질 것이다.

온갖 사람들이 대안적 삶의 형식, 대안적 삶의 유형을 여기서 실험한다. 주방에 결합한 생태주의자는 음식물 쓰레기를 쓰레기가 아닌 비료로 바꾸는 실험을 선보인다. 주방의 설거지 물이 곧바로 주방 옆에 만

리버티 스퀘어 주방 옆에 들어선 설거지 물 재활용 시스템.

든 텃밭으로 흘러가는 시스템을 구축했다. 이런 식으로 누군가는 생태 시스템을 시험하고 누군가는 도서관을 만들고 누군가는 신문을 제작한다. 음식과 노래와 춤, 책과 신문, 트위터와 페이스북. 하나의 마을, 마치 원형적 공동체, 태고의 공동체로 돌아가 새로운 미래의 공동체를 창안하는 사람들처럼, 이들은 대안을 만들고 있다. 이것을 곧바로 정책으로 택하라는 말이 아니다. 이 공동체, 이 삶의 유형은 지배적 유형(예컨대 신자유주의적 삶의 유형)을 타도한 자리에 사람들이 구축하고 싶은 삶의 다른 방향이다. 사람들이 살고 싶은 방향을 제시하는 것이다. 온갖 탐욕적인 경쟁을 통해 소수의 사람들이 부와 권력, 정보 등을 독점하는 사회가 아니라, 이렇게 서로가 서로를 돌보며 삶을 꾸려 가는 사회를 원한다는 걸 대중 스스로 확인하는 작업이며, 그것을 모두에게 알리는 일이기도 하다. 이것이 데모스

뉴욕 시장이 공원 청소를 핑계로 점거자들을 내몰아내려고 하자 점거자들은 스스로 청소하며 이렇게 썼다. "오늘은 우리가 여기를 청소하지만 내일은 월스트리트를 다 쓸어내 버릴 것이다"(10월 14일).

의 힘이다. 삶의 기본 유형을 재창안하는 힘 말이다. 그리고 이 데모스의 힘을 글자 그대로 번역한 것이 민주주의다.

정치가들은 여기에 호응해야 한다. 이 유형에 맞추어 정치체를 재설계하고 정책을 재구상해야 한다. 물론 하지 않아도 된다. 그러나 그럴 경우 사회체는 계속해서 판단중지를 경험할 것이고 계속해서 경련을 일으킬 것이다. 그리고 해방구는 점점 커지고 정치체 자체를 삼켜 버릴지도 모른다.

이 같은 해방구에서 사람들이 경험하는 것이 바로 직접성이다. 민주주의의 직접성이란 선험적으로 규정된 목적들, 규정들, 원칙들을 깨면서, 말 그대로 '근거 없는 채로', '자격을 묻지 않으면서' 실험하고 구축해 가는 삶과 관련된 것이다. 그때 발휘되는 것은 '법의 힘'도 아니고 '돈의 힘'도 아니다. 그 힘은 '데모스의 힘', 바로 민주주의다.

벤야민이나 데리다가 말한 '메시아론'에 빗대어 비유해 보자면 이렇다. 메시아의 도래는 간접적이지 않다. 메시아가 도래할 때 모든 율법은 정지하고 성직자들의 지위는 부인된다. 그때 우리는 '직접성'을 체험하는 것이다.

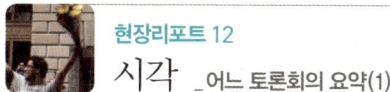

현장리포트 12
# 시각 _어느 토론회의 요약(1)

맨해튼 남동쪽, 여기 사람들이 '로우어 이스트 사이드'(Lower East Side)라고 부르는 곳에 '블루스타킹'(Bluestockings)이라는 아주 멋진 서점이 있다. 자신들의 소개에 따르면 자율적으로, 그리고 집단적으로 운영하는 독립 서점인데, 다양한 분야의 진보적인 책들을 볼 수 있는 곳이다. 북카페처럼 커피를 마실 수도 있고, 무엇보다 뉴욕의 많은 활동가들이 다양한 형태의 모임을 갖는 곳이다. 여기서는 거의 매일 저녁 책을 읽고 토론하는 모임이나 워크숍, 퍼포먼스, 토론회 등이 열리는데, 지난 10월 14일에는 월스트리트 점거와 관련된 토론회가 있었다. 토론회 이름은 '전술의 문제: 월스트리트 점거와 급진적 조직화의 문제'였다.

 토론회 시작 시간에 맞춰 도착했는데, 서점 안에는 이미 사람들이 꽉 들어차 있어, 몸을 밀어넣기가 쉽지 않았다. 토론회의 열기는 뉴욕 사람들, 특히 활동가들이 지금의 점거를 어떻게 받아들이고 있는지를 짐작케 해주었다.

 처음에는 초청된 패널 다섯 명이 발언을 주도해 갔으나 청중들 역시 그저 말을 듣기 위해 온 사람들만은 아니었다. 사람들은 이미 맘속에 가득 찬 말, 최소한 가슴속에 가득한 감정을 주체할 수 없는 상황 속에 있었

토론회가 열린 블루스타킹 서점 외관.

다. 한 사람의 발언이 끝나면 정말 많은 사람들이 손을 번쩍 들었다. 물론 대체로 상대방의 말들을 주의 깊게 들었다. 많은 이들이 답답해했던 것은 '이제 이게 어디로 갈 것이냐'는 것, 무엇보다 다음 전략, 다음 전술이 무엇이냐는 것이었다. 하지만 패널들의 토론은 이 점거 자체를 어떻게 이해할 것인가에 집중되었고, 무엇보다 운동과 조직을 바라보는 시각이 전혀 다른 두 그룹으로 나뉘었다. 한 그룹은 다소 전통적인 시각에서 지도부와 통일된 요구의 필요성을 강하게 강조한 반면, 다른 한 그룹은 다양한 요구들이 공존하며 지도부 없이 증식이 이루어지는 이번 점거 자체의 중요성을 강조했다. 이번 리포트에서는 이 토론회를 요약적으로 지상 중계하려고 한다. 패널들 이름을 제대로 알아듣기 힘들었는데, 편의상 사회자, 조디, 더글러스, 나타샤, 블로거, 크리스로 칭한다.

**사회자** 최근 24시간 사이에 어떤 일이 있었는지 경과를 보고해 주시죠.

**나타샤** 블룸버그 시장이 청소를 이유로 공원을 비워 달라는 요구를 했습니다. 그걸 막기 위해 사람들은 새벽 5시에 가두행진을 벌이기도 했고요. 이 과정에서 14명이 연행되었고 그 중 몇 명은 부상을 당했습니다. 결국 시장의 청소 명령이 철회되었고, 모두가 환호했지요.

**사회자** 이번 점거는 과연 누가 하는 거죠? 이번 점거의 핵심은 있는 건가요? 과연 있다면 그들은 누구고 정치적 성향은 무엇인가요?

**블로거** 사실 이번 점거자들에게 통일된 정치적 지향이 있는 건 아니에요. 이데올로기적 통일성(ideological coherence) 같은 건 없어요. 그저 사람들이 하도 내몰리니까 일어난 거지, 정치적으로 어떤 통일된 지향을 가져서 만들어 낸 게 아닙니다.

**사회자** 크리스, 당신은 이번 운동이 아직 제대로 된 건 아니라고 썼던데요.

**크리스** 그래요. 이번 점거가 잠재적 운동일지는 모르지만 아직은 제대로 된 운동이라고 할 수 없지요. 지금처럼 아주 느슨하고 포괄적인 형태가 사람들을 끌어모으는 데는 좋았지만, 이제는 정말 제대로 된 시작을 해야 합니다. 응집력을 새롭게 만들어야 하고, 강령(프로그램)과 요구사항(demand)도 분명히 해야 합니다.

**사회자** 이 운동의 아나키즘적 요소를 어떻게 보아야 할까요? 아나키스트들의 중심성이랄까……. 하기는 이 말 자체가 아나키즘에는 모순적인 말이기는 하지만요.

**나타샤** 제가 남의 이야기를 할 수는 없고, 제 입장을 말하지요.

**조디** 솔직히 그런 개인주의에 입각한 태도가 우리 운동에 큰 방해가 됩니다. 가능하면 그런 개인주의적 용어 사용은 삼가 줬으면 좋겠군요. 그런 용어들의 사용은 우리 행동에 해악을 끼칩니다. 가급적 함께하는, 집단적(collective)인 태도를 가져 줬으면 좋겠어요. 미국 사회는 정말 이런 게 없다니까요. 이런 문제를 인식하지도 못하고요.

**나타샤** 제가 말한 건 개인주의와 관계가 없어요. 다만 제가 건방지게 어느 조직을 대변하지 않는다는 말이었습니다.

**더글러스** 여러분들은 어떻게 생각하는지 모르겠지만, 운동이라는 건 조직과 위계가 어느 정도 필요합니다. 감정에 의해 추동되는 운동은 건설적으로 무언가를 이뤄 내기가 어려워요. 시애틀의 경우를 보세요. 그렇게 난리를 쳤지만, 그렇게 원더풀하다고 했지만 실제로 변화를 추동하는(transformative) 힘으로 작동하지는 못했잖아요. 우리에겐 자유롭고 느슨한 분위기의 운동과 잘 짜여진 운동 사이의 균형이 필요합니다. 지금 운동은 너무 느슨해요. 실천에는 두 종류가 있지요. 자기표현을 추구하는 실천이 있는가 하면, 어떤 변화를 위한 프로그램을 만들어 내는 실천, 무언가를 가져오기 위한 실천이 있는데, 지금은 전자의 방식이에요. 그래서 지금 운동이 별로 위협적이지 않은 겁니다.

**블로거** 점거라고 하는 것은 매우 위협적인 겁니다. "모든 것을 점거하라, 아무것도 요구하지 말라!"(Occupy Everything Demand Nothing!) 이건 매우 급진적인 좌파와 아나키스트들이 만들어 냈는데, 지난번 캘리포니아 대학 등에서 적용됐고 상당히 위협적이었어요. 당신이 이 운동을 안온한 것이라 말하는 데 저는 동의하지 않습니다.

**더글러스** 점거는 하나의 전술일 뿐이지 운동의 프로그램이 아닙니다. 도대체 이 운동이 어디로 간다는 말입니까? 우리에게는 정치적 사고와 행동이 필요합니다.

**사회자** 저도 물어보고 싶네요. 이 운동의 목표가 뭔지, 이 운동은 도대체 어디로 가는 건지.

**나타샤** 우리는 파워를 다른 방식으로 사용하려고 합니다. 권력을 재생산적(reproductive)이고 구성적인(constituve) 것으로 사용하려는 거죠. 여기서 중요한 것은 관계(relationality)와 위치(positionality)를 만들어 내는 겁니다.

**조디** 그런 말들, 참 듣기는 좋습니다. 멋진 수사학이에요. 그러나 정작 중요한 것은 그런 게 아닙니다. 우리가 이번 시위를 통해 바꾸려는, 공통성이 큰 요구들을 만들어 내야 해요. 공통의 것(the common), 가령 우리 모두가 먹는 '물'이나 '교육', '헬스케어' 같은 것 말입니다. 수사학으로 이런 걸 바꿀 수는 없지요.

**더글러스**  우리는 아름다운 수사에서 전략으로 나가야 합니다. 자축하는 분위기가 아니라 목표를 설정하지 않으면 안 돼요. 지금 99%가 원하는 것은 자기도 조금 편하게 안락하게 살려는 것이지 푸코식으로 자기를 변화시키는 그런 것이 아닙니다.

**블로거**  어째 당신 말하는 게 글렌 벡[극우 보수적 성향의 채널인 폭스 뉴스의 뉴스쇼 진행자]의 말처럼 들리네요. 대중은 자본주의를 일방적으로 매개하는 게 아닙니다. 난 그런 견해에 반대합니다. 대중들은 지금 다른 목소리도 내고 있어요. 금융가의 목을 매달라는 식의 요구는 꼭 극좌 사람들만 하는 게 아니죠. (웃음) 일반인들의 솔직한 심정이기도 하다고요.

**크리스**  이런 식으로 막연하게 운동을 하면 오히려 우파들에게 이용될 수 있습니다.

**나타샤**  저는 우리에게 공통된 것이 있고 통일된 목소리를 내야 하는 것처럼 말하는 것에 동의하지 않습니다. 우리가 주체성의 [생산] 문제에 대해서도 생각해야 한다고 생각해요. 솔직히 공통된 것은 미리 존재하지 않습니다. 오히려 우리는 다양합니다(multiple).

**조디** 당신은 다양하다고 말했는데, 국가와 정치는 오히려 그런 분할을 만들어 내지요. 그런 차이들을 강조하는 것은 자본주의에 이용당하는 길일 뿐이에요. 환상을 가지면 안 되죠.

**더글러스** 스페인에서 광장 점거하고 했는데 변한 게 뭐 있습니까?
(이때 몇몇 청중이 사실이 아니라며 강하게 반발했다.)

**조디** 제가 공통적인 것이라고 말한 건 집단적으로 결정된 일련의 목표들을 가리키는 겁니다. 공통의 목표(common goal)라고 하는 거요. 물, 대학생 채무, 헬스케어, 이런 게 바로 공통인 거죠. 모든 사람들이 다 겪고 있는 것. 우리는 바로 이런 문제들을 제기해야 합니다.

**사회자** 등록금이 없는 '프리 유니버시티' 같은 것도 요구해야 하는 것 아닙니까?

**나타샤** 우리 아버지 때 영국의 대학들은 거의 공짜였어요. 하지만 그건 다수를 위한 건 아니었죠. 당시 대학생은 많지도 않았지만. 어떻든 그것은 대중에 대한 것이 아니라 소수에게 베풀어지는 일종의 특혜였어요.

**블로거** 우리는 전술을 말해 본 적이 없지요. 자본주의에서 공짜를 요구하는 건 어불성설 같은 거에요. 우리가 정말 원치 않는 것, 거부하는 것은 자본주의 그 자체입니다.

토론회 중 패널 한 명이 일어나 발언을 하고 있다.

**더글러스** 공짜 요구가 어불성설이라고요? 왜 안 되지요? 뉴욕시립대학은 1847년부터 1975년까지 공짜였습니다. 실제로 운영되었다고요. 덧붙이자면, 운동에는 대표(representative)가 어느 정도 필요합니다. 당신네들은 끊임없는 회합(meeting)만 말하는데, 사람들은 그렇게 살고 싶어 하지 않아요. 그런 점에서 대의민주주의는 어쩔 수 없는 부분입니다. 그런 식의 것은 소규모에서는 작동할지 몰라도 대규모에서는 작동하지 않아요.

**크리스** 그런 과정이라는 건 정말 밑도 끝도 없는 거죠.

**사회자** CEO의 자유라는 걸 생각해 보죠. 그는 자신의 문제를 남에게 돈을 주고 맡기고 자기의 자유를 사는 겁니다. 가령 법률 문제에 부닥치면 그냥 변호사에게 돈을 주지, 본인이 거기에 시달리지 않아요. 그런데 이런 끝없는 운동, 끝없는 회합은 그렇게 자유로운 게 아닐지도 몰라요.

**크리스** 그건 정말 부시가 말한 오너십 소사이어티 같은 거죠. 합의를 도출한다고 하는 이 오랜 컨센서스 과정이라는 게 오너십 소사이어티와 다를 바가 없어요. 민주적이고 아주 참여적인 것 같지만 사실 결정은 극소수가 하는 것 아닌가요? 실제로 많은 이들이 프로세스에 참여하는 것도 아닙니다. 미디어 위원회, 소수의 사람이 대변하지 않습니까?

**나타샤** 당신은 지금 몇몇 사람들이 결정한다고 했지만 사실이 아니에요. 더욱이 그 결정을 들은 사람들이 그걸 일사불란하게 따르는 것도 아니고요. 그들이 자기 행동을 자율적으로 결정하는 겁니다. 브루클린 다리의 예[브루클린 다리 행진을 벌여 수백 명이 연행되었다]에서 보듯이 사람들은 스스로 그렇게 결정해서 나가기도 합니다. 미디어 위원회 얘기를 하셨는데, 사실과 많이 다르네요. 그들이 대변하는 게 아니라 돌아가며 사람들이 결정한 걸 전달할 뿐입니다. 그리고 점거를 물리적으로만 생각하시는데, 그건 물리적 공간을 점거한다는 것뿐만 아니라 생각을 사로잡는다는 의미에서도 접근해 봤으면 좋겠네요['occupied'에 점거되었다는 뜻 외에 어떤 생각에 사로잡히다는 뜻도 있다는 의미에서인 듯하다]. 이렇게 자발적으로 이루어지는 운동에서, 좌파들이 말하는 그런 심각한 분열 같은 것은 없습니다.

**더글러스** 지금은 어떻게 된 것인지, 운동의 목표가 더 많은 사람들을 끌어들이는 게 된 것 같습니다. 목표를 걸고 그것을 성취하려는 게 아니라 새로운 사람들을 계속 충원하는 것(recruiting)이 목표가 된 것 같아요.

◎ 참고로 아래는 청중들 몇 사람의 말을 산발적으로 메모한 것이다.

**청중1** 뱅가드와 안티뱅가드[전위와 전위 반대자들] 사이에 분열이 있다면 어떻게 하나요? 당신들 토론을 보면서 드는 생각인데요.

**조디** 그런 것들은 집단적 의미에서, 코뮤니스트적인 원칙으로 나아가야 합니다.

**청중2** 이번 운동은 백인 중심적으로 보입니다. 백인들이 다수이고 운동을 이끌고 있는데 스펙트럼을 넓힐 방도는 없는지요.

**사회자** '아큐파이 더 후드'(Occupy The Hood)라는 모임이 있습니다. 아프리칸 아메리칸과 히스패닉이 중심이 돼서 만드는 운동이에요. 관심이 있으시면 한번 찾아보시길…….

**청중3** 난 아나키스트입니다. 지난번 위스컨신 노조 지도자들의 문제가 떠오르네요. 그들은 시위를 결국 민주당에 대한 전폭 지지로 귀결시키고 말았죠. 자기들 잠재성도 실현시키지 못하고. 이런 경향과는 어떻게 싸워야 하나요? 이번 운동이 그렇게 변질되지 않으려면요.
(이때 다른 청중 한 사람이 강하게 반발했다. 두 사람 모두 나이가 지긋했는데, 아나키스트라고 밝힌 분에 반대해서 다른 청중은 지도자의 문제는 매우 중요하며, 막상 경찰이 닥치고 그러면 모든 사람들이 그대로 당하면 안 되고, 결국 이 운동을 책임지고 이끌고 갈 지도자가 필요하다고 했다.)

청중 한 사람이 캐나다의 사례를 들며 제안을 하고 있다.

**청중4** 지금은 이렇게 운동하고 있지만 경기가 조금 좋아지고 사람들이 지치기도 하면서 어느 시점에 사람들이 일상에 그냥 복귀해 버리면 어떻게 하나요? 운동이 아무것도 이루지 못한 채 말이에요.

**청중5** 사실 전 몇 가지 요구들을 보면 우리 사회가 그런 걸 감당할 수 있을까, 그게 현실성이 있을까 하는 생각도 드네요. 우리가 그렇게까지 요구를 해야 하나요?
(이때 다른 청중이 '왜 당신이 미리 당신의 요구, 우리의 민주주의를 축소시키느냐'고 강하게 항의했다.)

**청중6** 구체적 요구를 거는 게 어때요? 연방준비은행을 폐쇄하라고 요구한다든지. 왜 우리는 어떤 요구를 직접 내걸지 않나요? 은행계좌를 동시에 닫는다든지.

**청중7** 캐나다처럼 함께 모여 논하는 곳을 안정적으로 만드는 건 어때요?

**더글러스** 사실 지금 점거는 적극적인 요구를 내놓지 않음으로 해서 차이들을 은폐하고 있는 겁니다. 그런 요구들을 하게 되면 차이들이 표면으로 드러날 텐데 아직 그것이 은폐되어 있어요. 운동이란 결국 바깥을 향해 하는 겁니다. 그러므로 운동이 요구를 내걸지 않으면 외부 사람들로부터 호응을 받을 수 없게 되지요.

**청중8** 패널 두 그룹에 차이가 있네요. 한 그룹은 점거 자체가 새로운 현실을 만들어 내는 과정으로 보는 반면, 다른 그룹은 이것을 뭔가를 요구하기 위한 하나의 수단으로 보는 것 같습니다. 후자의 입장에서 보면 '요구'가 보이지 않으니 운동도 아닌 것처럼 보이겠지요. 그렇다면 이 차이에도 불구하고 우리가 어떤 생산적인 일을 할 수 있을까요? 어떻게 이 입장 차이를 이해해야 하고 어떻게 함께해야 할까요?.

**더글러스** 어설픈 화해란 도움이 되지 않습니다. 차이는 차이대로 명확히 부각시키면서 대화를 해야 합니다. 저는 어설프게 덮는 걸 반대합니다.

**청중9** 이 운동이라는 건 우리만 하는 게 아닙니다. 전 세계적으로 일어나고 있는 운동의 일부로서 하는 것이죠. 다른 나라에서 운동하는 사람들은 우리보다 훨씬 더 억압적이고 위험한 상황에서 운동하고 있는데, 우리와 그들의 연대도 중요하지 않을까요?

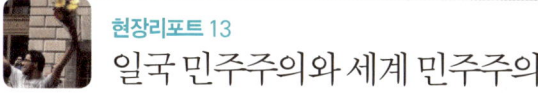

현장리포트 13
# 일국 민주주의와 세계 민주주의

지난 10월 15일 '지구 행동의 날'에 뉴욕 맨해튼의 타임 스퀘어에는 1만 명에 가까운 사람들이 모여 행진을 했다. 지난 5일 행진도 그 정도의 수가 모였는데, 열흘이 지난 뒤 역시 비슷한 규모의 사람들이 모인 셈이다. 날씨는 계속 차가워지고 있지만 열기는 유지되고 있다. 뉴욕 시민들도 이번 점거에 강력한 지지를 표하고 있다. 최근 퀴니피액 대학이 실시한 여론조사(10월 17일 발표)에 따르면, 무려 뉴욕 유권자의 87%가 시위대가 원하는 한 점거를 계속 이어 가도 좋다고 답했으며, 67%는 시위대의 목소리에 공감한다고 했다. 뉴욕시 당국이 리버티 스퀘어에서 점거자들을 쉽게 몰아낼 수 없는 이유가 여기에 있다. 시위대 역시 폴리스라인을 넘지 않으면서 폭력 시위를 최대한 자제하고 있다. 일부 강경파가 없지는 않겠지만 어떻든 전체 분위기는 사람들의 참여를 늘릴 수 있는 방향으로 나아가고 있다. 엊그제는 가족 단위의 점거 참여를 위한 아이디어를 모으자는 제안도 있었다. 숨 고르기처럼 보이기도 하고 어떻든 지금은 상황이 조금 안정되어 보인다.

하지만 앞으로 상황이 어떻게 될지는 예측하기 어렵다. 미국 정부가 내놓을 수 있는 해법이 딱히 없기도 하지만, 무엇보다 지금의 위기 상황

10월 15일, 지구 행동의 날을 맞아 타임 스퀘어에 모인 인파.

이 미국이라는 일국적 조건을 초월해 있기 때문이다. 이와 관련해서 '미국 민주주의'의 조건 변화에 주목할 필요가 있을 것 같다. 지난 8월 초 나는 『위클리 수유너머』 78호의 편집자말에 알렉시스 드 토크빌(Alexis de Tocqueville)의 『미국의 민주주의』(Democracy in America)의 일부분을 인용하며 미국 민주주의의 조건 변화에 대해 짧게 언급한 적이 있다.

 이 책에는 미국에서 민주주의가 가능했던 세 가지 우호적인 조건들이 나온다. 첫번째는 미국이 대륙의 다른 국가들처럼 다른 나라의 영향을 곧바로 받지 않을 만큼 지리적으로 떨어져 있다는 것이다. 두번째는 당시 미국에는 파리 같은 대도시가 없어서 발작적인 형태의 봉기가 일어나기 어렵다는 것이고, 세번째는 미국에 온 이민자들, 특히 동북부에 이민을 온 사람들이 민주주의 습속에 익숙한 선진국(영국)에서 왔다는 것이었다. 그런데 편집자말에 썼던 것처럼 이 세 조건은 더 이상 작동하지 않는다. 미국은 고립되어 있기는커녕 세계의 모든 문제들과 관계를 맺고 있으며, 대도시가 없기는커녕 세계 최대의 대도시들을 가지고 있고, 이민자들은 중남미 등 제3세계에서 밀려오고 있다. 물론 이런 조건의 변화가 미국에서 민주주의가 불가능하다는 것을 의미하지는 않는다. 다만 미국에서 민주주의 싸움이 일어난다면 그것은 이제까지와는 '다른 민주주의'여야 한다는 것을 말할 뿐이다.

나는 다른 민주주의의 가능성을 세 가지 조건의 변화에서 예상했는데, ① 미국은 세계와 완전히 엮여 있는 나라이기에 세계 상황이 미국 상황을 규정지을 수 있고, ② 미국 민주주의의 새로운 가능성이 만들어진다면 그것은 대도시일 것이라는 점, 그리고 ③ 미국 사회의 인구 구성 변화, 특히 이주자들이 미국 민주주의에 큰 영향을 미칠 것이라는 점을 지적했다. 그런데 이런 조건들의 변화는 알고 보면 미국만의 문제가 아니어서 세계 대도시들이 비슷하게 '새로운 민주주의' 문제에 직면할 것이고, 결국 '미국 민주주의'는 곧바로 '세계 민주주의' 문제를 제기한다고 지적했다.

8월 초에 쓴 글이었는데, 두 달이 지난 지금 이 문제를 다시 생각해 보게 된다. 적어도 앞의 두 가지 문제, 즉 세계 상황이 미국 상황에 결정적 영향을 미친다(물론 반대도 마찬가지지만)는 것, 그리고 미국의 대도시들이 새로운 민주화 투쟁의 장소가 될 것이라는 점은 그럭저럭 맞아 들어간다. 다만 이주자들의 문제는 아직 명확하지 않다. 아니 적어도 지금까지 이번 투쟁에서 이주자들의 투쟁은 크게 눈에 띄지 않는다. 그 대신 세계 곳곳에서 미국과 동일한 점거가 일어나고 있고 일부 유럽 국가들에서는 시위대가 국경을 넘어가는 문제가 발생했다.

결국 근대 민주주의의 중요한 축인 '국민=국가'의 부분적 해체가 두 방향에서 일어나는 셈인데, 하나는 공간적인 것으로 국민국가 내부로 들

벨기에 브뤼셀로 향하는 스페인의 '분노한 사람들'. 사진은 9월 17일 프랑스 파리에서의 행진 장면.

어간 '비국민'의 존재, 특히 '난민'이나 '이주자'의 유입이 크게 늘었다는 것이고(특히 유럽과 북미에서), 다른 하나는 공간적 이동 없이 '탈국민화'하는 현상, 즉 '세계 민중'으로의 관념적 전화 가능성이 일부 나타났다는 것이다. 지난 15일의 지구 행동의 날에서는 후자의 면모가 새롭게 부각되었다.

> 물론 전자로부터 생겨난 갈등도 현재 진행형이다. 2011년 7월 노르웨이에서 일어난 끔찍한 학살도 그렇고 이민자의 유입은 유럽과 북미의 최대 선거 이슈이다. 전자와 후자는 상호 연관되어 있기도 하다. 중동과 아프리카에서 시작된 민주화 시위로 해당 지역의 많은 인구들이 유럽으로 유입되었고, 이것이 이탈리아 등 유럽의 극우보수주의를 자극하고 있다. 동시에 중동과 아프리카의 봄은 현재 미국의 가을을 낳은 도화선이기도 했다.

지난 15일 세계의 천 개가 넘는 도시들에서 점거(지지) 시위가 일어났는데, 이 시위의 의미는 그 투쟁의 규모만이 아니라 그 대상에서도 새로운 측면이 있다. 이들이 스스로를 '99%'라고 부를 때 그것은 특정 국민을 지칭하는 게 아니며, 이들이 항의하는 대상은 특정 정부나 기업의 문제에 국한되지 않는다. 스페인의 '분노한 사람들'(Indignados)이 1,700킬로미터라는 먼 길을 걸어 벨기에의 브뤼셀까지 갔을 때, 많은 다른 국적을 가진 이

10월 15일, 이탈리아 로마에서도 수십만 명이 시위를 벌였다(사진 출처: http://www.vosizneias.com)

들이 그 대열에 합류했다. 왜냐하면 그것은 바로 자신들의 문제이기도 했기 때문이다. G20과 같은 글로벌 거버넌스가 만들어지는 것과 동시에 그에 대한 저항도 세계성, 지구성을 띠기 시작한 것이다. 세계 금융의 위기가 지금 그리스, 스페인, 이탈리아로 번지는 것과 보조를 맞추어 그쪽에서 대중들의 저항도 거세지고 있다. 그런데 유럽 금융의 위기는 실시간으로 미국 금융의 위기로 연결되고 있다. 그리고 그것은 '월스트리트 점거'의 진행과도 맞물려 있다. 사람들이 '여행'이나 '비즈니스'가 아닌 '투쟁' 과정에서 '세계'를 감각하고 있다.

잘 알려진 이야기지만 사회주의의 역사적 전통에는 '일국 혁명'과 '세계 혁명'에 대한 중요한 논쟁이 있다. 논쟁의 한 축은 '세계 혁명'이 '일국 혁명'의 목표인가 조건인가 하는 것이다. 특히 러시아 혁명을 둘러싸고 이 문제는 첨예한 현실적 쟁점이 되었다. 세계 혁명 없이 러시아 혁명이 성공할 수 있는가. 지금 '미국의 민주주의'와 관련해서도 우리는 비슷한 질문을 던져 볼 수 있을 것이다. 그러나 똑같은 질문도 역사적 조건의 변화가 생기면 다른 의미를 갖게 된다. 앞서 나는 토크빌이 말한 조건 중 첫번째 것의 변경을 언급하면서 미국 민주주의는 세계 민주주의의 문제가 되었다고 했다. 미국이 세계를 떠맡음과 동시에 미국 민주주의 문제와 세계 민주주의 문제를 현실적으로 구별하는 것이 어려워졌다. 그런데 이것은 비단 '미국 민주주의'만의 문제가 아니다. 미국은 현재의 지위 때문에 그 상징성이 큰 것뿐이고 사실상 세계의 주요 국가들이 다 이 문제를 안고 있다. 현재 각 나라들은 미국을 경험하고 있다기보다 (아니 미국을 경험할 때조차) '세계' 즉 '지구화'(globalization)라고 하는 역사적 현상을 경험하고 있다.

꽤 오랫동안 '세계'의 이미지는 '국제사회', 다시 말해 '국민국가들의 집합체'였다. 그런데 역사적으로 보면 '국제주의'(internationalism)는 '국민주의'(nationalism)의 이면이다.■ 그런데 지금의 '세계'는 '국민주의'와 경쟁하거나 그것으로 환수되지 않는 여러 요소들로서 나타나고 있다. '초국민국가적' 현상이 이번 점거에서도 간혹 엿보이고 있다. 이 '초과' 현상은 앞서 말한 것처럼 국민국가를 넘어서도 행사되지만, '난민'이나 '이민자'처럼 국민국가 하위 영역에서도 나타나고 있다. 뿐만 아니라 그것은 초국적 기업의 형태로 나타나기도 하지만 저항의 새로운 '인터내셔널'(International)로 나타나기도 한다(물론 이때의 '인터내셔널'은 맑스를 염두에 둔 것으로, '네이션의 해체를 통한 연대'라는 점에서 네이션을 전제하는 국제주의와는 완전히 다른 것이다). 지난 10월 15일 '지구를 점거하라'는 요

> ■ '네이션'(nation) 개념의 탄생은 다른 '네이션'과의 마주침, 사카이 나오키(Sakai Naoki)의 표현을 빌리면, 네이션들의 '상호 형상화'(cofiguration)의 결과이다. 다시 말해 국제주의와 국민주의는 서로를 전제하는 동일한 역사적 생성물이다.

구가 세계에서 일정한 호응을 얻었다는 것은 분명 예사롭지 않은 일이다. 우리는 지금 '무언가'를 보고 있는 중이다.

(추신) 10월 19일, 그리스에서 강력한 총파업이 일어났다. 현재의 월스트리트의 소강상태가 깨진다면 그것은 유럽에서 온 충격에서 기인할 가능성이 크다. 그리스와 스페인, 이탈리아에서 어떤 문제가 생기고 그것이 미국 금융에 타격을 줄 때 미국 정부가 월스트리트에 다시 구제금융을 제공할 수 있을까. 연방정부의 재정 여력도 없지만 무엇보다 지금의 '점거'가 만들어 낸 환경 변화 때문에 그것은 엄청난 정치적 위험을 감수하는 일이 될 것이다. 사실 재정적 위험보다는 정치적 위험이 더 커 보인다. 맑스는 '갈릴리 수탉'의 울음소리가 독일의 운명을 결정지을 것처럼 말했지만, 지금 상황에서 보면 유럽의 비명소리가 미국의 운명을 결정지을 가능성도 있다. 당분간은 유럽을 주시해야 한다.

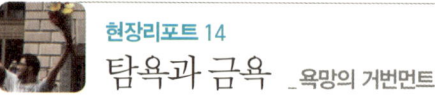

현장리포트 14
## 탐욕과 금욕 _욕망의 거번먼트

**1. 분명한 사실 — 점거는 뉴욕에서만 일어나는 게 아니다**

이제 월스트리트 점거도 한 달이 지났다. 10월 19일, 공원을 다시 찾았다. 이틀 연속 차가운 비가 세차게 내렸다. 주코티 공원에서 노숙은 허용되지만 텐트를 설치하는 것은 금지되어 있다. 며칠 전에는 간단한 치료가 이루어지는 의무(醫務) 공간만이라도 텐트를 치려고 했으나 경찰의 강력한 제지를 받았다. 그나저나 침낭만으로 차가운 날씨를 견딘다는 것은 여간 힘든 일이 아닐 것이다. 지금은 잘 버티고 있다. 하지만 겨울이 오고 있는 것도 엄연한 사실이다.

내가 찾은 시간에도 비가 내리고 바람까지 세차게 불었다. 어떻게 지난밤들을 보냈는지 모르겠다. 주변을 둘러보던 중 티셔츠 뒷면에 '아큐파이 메인'(Occupy Maine)이라는 문구를 적은 사람들을 만났다. 가슴에는 월스트리트, 보스턴, 포틀랜드(메인)가 차례로 적혀 있었다. 이들은 메인 주에서 온 사람들이었다. 메인주의 연방준비은행 건물 앞에서 60~70명이 점거를 하고 있는데, 점거를 조직하는 방법도 배우고 어떤 요구들을 내걸고 있는지도 알아보기 위해 여기 왔다고 했다. 오는 날이 장날이라고 찬비를 그대로 맞으며 밤을 지새운 모양이다.

이틀 연속 바람과 비가 거셌다(10월 19일).

비가 쏟아지자 대형 우산 속으로 들어간 사람들(10월 19일).

메인주에서 '월스트리트 점거'를 배우러 온 화이티.

이들은 이곳에 오기 전에 보스턴에도 들렀는데 거기는 수백 명이 연행되었다고 한다. 사실 점거를 시작한 월스트리트가 다른 곳에 비해 상대적으로 언론의 조명을 많이 받았다. 그 덕분에 여기 메시지가 더 많이 보도되고 경찰도 쉽게 단속하지 않는 면이 있다. 하지만 분명한 것은 뉴욕은 단지 시작점일 뿐이며, 현재 미국 곳곳에서 일어나고 있는 점거들은 똑같이 중요하다는 사실이다. 어쩌면 정말 중요한 실험들이 뉴욕이 아닌 다른 곳에서 일어나고 있는지도 모른다. 당연한 이야기지만 뉴욕만을 주목하는 것은 역설적으로 뉴욕을 고립시키는 것이고 이번 점거의 중요한 측면을 놓치는 것임에 틀림없다.

메인주에서 온 화이티는 겸손하게 '우리는 월스트리트 점거자들에게 뭔가를 배우러 왔다'고 했지만 그는 중요한 것 한 가지를 월스트리트 점거자들에게 가르쳐 주었다고 생각한다. 그것은 '서로 배워야 한다'는 것.

## 2. 어느 단식투쟁가

리버티 스퀘어를 돌다 '월스트리트 점거를 지지하는 단식투쟁'이라는 피켓을 들고 있는 리자이 이스켄더(Recai Iskender)를 만났다. 그는 터키 민주화 운동가였다. 현재 단식 5일째이고 앞으로 이틀을 더 할 거라고 했다. 리버티 스퀘어에서는 북을 두드리고 춤을 추는 것도, 명상과 요가를 하는 것도 모두 일종의 시위이다. 하지만 어떻든 단식투쟁을 하는 사람은 처음이었다. 왜 이 방법을 택했는지 리자이에게 물었다. 그러자 그는 이렇게 말했다. "이것이 바로 자립(independence)의 출발점입니다. 월가를 깨끗하게 만들기 전에 나 스스로를 먼저 깨끗하게 만드는 거죠. 일종의 자기 거번먼트(self-government)라고 할 수 있습니다."

단식 5일째인 리자이.

리자이는 무슨 한이 맺힌 사람처럼 말을 마구 쏟아냈다. "여기 점거자들을 포함해서 미국인들 싸우는 걸 보면 무슨 피크닉 온 것 같아요. 무슨 잔치를 벌이듯 먹고 마시고 소리를 지르고. 피상적(superficial)이에요. 싸움에 어떤 절실함이 보이질 않아요. (주방을 가리키며) 저기 좀 보세요. 월스트리트 1%의 탐욕에 반대한다면서 여기서 먹고 마시는 걸 보면 도무지 이런 식으로 탐욕을 반대하는 게 맞나 싶을 정도예요."

그가 거침없이 쏟아내는 이야기에는 솔깃한 대목이 많았다. 자기 거번먼트, 자립, 월스트리트의 탐욕을 비판하기 위해 자기 탐욕을 먼저 몰아내는 것 등등. 그의 이야기에 공감을 표하면서 내가 한마디 보탰다. "세금이나 일자리보다 더 중요한 것은 라이프스타일을 바꾸는 건지도 모르겠어요. 지금의 욕망 구조를 그대로 둔다면 월스트리트에 앉은 인물을 바꿀 수는 있어도 월스트리트를 바꿀 수는 없을 겁니다." 그러자 그가 무슨 동지를 만난 듯 눈을 반짝이며 여기서 받은 '설움'을 토해 냈다. "여기 점거자들한테 가면 나를 완전히 아웃사이더 취급해요. 당신은 너무 심각하다고요. CBS랑 CNN 사람들, 아마 여기 있는 거의 모든 사람들을 취재했을 거예요. 그런데 나랑은 인터뷰를 하지 않아요."

그의 이야기에 중요한 메시지가 담겨 있는 것은 분명하다. 하지만 다른 점거자들이 우려하는 대목도 이해가 되지 않는 것은 아니다. 사람들이 그를 보며 '너무 심각하다'고 말한 것은 운동의 금욕주의에 대한 완곡한 비판일 것이다. 경직된 지사적 운동은 경찰의 방벽만큼이나 대중의 참여를 가로막는 방벽이 되곤 한다. 뿐만 아니라 운동 방식의 경직성은 운동 이념의 경직성과 나란히 가기 마련이다. 현재의 점거를 즐기고 있는 사람들로서는 그의 금욕주의가 현재의 운동을 미래를 위한 어떤 '희생'으로 만드는 게 아닌가 하는 의심을 품을 수도 있을 것이다. 그것에 비하면 월스트리트 점거는 미래를 향한 현재의 희생이라기보다는, 미래에 살고 싶은 삶을 현재로 당기는 과정, 다시 말해 현재를 미래로서 향유하려는 운동처럼 보인다.

### 3. 욕망의 해방과 금욕

'더 이상 참지 말고 이제 요구하라'라고 외치는 젊은이와 '탐욕에 반대한다면 먼저 네 욕망을 비워라'라고 말하는 리자이. 월스트리트의 '탐욕'에 반대하는 두 개의 목소리에서 '욕망과 운동', '욕망과 해방'의 문제를 생각해 본다.

일단 월스트리트의 '탐욕'과 곧바로 대비되는 것은 가난한 대중들에게 강요된 '금욕'이다. 자본주의 사회에서 가난한 이들의 금욕은 욕망이라기보다는 현실이다. 월스트리트의 금융가들이 보너스 잔치를 벌이는 동안 가난한 이들은 채무 때문에 집과 자동차, 나아가 공부에 대한 욕구마저 접어야 했다. 그런데 '강요된' 금욕이라고 했지만 어떤 때 가난한 이들의 금욕은 자발성을 띠기도 한다. 실제로 미국 대중들은 오랫동안 월스트리트를 꿈꾸어 왔다. 아메리칸 드림, 즉 월스트리트에 이르기 위

"너희들 탐욕이 우리 미래를 훔치고 있다."

해 상당수 대중들이 금욕을 마다하지 않았다. 결국 월스트리트의 금융가들은 현실만 차지한 게 아니라 꿈까지 차지했다. 그러다 보니 이들의 추악한 면모가 보호받을 수 있었다. 월스트리트의 추악함에 대한 고발이 없지 않았지만 대중들은 그것을 정면으로 보지 않았다. 누구도 자기 꿈이 훼손되는 것을 원하지 않았기 때문이다.

하지만 지난 금융위기부터 이번 점거에 이르기까지, 월스트리트의 이미지는 완전히 훼손되었다. 사람들은 월스트리트에서 모든 것을 다 차지하려는 '1%'의 탐욕을 보았다. 바꾸어 말하자면 천국의 계급성을 본 것이다. 그곳은 내가 도달해야 할 곳이라기보다 나에게 빼앗은 부가 도달한 곳이라는 생각이 퍼지고 있다. 천국이 지상으로 내려오면서 부를 둘러싼 '계급전쟁'의 강도가 서서히 높아지고 있다. '꿈에서 깨어나라'(Wake Up)

는 구호가 여기저기서 나오고 있다. 지난 12호 리포트에서 전한 토론회 장면에서, 한 청중이 "우리의 요구가 현실적으로 실현 가능하겠느냐"고 물었을 때, 다른 청중은 "왜 미리 당신의 욕구, 당신의 민주주의를 제한하느냐"고 화를 냈었다. 요구를 자제하지 말라고 하는 것. 월스트리트 점거는 한편으로 그동안 억눌려 왔던 욕망들, 그동안 미래로 유예시켜 왔던 욕망들을 분출시키는 장처럼 보인다.

그런데 금욕주의자는 여기에 중요한 문제를 제기한다. 점거를 바라보는 리자이의 시각에 완전히 동의할 수는 없지만 그는 매우 중요한 문제를 던졌다고 생각한다. 내 욕망을 분출하기 앞서 내 욕망을 돌아보는 것 말이다. 니체는 '금욕주의적 이상'이 어떻게 현실을 부정하는 권력의지, '저 세계'에 대한 추구 속에서 '이 세계'를 절하하는 권력의지와 깊이 관계하고 있는지를 밝힌 바 있다. 하지만 그는 또한 강자를 육성하기 위해 한 문화가 그 성원들에게 얼마나 강도 높은 훈련, 강도 높은 금욕을 요구하는지도 말했다. 사실 맑스에게도 이런 면모가 있었다. 자본주의를 넘어선 사회는 노동은 기계에 맡기고 모두가 자유로운 여가를 즐기는 사회라기보다는, 노동의 의미가 바뀌는 사회, 그것이 타인을 위한 착취 과정이 아니라 자기 능력의 발전과 성숙을 위한 단련 과정으로서의 의미를 갖는 사회에 가깝다.* 자본주의적 욕망의 결핍을 채우기보다 자본주의적 결핍의 욕망에서 자유로워지는 것, 욕망을 충족시키기보다 욕망을 교체하는 것의 중요성이 분명히 존재한다.

칼 맑스, 『정치경제학 비판 요강』 2권, 김호균 옮김, 그린비, 2007, 388~389쪽.

서구의 기독교적 전통에서 '금욕주의'는 '저 세계'에 대한 지향 속에서 '이 세계'의 욕망을 억압하고(현재의 고난을 저 세계로의 구원에 대한 '과정' 내지 '징표'로 간주한다), 신과 신을 대변하는 성직자에 대한 복종을 요구하는 것이었다. 그러나 푸코가 잘 지적한 것처럼 고대 서구 사회(비서구 사회는 물론이고)에는 비기독교적 금욕주의 또한 존재해 왔다. 가령 견유주의나 스토아주의 사람들은 다양한 금욕의 기술들을 발전시켜 왔다. 기독교적 구원에서 금욕주의가 구원을 위해 감내해야 할 '복종', '부자유'의 논리에서 나온 것이라면, 고대 금욕주의는 유혹이나 공포에 휘둘리지 않는 '자유'를 갖기 위해 개발된 기술이었다. 그것은 '다른 세계'(other world)에 대한 지향이 아니라, '다른 삶'(other life)에 대한 지향이었다. 권력자와 부자의 명령을 두려워하지 않으며 그들이 내미는 유혹에 굴복하지 않는 것. 그런 권력을 탐내지도 않고 그런 흥청망청의 삶을 부러워하지 않는 것. 무엇보다 그런 삶에서 '노예적인 것'을 보는 것.

한국에서 1990년대 중반 이후 소위 '욕망이론'이 쏟아져 나오면서 금욕주의는 비난받아 마땅한 적이 되고 말았다. 그것은 '권력에 의한 욕망의 억압'과 동의어가 되었기 때문이다. 그러나 금욕주의를 적으로 설정하면서 우리는 자본주의에 그다지 위협적이지 않은, 아니 오히려 상당히 부합하는 '욕망의 해방'만을 경험하고 있는지도 모른다는 생각이 든다. 내 생각을 정리하면 이렇다. 욕망의 해방이란 그것의 양적인 분출이 아니라 질적인 전화이다. 현재의 삶에서 더 많은 것을 욕망하기보다 현재와 다른 삶을 욕망하는 것이 더 중요하다.

(추신) 10월 21일, 뉴욕시립대학원에서 일본의 활동가들과 지식인들이 '원전 사태 이후의 일본'에 대해 발표하는 자리가 있었다. 그때 어느 미국인이 물었다. "원전 사태가 큰 충격을 준 것은 사실이지만 아직도 많은 이

들이 원전 없이 현재의 삶을 지탱할 수 있을까 의문을 품고 있습니다." 그러자 발표자 중 한 사람이 말했다. 그건 아무 문제도 안 된다고. 일본인들은 지금 이미 그렇게 살고 있다고. 지금 원전을 폐쇄시키고 있는 것은 정부가 아니라 대중들이라고. 정말 사람들이 걱정하는 것은 원전이 없어 전기를 마음대로 쓸 수 없는 상황이 아니라고. 뭐 어떠냐고, 밤에 조금 어두우면. 우리는 이번에 깨달았다고. 원전 없이 우리는 충분히 살아갈 수 있다고. 정말 걱정인 것은 앞으로 20~30년 동안, 숨 쉬는 공기와 마시는 물, 먹는 음식 등을 통해 방사능의 내부 피폭(internal exposure)을 경험할 것이고, '암'이라든가 각종 질병에 우리와 아이들이 시달려야 한다는 것. 과거 원전을 용인함으로써, 그러니까 60년 전 반(反)원전 싸움에서 우리가 패배하면서 지금 그리고 앞으로 엄청난 고통을 당하게 된 것이라고, 이번에는 절대 물러나지 않을 거라고.

그의 말은 번개처럼 내 머리를 강타했다. '원전 없이 살 수 있냐'는 물음에 '살 수 있다'고, '지금 살고 있다'고 당당하게 내뱉은 그의 말이 갖는 힘을 느꼈다. 그가 방사능 노출이라는 지옥에서 건져 올린 금욕적 외침은 정말로 불온한 것이다. 그것은 지금과는 다른 삶에 대한 강력한 선언이며, 현재의 삶에서 존재를 정당화해 온 원전에 대한 가장 위협적인 전쟁 선언이었다.

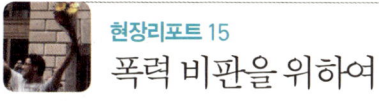

현장리포트 15
# 폭력 비판을 위하여

## 1. 경찰과의 충돌

지난 10월 25일 새벽, 오클랜드 경찰은 '아큐파이 오클랜드'(Occupy Oakland) 점거자들을 급습했다. 중무장한 폭동진압 경찰이 출동해서 점거 장소를 철거한 것이다. 이후 시위대가 3천 명 가까이 늘면서 하루 종일 산발적인 시위가 있었다. 경찰은 최루탄이나 전기 충격탄(shock grenade)을 사용했고 고무총탄도 쏜 것으로 추정되고 있다.

이 과정에서 이라크전 참전 병사로서 반전운동을 펼치던 스캇 올슨(Scott Olsen)이 경찰이 쏜 물체에 머리를 맞아 쓰러졌다. 외국과의 전쟁에서 살아 돌아온 참전 군인이 자국 경찰에 피격을 당한 셈이다. 사람들은 지금 미국이 이중의 전쟁을 수행하는 중이라고 말한다. 이라크와 아프가니스탄에서도 전쟁 중이고, 국내에서도 '계급전쟁' 중이라는 것이다.

뉴욕 리버티 스퀘어에서 경찰의 폭력은 그다지 두드러지지 않는다. 물론 인도에서 평화롭게 행진 중이던 시위대에게 최루가스를 뿌려 큰 문제가 된 적이 있기는 하다. 그러나 그동안의 '악명'에 비하면, 그리고 한국 경찰이 시위대에 하는 일과 견주어 보자면, 그렇게 심한 폭력은 보이지 않는다. 이는 시위대가 폴리스라인을 크게 넘어서지 않기 때문이기도 하고,

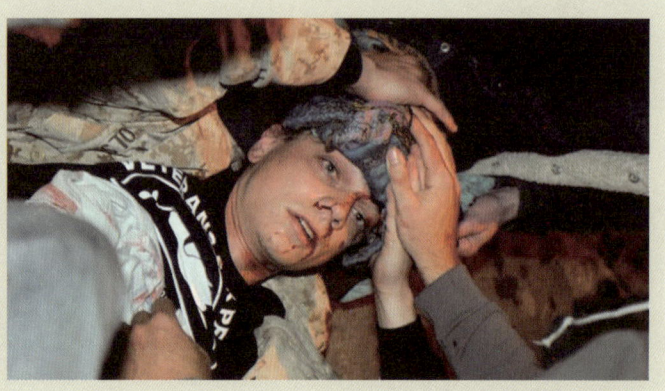

10월 25일 밤, 경찰이 쏜 물체에 머리를 맞아 피를 흘리고 있는 스캇 올슨을 동료들이 병원으로 옮기고 있다.

무엇보다 월스트리트가 세계 언론의 주목을 받고 있기 때문이기도 할 것이다. 뉴욕 시장도 일단은 무리수를 두지 않으려는 것처럼 보인다.

하지만 뉴욕이 아닌 다른 도시들에서는 점거 장소를 경찰이 새벽에 급습하는 경우가 많다. 지난번에는 보스턴에서 경찰의 과잉 진압이 문제가 되었는데, 오늘(10월 29일)은 덴버에서 경찰의 공격이 있었던 모양이다. 오클랜드의 경우, 동영상을 보면 경찰이 얼마나 폭력적인지를 알 수 있다. 스캇 올슨이 피격될 당시 경찰은 불과 20~30미터 앞에서 시위대를 향해 무언가를 쏘았고, 올슨이 쓰러진 후 그를 구하려는 사람들을 향해서도 바로 앞에서 섬광과 가스를 분출하는 물체(전기 충격탄이거나 투척용 최루탄)를 던졌다. 그렇게 눈앞에서 사람을 겨냥해 쏘는 것은 어떤 적의를 가졌거나 어떤 유희를 즐기지 않는 이상 불가능한 것이다. 올슨은 두개골이 함몰되어 생명이 위독한 상태로 병원에 이송되었다. 수술 후 다행히 고비는 넘긴 것으로 보인다.

하지만 이로써 경찰의 폭력성 문제가 수면에 떠올랐다. 올슨이 쓰러진 다음 날 오클랜드에서는 수천 명이 경찰의 폭력에 항의하는 행진을 했고, 뉴욕에서도 '우리가 스캇 올슨이다', '여기가 오클랜드다'라는 구호를 외치며 행진을 벌였다. 오클랜드에서는 11월 2일 총파업이 예고되어 있다. 상황이 심상치 않게 돌아가자 오클랜드 시장은 곧바로 사과의 뜻을 밝혔고, 그것이 시위대에 의해 거부되자 자신의 페이스북에 사과 동영상을 올렸다.

## 2. 폭력은 운동의 수단도 목적도 아니다

뉴욕에서 점거 시위를 지켜보면서 '폴리스라인'의 존재가 항상 아슬아슬해 보이는 것이 사실이다. 언젠가는 저 선이 분명 문제가 될 것이다. 지금도 경찰은 이따금 시위대를 자극하는 폭력을 사용한다. 한두 명의 경찰이 갑자기 시위대를 향해 최루 스프레이를 뿌리거나 주먹질을 하는 경우가 있다. 그러면 흥분한 시위대 일부가 거기에 뛰어들면서 긴장이 형성된다. 사실 시위대를 공격하고 자극하는 게 경찰만은 아니다. '아큐파이 메인' (Occupy Maine) 시위가 벌어지고 있는 메인주의 포틀랜드에서는 지난주 새벽에 누군가 사제 화학폭탄을 던지고 달아났다. 폭발음과 함께 맹독성 화학물질이 분출되었는데, 다행히 잠자는 곳에서 조금 떨어진 곳에 폭탄이 떨어졌고 점거자들이 민첩하게 대응해서 인명 피해는 없었다. 이는 폭력과 관련해서 두 개의 위험한 전선이 있음을 우리에게 환기시킨다. 하나는 경찰, 다른 하나는 극우 시민 세력.

한국의 2008년 시위에서도 경험한 바이지만 '폭력' 문제가 중심 이슈가 되는 것은 시위에 매우 치명적이다. 경찰은 어쩌면 그런 것을 노리는지도 모른다. 점거의 이유, 점거 과정에서 진행된 다양한 실험들이 그 이슈에 묻혀 버린다. 폭력 이슈는 시위를 낚는 일종의 그물이다. 여기서 벗어나야 한다. 물론 그것은 법을 지키며 투쟁해야 한다는 말이 아니다. 폭력성과 공격성이 오인되는 것처럼 비폭력성과 준법성이 오인되는 것도 안타까운 일이다. 중요한 것은 현재의 점거 속에서 '그럼에도 불구하고', '폭력에 굴하지 않고' 지금의 방향, 지금의 공격성을 가속화하는 것이다. 지금의 문제 제기를 단호하게 더 밀고 가는 것이다. 변화가 나타날 때까지 더 많이 더 다양하게 더 오래 점거해야 한다.

폭력은 아무리 강자가 휘두르더라도 방어적이고 반동적인 것이다. 폭력은, 니체식으로 말하자면, '할 수 있는 것으로부터 분리된 힘' 즉 '능력'과 분리된 '힘'이다. 다시 말해 그것은 상황을 다룰 수 없는 '무능력'으로부터 나오는 힘이며, 무엇보다 상황의 변화를 가로막으려는 부정의 의지의 산물이다. 참고로 근대의 표상 체계는 이렇게 형성된 폭력과 깊은 관련을 맺고 있다. 능력을 포기하거나 박탈함으로써(근대 정치철학의 용어를 빌리자면 '권리를 양도함으로써'), 거기에 입각해서 힘을 도출해 내는 표상들, 법, 화폐, 언어 등이 그렇다. 법의 힘, 화폐의 힘, 언어의 힘은, 그 존재들의 불가피성이 입증될 때조차, 폭력과 내적으로 연관되어 있다. 현실에서 우리는 법의 보호를 받지 못할 때, 화폐를 갖고 있지 못할 때, 자신의 처지를 언어로 표현할 수 없을 때 폭력에 노출되기 쉽지만, 실제로는 법과 화폐, 언어의 지위야말로 폭력적으로 구축된 것들이다. 즉 그것의 부재가 폭력을 불러오기 이전에 그것의 존재가 폭력을 가능케 하는 셈이다. 이 문제를 철학적으로 여기서 더 따질 필요는 없을 것이다. 다만 폭력을 비판한다는 것은 법을 준수하는 일이 아니라, 자기 투쟁을 법 너머, 언어 너머, 화폐 너머로까지 밀고 가는 일이라는 것을 말해 두고 싶을 따름이다.

### 3. 폭력적이 아니라 급진적이 되어야 한다

우리는 우리의 힘을 법의 저편, 말의 저편, 화폐의 저편까지 나아가는 데 써야 한다. 우리가 출발한 곳이 법이 우리를 보호하지 않고 내친 곳이고, 우리의 말문이 닫힌 곳이고, 우리가 돈 없어 쫓겨난 곳이긴 하지만 그렇다고 해서 우리가 법과 언어, 화폐에 도달해야 하는 것은 아니다. 그보다는 법의 변형, 말의 변형, 화폐의 변형을 만들어 낼 수 있는 곳, 다시 말해 권력을 변형시키고 의미를 변형시키고 가치를 변형시킬 수 있는 곳에 도달해야 한다.

나는 지난 리포트에서 월스트리트를 점거운동이 '삶의 기본 유형'을 바꾸는 데 의의가 있다고 적은 바 있다. 짧게는 지난 수십 년간(신자유주의), 길게는 어쩌면 수백 년간(자본주의) 지속된 '삶의 잣대'를 얼마나 바꿀 수 있느냐가 관건이라고 했다. 권력의 의미를 바꾸지 않은 채 권력을 차지하는 것, 언어의 의미를 바꾸지 않은 채 말을 장악하는 것, 화폐의 의미를 바꾸지 않은 채 돈을 배당받는 것은 허망한 일이다. 우리만 고용해 주면 된다든가, 우리 수당만 인상해 주면 된다든가, 모두가 허망한 일이다.

이 점에서 운동을 논하는 데 '폭력성'보다 더 중요한 것은 '급진성'이다. 한마디로 어디까지 나아가느냐는 것이다. 맑스의 말처럼 '급진적'이라는 것은 '뿌리까지' 내려가는 것이다. 프란츠 파농(Frantz Fanon)의 표현을 빌리면 '백지상태'에 이르는 것이다." 지난 3년을 파고 드느냐, 지난 5년을 파고 드느냐, 지난 수십 년을 파고 드느냐, 지난 수백 년을 파고 드느냐, 이번 점거가 어느 지층까지 도달하느냐

> 사실 파농이 말한 '폭력'의 의의는 사르트르가 붙인 서문에서 유명해진 문장 '유럽인을 쏘아 죽이면 일석이조'라는 식의 '살기'에 있는 게 아니라, 사회구조의 뿌리를 바꾸려고 하는, 과도기 없는 '절대적 대체'를 주장한 '비타협성'에 있다. 그가 말한 폭력은 위협용 수단이라기보다는 '존재의 절대적 변형' 그 자체이다.

뉴욕에는 10월 날씨로는 이례적으로 눈이 많이 내렸다. 피켓을 들고 행진하는 사람들.

한 점거자가 방한을 위해 비닐로 바지를 싸고 있다. 텐트 위에 눈이 쌓였다(10월 29일).

가 정말로 중요하다. 깊숙이 들어간 만큼 그는 그만큼 새로운 미래에 도달할 수 있을 것이다. 과정이 중단되고 그 중단 지점이 표시될 수는 있지만 '타협'이나 '거래'가 있을 수는 없다(점거 시위를 지지하는 정치인들이 종종 그것을 더 많은 이권을 얻어 내기 위한 지렛대로 쓰는 일이 자주 있다. 아마 오바마 정부도 계산을 하고 있을 것이다. 그러나 그렇게 함으로써 그들은 점거를 '위협용 칼'로 변질시킨다).

조폭이 휘두르는 폭력이 공포스럽기는 하지만 급진적이지 않은 이유, 그것은 그가 칼을 휘두르며 '거래'를 요구하기 때문이다. 즉 그는 재벌 회장이나 대통령처럼 이 체제의 똑같은 신봉자이다. 그는 돈의 의미를 바꾸지 않은 채 다만 돈을 차지하고 싶을 뿐이다. 그는 권력의 의미를 바꾸지 않은 채 다만 권력을 손에 넣고 싶을 뿐이다.

그러나 단 한 사람의 고집, 단 한 사람의 외침이 수만, 수십만의 위협적인 힘보다 급진적일 수 있다. 여기서 폭력은 수단으로서든, 목적으로서든 고려되지 않는다. 누군가 그것도 '폭력'이라고 말한다면, 정 그 말을 써야 한다면, 우리는 이렇게 말할 수도 있을지 모르겠다. 그는 폭력을 사용하는 존재가 아니라 '존재 자체가 폭력'인 사람이라고. 다만 그의 급진적 존재 자체가 폭력적으로 느껴지는지 모르겠다고. 그의 말 한마디가 우리 사회의 가장 깊은 곳까지 들어왔다고. 그의 점거는 중지될지 모르나 그는 타협하지 않는다고.

나는 최근 80일 가까이 '활동보조 자부담 폐지'를 위해 싸우고 승리한 장애인차별철폐연대, 그리고 300일째 크레인 위에서 비타협적 점거를 진행하고 있는 김진숙 씨를 떠올리고 있다. 그들은 폭력적이지 않지만 비타협적이고 급진적이다. 월스트리트의 점거자들은 이들에게 배울 필요가 있을 것이다. 폭력을 행사할 필요도 타협을 할 필요도 없다. 아니 지금까지 우리를 지배해 온 삶의 기본 유형에 대해서는 단호한 거절을 행해야 한다. 이 단절이 어떤 한계에 부딪힐 수는 있지만 이것을 양보할 수는 없다. 지금으로서는 최대한 멀리 가야 한다.

## 현장리포트 16
# 불가능한 것을 실행하기 _합의 만들기에 관하여

> 데이비드 그레이버가 쓴 이 글("Enacting the Impossible: On Consensus Decision Making")은 제너럴 어셈블리의 의미를 아주 잘 밝혀 놓은 것으로 『아큐파이드 월스트리트 저널』 3호에 실렸다. 원문은 http://occupywallst.org/article/enacting-the-impossible/에서 볼 수 있으며, 대괄호([ ]) 속에 있는 말들은 번역자가 첨가한 것이다.

2011년 8월 2일, 나중에 '월스트리트를 점거하라'가 될 초기 모임, 10여 명의 사람들이 볼링 그린(Bowling Green)에 둥글게 앉았다. 우리가 언젠가 존재하기를 바라는 그런 사회운동을 위한 '진행 위원회'(process committee)라는 이름을 짓고 거기에 스스로를 임명한 사람들이었다. 거기서 이들은 아주 중요한 결정에 대해 숙고했다. 우리의 꿈은 뉴욕 제너럴 어셈블리를 만드는 것이었다. 미국 전역에서 생겨나기를 바라는 민주적 어셈블리들의 모델로서 말이다. 하지만 이런 어셈블리들이 실제로 어떻게 작동할 수 있을까?

그때 거기 사람들 중 아나키스트들이 당시에는 완전히 정신 나간 것처럼 보인 야심 찬 계획을 내놓았다. 바로 지금 이 위원회처럼 사람들이 운영하게 하면 되잖아. 바로 합의(consensus)를 만들어 가는 것 말이야.

그건 분명 승산이 없는 도박이었다. 적어도 우리가 아는 한 누구도 과거에 이런 걸 해낸 적이 없었기 때문이다. 합의 만들기(consensus process)는 스포크스 카운슬(spokes council)——각 집단(affinity groups)마다 한 명의 '스포크'(spoke)를 내세워 구성되는 회의——에서는 성공적으로 진행된 바 있지만 우리가 뉴욕시에 만들기를 소망했던 것과 같은 대중적 어

뉴욕시의 대학생과 고등학생들이 워싱턴 스퀘어로 행진을 했다. 여기서 최소한 두 개의 제너럴 어셈블리가 열렸다(사진 출처: occupywallst.org).

셈블리에서는 전혀 해본 적이 없었다. 그리스와 스페인의 제너럴 어셈블리에서도 그것은 시도되지 않았다. 하지만 합의 만들기는 사실 우리의 원칙들에 가장 부합하는 접근법이기는 했다. 그래서 우리는 [결단을 내려] 도약을 하기로 했다.

석 달이 지난 지금 미국 전역에서 크고 작은 수백 개의 어셈블리들이 합의 만들기를 통해 작동하고 있다. 결정은 투표 없이 일반적 동의(general assent)를 통해 민주적으로 이루어지고 있다. 전통적인 견해에 따르면 이것은 불가능하다. 하지만 지금 이것은 시행되고 있다 ― 이것은 설명할 수 없는 다른 현상들, 즉 사랑이나 혁명, 어쩌면 생명 자체(입자물리학의 시각에서 보자면 말이다)까지, 설명할 수는 없지만 일어나는 그런 현상들처럼 지금 일어나고 있다.

'월스트리트를 점거하라'에서 채택된 직접민주주의의 프로세스는 미국 급진주의의 역사에 깊이 뿌리 내리고 있다. 그것은 [60~70년대] 민권운동(civil rights movement)과 민주주의 학생연맹(Students for a Democratic Society)에서 광범위하게 채택되었던 것이다. 하지만 현재의 형태는 아나키즘에서만이 아니라 페미니즘이나 심지어 종교적인(영적인, spiritual) 전통(퀘이커와 미국 원주민의 전통)에서 나온 운동으로부터도 발전되어 온 것이다. 직접적이고 합의에 기반한 민주주의가 아나키즘에 확고하게 수용되고 또 아나키즘 자체와 동일시되어 온 이유는 아나키즘의 가장 근본적인 원리를 체화하고 있기 때문이다. 그 원리란 다음과 같다. 아이처럼 취급된 인간이 아이처럼 행동하는 것과 마찬가지로, 사람들을 성숙하고 책임감 있는 어른으로 만드는 것은 마치 그들이 이미 그런 존재인 것처럼 북돋아 주는 것이다.

합의 만들기는 결코 만장일치의 투표 시스템이 아니다. '블록'(block)은 결코 반대표(No vote)가 아니라 거부권(비토, veto)의 행사이다[어떤 의견에 대해 사람들이 손짓을 이용해서 '블록'을 표시할 때 그것은 그 의견이나 결정에 따르지 않겠다는 표시이다]. 근본적인 윤리적 원칙들이 위배되었다고 선언하며 개입하는 상급법원(High Court)을 생각해 보면 이해할 수 있을 것이다. 물론 이 경우 판사의 지위는 그런 거부권을 던질 수 있는 용기가 있는 누구에게나 허용된다. 참여자들은 만약 논의 사항이 단지 자신들이 좀처럼 사용하지 않는 수단에 대한 것이 아니라 원칙에 관한 것임을 느낀다면 자신들이 언제든 논의를 중단시킬 수 있다는 걸 안다. 이는 세부 사항에 대한 절충이 쉬워진다는 걸 의미한다. 그러나 정말 핵심적인 것은 창의적 종합(creative synthesis)을 향한 프로세스이다. 결국 모든 사람들이 최종결정을 도출하고 재도출하는 데 있어 역할을 할 수 있다면, 최종결정에 어떻게 도달하느냐—블록이 있는지를 묻든, 다수가 손을 흔들어 대든──는 그렇게 중요한 것이 아니다.

어쩌면 우리는 논리를 통해서는 직접민주주의와 자유, 그리고 인간적 연대의 원리에 기초한 사회가 가능하다는 걸 입증할 수 없을지도 모른다. 우리는 다만 행동을 통해 보여 줄 수 있을 따름이다. 미국 전역에 걸쳐 여기저기 공원과 광장에서 사람들은 스스로 참여하면서 그것을 목격하기 시작했다. 지금 미국인들은 자유와 민주주의가 우리의 궁극적 가치라는 걸, 그리고 자유와 민주주의에 대한 우리의 사랑이야말로 우리를 민중(인민, people)으로 정의해 주는 바로 그것이라는 사실을 배워 가고 있는 중이다. 심지어 아주 교묘하고도 지속적인 방식으로, 진정한 자유와 민주주의는 결코 존재한 적이 없다는 가르침이 우리에게 울려 퍼지고 있는 상황 속에서도 말이다.

이런 가르침의 오류를 깨닫게 되는 순간 우리는 이렇게 말할 것이다. 우리는 다른 많은 '불가능한' 것들도 해낼 수 있을지 몰라. 그리고 여기저기서 우리는 불가능한 것을 실행하기 시작할 것이다.

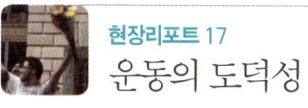

**현장리포트 17**
# 운동의 도덕성

### 1. 도덕적 진압

10월 29일 밤, 리버티 스퀘어에서 성폭행 사건이 일어났다. 신문과 방송 몇 곳에서 이 사건을 보도하면서 그렇지 않아도 점거자들의 꼬투리를 잡으려 했던 세력들이 호재를 만난 듯 흥분했다(묘하게도 나는 이 사건을 한국 뉴스를 통해서 먼저 접했다. 참고로 여기 언론은 한국의 신문과 방송보다는 훨씬 차분하게 소식을 전했다). 일부 보수 언론에서는 적외선 투시경으로 봤는데 대부분 빈 텐트이고 잠은 어디 다른 데서 편하게 자고 온다는 둥, 평소 뉴욕 길거리를 배회하는 홈리스들이 밥 먹고 잠자는 장소가 되었다는 둥, 마약을 거래한다는 둥, 정말 온갖 파렴치한 공격을 해대고 있던 터였다(언젠가 점거자 중 한 사람이 자신은 '홈리스들이 여기서 함께 밥을 먹고 잠을 잘 수 있다는 게 너무 자랑스럽다'고 했던 말이 떠오른다. 어리석은 비난에 대한 현명한 답변이었다). 어떻든 시위에 대한 소위 도덕적 진압을 시도한 것이다.

도덕은 시위대와 시민의 관계를 해체하고 그들을 고립시키는 매우 효과적인 수단이다. 문득 1991년의 쓸쓸한 기억이 떠오른다. 시위에 참여한 대학교 1학년 학생을 경찰들이 몰려가 쇠파이프로 쳐 죽였던 일, 그 일을 시발로 참 많은 이들이 독재정부에 항의하며 분신하고 투신했다. 궁지

11월 7일, 그룹들의 스포크스 카운슬이 머리 버그트롬 고등학교에서 처음 개최되었다(사진 출처: occupywallst.org). 이 회의에 대해서는 16호 리포트의 그레이버 글과 〈노트 2〉를 참조.

에 몰린 보수 세력이 눈에 불을 켜고 찾던 게 바로 도덕적 꼬투리였다. 그 와중에 유서 대필 의혹이 나왔고 주류 언론에선 시위자들을 '죽음조차 수단화'하는 파렴치한들이라고 공격했다(유서 대필 사건은 선고를 뒤집을 강력한 자료가 2007년에 발견되면서 현재 재심 여부에 대한 대법원의 판단을 기다리고 있다. 당시 정권에 의해 조작된 혐의가 짙은 사건이다). 그리고 그해 6월, 도덕적 비난의 결정판이 나왔다. 한국외대를 방문한 정원식 총리에게 대학생들이 계란과 밀가루를 던졌는데, 그것이 '패륜'이라는 이름으로 화려하게 신문 1면을 장식한 것이다. 그 사진들의 선정성과 공격성은 좀처럼 잊을 수 없다. 단지 노조 결성을 시도했다는 이유만으로 1,500명의 교사들을 해고해서 길거리로 내몬 당사자에게 계란과 밀가루를 던졌는데, 그것이 선생에 대한 학생의 폭력, 말 그대로 '패륜'으로 틀 지워진 것이다. 경찰들이 집단적으로 한 청년을 쇠파이프로 때려죽인 사건은 '감히' 총리에게 계란과 밀가루를 던진 대학생들의 '패륜'으로 그렇게 봉합되었다.

이번 성폭력 사건을 접하면서 운동과 도덕의 문제를 생각해 보게 된다. 도덕은 운동에 어떤 의미를 갖는 것일까. 어떻든 성폭력이 발생한 것은 사실이다. 사건이 발생한 날 아침, 점거자들 중 피해 여성을 돌보고 변호할 여성 그룹(정서적·의학적·법률적 도움을 제공할 사람들로 구성되었다)이 만들어졌다. 그들은 그녀를 병원으로 옮기고 그녀와 논의를 한 후 가해자를 경찰에 고발했다. 지금 가해자는 구속되어 있다." 사건이 공개되자 주류 언론에서는 현재의 점거 시위 자체를 문제 삼았고 점거자들을 도덕적으로 문란한 이들이라고 비난하기 시작했다. 그리고 이 도덕적 비난은 피해자로까지 확대되었다. 그런 곳에서 그런 생활을 하는 것 자체가 문제라는 것이다.

> 사건의 개요는 성폭력 피해여성 지원팀 멤버들 명의로 발표된 성명서에서 확인할 수 있다. http://occupywallst.org/article/transforming-harm-building-safety/를 참조하라.

분명히 성폭력의 문제가 발생한 것도 사실이고 그것이 심각한 문제라는 것도 틀림없는 사실이다. 그러나 이 문제를 도덕적으로 이해해야 하는가에 대해서 나는 생각이 다르다. 아니 좀더 일반적인 수준에서 운동이 도덕적이어야 하는지, 운동가가 도덕적인 인물이어야 하는지에 대해서도 의구심을 갖는다. 나는 '인간인데 어떻게 완전히 도덕적일 수 있느냐'는 식으로 운동가를 옹호하고 싶은 것도 아니고, '현재 미국은 2분에 한 건씩 성범죄가 일어나는 나라'라는 식으로 문제를 무마할 수 있다고 보지도 않는다. 또 운동의 도덕성을 비난하는 이들이 실제로는 얼마나 부도덕한지를 고발해서 피장파장이라는 식으로 물타기를 할 생각도 없다."" 나는 그저 운동을 도덕의 시각에서 접근하는 것에 반대한다는 점을 말하고 싶다.

> 가령 이번 시위를 진압하지 않는다고 비난하는 전임 뉴욕시장 줄리아니는 매춘여성과 동성애자들에 대한 도덕적 공격을 멈추지 않았고 항상 뉴욕에 도덕과 질서를 세웠다고 자랑하지만, 부인을 두고도 버젓이 애인과 다니며 혼외정사를 벌인 사람이다. 게다가 지금 공화당 대통령 후보 여론조사 선두를 다투고 있는 허먼 케인은 여러 여성들로부터 성추행의 가해자라는 비난을 받고 있다.

현장리포트 17 | 운동의 도덕성 165

## 2. 도덕적 문란이 아니라 폭력이 문제다

한마디로 나는 운동이 도덕적 프레임에서 벗어나야 한다고 생각한다. 물론 이 말이 도덕적 악을 조장하고 허용해야 한다는 뜻은 아니다. 미리 당겨 말해 두자면 운동에 대한 도덕적(moral) 접근이 아니라 윤리적(ethical) 접근이 필요하다고 말하고 싶다(나는 스피노자와 니체의 도덕 비판을 염두에 두고 있다). 나는 운동에 선과 악을 나누고 정의의 심판대를 끌어오는 도덕적 모델이 들어와서는 안 된다고 생각한다. 특히 이번 점거처럼 지도자를 거부하고 자발적인 협력의 운동을 구성하는 경우, 선과 악, 도덕과 부도덕을 나누고 그것을 심판할 법정을 세우는 일은 도저히 상상할 수 없다. 그것을 리버티 스퀘어의 공동체에 세우는 순간, 아니 그것을 각자의 마음속에 세우는 순간, 위계와 구획이 생겨날 것이다.

도덕주의와 사법주의 사이에는 깊은 공모 관계가 있다.* 법과 도덕은 이미 상정된 권위와 위계에 대한 복종을 전제한다. 이 권위와 위계에 대한 의심은 엄격히 금지된다. 이는 개별적 판결에 대한 복종과 불복에 관한 이야기가 아니다. 법정의 성립 자체가 요구하는 복종에 관한 것이다(푸코가 인민법정의 성립에 깊은 회의를 표한 이유가 여기 있다). 나는 11호 리포트에서 '해방구'로서 '리버티 스퀘어'가 갖는 의미를 일종의 '판단중지'라고 명명했다. 그동안 삶을 지배해 온 여러 원칙들을 괄호 치고 의심한다는 의미에서였다. 법과 도덕의 '판단금지'는 정확히 이 '판단중지'의 반대편이다. '전제를 의심하지 말라'와 '모든 전제를 의심하라'. 우리가 해방구에 다가갈수록, 다시 말해 우리가 심연으로 내려갈수록, 우리는 그동안의 원

> 도덕이란 앞으로 법이 될 잠재적 판단들이거나, 법으로 곧바로 표현되기에는 부담스럽지만 사람들에게 명확히 심어져야 하는 판단들, 혹은 법으로 제정할 필요 없이 사실상 실행되고 있는 사회적 명령들이라고 할 수 있다. 도덕은 법의 토양이면서 동시에 보완물이다.

칙과 규범들이 금지해 온 선을 넘어 누구든 조건 없이 만나고 누구에게도 귀를 기울여야 한다. 운동이란 이처럼 선을 넘고 벽을 뚫는 일이지만 운동에 도덕이 들어오면 선이 새로 생기고 벽이 새로 만들어진다.

"우리는 점거한다"(11월 2일).

우리에게 중요한 것은 니체가 던진 과제, 즉 '선악을 넘어서'도 가치평가가 가능한지를 묻는 것이다. 우리를 지배해 온 원칙들을 괄호 친 상황 속에서도 판단이 가능한지, 판단금지된 법과 도덕의 전제에 의존하지 않고서도 좋음(good)과 나쁨(bad)에 대해서 말할 수 있는지를 묻는 것이다. 여기가 스피노자가 선악(도덕)을 비판하며 윤리학을 정립한 곳이고, 니체가 선악의 저편에서 '강함'과 '약함'을 구분한 곳이다.

이 문제를 내 개인적 경험을 통해 우회해 보려고 한다. 언젠가 나는 내가 참여하는 코뮨 수유너머의 안은 물론이고 수유너머와 다른 코뮨이 만난 자리에서도 어떤 문제가 생겨났을 때 사용되는 용어들이, 가령 국가기관에 대해 사용하는 용어들과 아주 다르다는 것을 깨닫게 되었다. '권리의 침해'니 '정의의 실현'이니 하는 말들은 코뮨들의 구성에서 별 힘을 못 쓴다. 한 개인이 다른 개인을, 한 코뮨이 다른 코뮨을 만날 때, '내게 이런 권리가 있다'고 주장하는 것은 우스꽝스러운 상황을 연출하기 십상이다. 논리적으로 옳은 주장을 펴도 사람들은 그의 태도 때문에 그와 함께하지

'용감한 월스트리트 점거자'들로부터 받은 털실로 뜨개질을 하고 있는 할머니. 코뮨의 능력이란 통약 불가능한 것을 서로 엮는 뜨개질의 기술?

않을 수 있다('네 말이 옳아, 하지만 난 너랑 함께하고 싶지 않아'). 그렇다고 공동체의 이름으로 개인에게 복종을 강요할 수도 없다. 그가 함께하지 않겠다고 하면 그만이기 때문이다.

코뮨에서의 '권리' — 사실 이것은 법에서처럼 선험적으로 규정된 것이 아니다. 이때의 '권리'는 '힘'이나 '능력'이라고 불러야 할 것이다 — 는 '함께함'의 '과정'을 통해서만 발생한다. 권리를 가진 이들이 함께하는 것이 아니라 '함께함'을 통해서 권리가 발생하는 것이다. 이번 점거 시위와 관련해서 말하자면 점거자들의 권리는 그들이 '함께함'을 통해 구성한 '힘'만큼이다. 법에 규정된 시위자의 '권리'는 경찰을 상대할 때만 부차적 중요성을 가질 뿐이다. 코뮨에서 '권리의 박탈', 다시 말해 '무능력'은 '코뮨을 구성할 수 없음'에서 온다. 코뮨의 반대말은 해체와 고립이다. 누구에게 자격이 있고 누가 권리를 가졌는지를 선험적으로 규정하는 것은 불가능하며 바람직하지도 않다. 심판에 참조할 선험적 기준이 존재하지 않으므로 법정은 성립하지 않는다. 거꾸로 그들이 법과 도덕에 의해 선험적으로 규정된 자격과 조건을 넘어, 즉 척도를 넘어, 척도를 공유하지 않은(incommensurable) 것들의 연대를 만들어 내는 힘을 보여 줄 때, 그들은 스피노자적 의미에서 '윤리적'이고, 니체적 의미에서 '강한' 것이다.

이번 성폭력 사건에서 문제를 삼아야 할 것은 도덕성이 아니라 폭력이다. 즉 성적 방종이나 문란이 문제가 아니라 점거라는 공동 행위를 해체해 버린 끔찍한 폭력이 문제였던 것이다. 에로스의 강도와 양상에 대한 사회의 도덕적 기준은 다르기도 하지만(한국에서는 점거 시위 중인 연인들이 섹스를 한다면 말 그대로 난리가 날 것이다), 무엇보다 에로스의 통제를 둘러싼 도덕적 원칙을 들이대서 운동을 단죄할 수는 없다. 에로스를 가꾸는 것은 말 그대로 연대를 가꾸는 것이다. 이것이 반드시 섹스를 의미할 필요는 없지만 그것이 선험적으로 배제되어야 할 이유도 없다.

그런데 성폭력은 그 에너지를 사랑의 반대 방향으로 바꾸는 끔찍한 일이다. 폭력은 관계의 파괴이다. 폭력은 피해자를 무능력하게 만들 뿐 아니라, 그 이전에 가해자의 무능력함을 보여 주는, 가해자의 무능력함의 산물이다. 상호 협력적 관계를 구성할 능력을 갖고 있지 못할 때, 기존의 권위나 힘(그것이 물리적인 것이든 정치적인 것이든)에 의존하여 명령하고 지배하는 관계(사실상 관계의 해체)를 산출하는 것이다. 폭력은 상황 전체를 얼어붙게 만든다. 이번에 자행된 성폭력은 점거운동을 함께하는 이를 파괴했을 뿐만 아니라, 여성들과 아이들이 즐겁고 안전하게 참여할 수 있는 길을 파괴해 버렸다. 폭력이 반동적이라는 것, 다시 말해 그것이 '능력으로부터 분리된 힘'(=무능력)이라는 것은 이런 의미에서다. 폭력은 무능력의 산물일 뿐만 아니라 무능력으로의 반동적 전화를 산출한다.

### 3. 마을의 건설

지난 일요일(11월 6일) 저녁 제너럴 어셈블리를 보러 갔다. 이번 사건이 웹사이트에 공식적으로 게재된 다음날이기도 했고 며칠간 리버티 스퀘

'여성들이 안전한 공간을 만드는 중'이라는 피켓. 지금 리버티 스퀘어에는 마을 만들기가 진행 중이다(사진 출처: occupywallst.org).

경찰이 발전기를 가져가자 자전거를 이용한 자가발전 시스템을 구축했다(11월 2일).

11월 6일의 제너럴 어셈블리 모습. 여전히 그 열기가 뜨겁다.

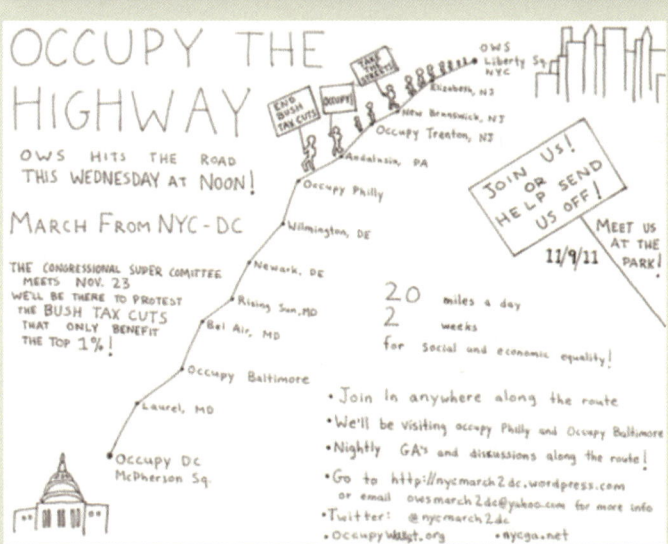

다음 주에 있을 의회의 재정 감축안 발표에 항의하기 위한 뉴욕-워싱턴 행진. 제안자들이 '아큐파이 월스트리트' 이름을 쓸 것인지를 두고 여러 의견이 있었는데, 결국 '아큐파이 하이웨이'로 결정이 난 모양이다(사진 출처: occupywallst.org).

어를 찾아가 보지 않은 탓에 분위기가 어떤지 보기 위해서였다. 분위기는 여전히 활기찼다. 두 가지 의제가 올라왔는데 하나는 '마을 만들기'(town planning)였고, 다른 하나는 뉴욕의 리버티 스퀘어에서 워싱턴DC의 맥퍼슨 스퀘어(McPherson Square)까지 행진 —— 이동식 점거(mobile occupation) —— 하는 것에 관한 것이었다. 특히 귀에 들어온 것은 '마을 만들기'였는데 군대식 텐트(army tent)를 쳐서 리버티 스퀘어를 겨울에 주거하기 적합하게 마을로 만들어 가는 계획이었다. 제안자 중 핵심 인물이 사정상 참석하지 못해 자세한 계획을 들을 수는 없었지만, 단지 겨울을 나기 위해서뿐만 아니라 코뮨의 구성이라는 측면에서도 매우 중요한 아이디어라는 생각이 들었다.

범죄와 폭력 문제를 해결하는 좋은 방식은 공안(감시카메라나 순찰 따위)을 끌어들이거나 자체 공안을 조직하는 데 있는 게 아니라, 문제의 발생이 사전에 제어될 수 있는 관계의 구성, 문제가 발생했을 때 쉽게 조력을 받을 수 있는 관계의 구성에 있다(이웃 관계가 파괴됨으로써 아파트 문을 걸어 잠그고 감시카메라와 경찰초소를 세워 자기 집을 스스로 감옥으로 만드는 현대 사회의 구성을 생각해 보자). 숙소를 어떻게 배치할 것인가, 정원을 어떻게 만들 것인가, 어떻게 축제를 열 것인가. 이 모든 활동이 일상을 새롭게 꾸리는 방식으로 공안을 대체해 가는 활동이기도 한 것이다.

### 현장리포트 18
## "모든 곳을 점거하라: 기업 권력에 맞서는 새로운 정치와 운동의 가능성" _어느 토론회의 요약(2)

11월 10일 저녁, 잡지『네이션』(The Nation)과 대학 '뉴스쿨'(The New School)이 공동 주최한 토론회가 있었다. 제목은 '모든 곳을 점거하라: 기업 권력에 맞서는 새로운 정치와 운동의 가능성'(Occupy Everywhere: On the New Politics and Possibilities of the Movement Against Corporate Power). 사회는『네이션』의 편집국장(executive editor) 리처드 김(Richard Kim)이 맡았고, 패널로는 영화감독 마이클 무어(Michael Moore), 『쇼크 독트린』(Shock Doctrine)의 저자이자 칼럼니스트인 나오미 클레인(Naomi Klein), 『네이션』의 전국 통신원인 윌리엄 그레이더(William Greider), 「컬러라인」(colorlines.com)의 링코 센(Rinku Sen), 그리고 이번 점거운동의 조직가 중 한 사람인 패트릭 브루너(Patrick Bruner)가 참여했다.

 이 토론에서 패널들은 이번 점거운동이 갖는 의미, 운동이 돌파해야 할 문제들, 앞으로 나아갈 방향 등에 대해 포괄적이면서도 깊이 있는 견해를 들려주었다. 참고로 이 요약은 토론을 보며 작성한 메모를 바탕으로 한 것이기에 정확한 인용은 아니다(즉 토론의 스크립트가 전혀 아니며, 토론을 보며 메모한 내용을 대화식으로 재구성한 것이다). 토론 전체를 정확히 확인하

토론회에 참여한 패널들. 왼쪽부터 마이클 무어, 패트릭 브루너, 링코 센, 윌리엄 그레이더, 나오미 클레인.

고 싶은 분은 『네이션』의 홈페이지(thenation.com)에서 동영상을 찾아볼 수 있다.

\* \* \*

**리처드** 자, 시작해 볼까요. 리버티 스퀘어에 가면 그야말로 다양한 주장을 볼 수 있습니다. 은행에 대한 구제금융을 비판하는 사람들, 학자금 문제에 항의하는 학생들, 그리고 [경쟁적 시험제도 등으로] 아이들의 교육을 황폐화시키는 것에 항의하는 교사들, 게다가 거기서 명상을 하는 사람들, 또 드럼을 치고 연주를 하는 사람들도 있지요. 지금 이 점거를 어떻게 생각합니까. 이번 운동이 어떻게 이처럼 작동할 수 있었을까요.

**마이클** 처음에 수백 명이 농성을 했어요. 그러다가 마치 들불처럼 번졌습니다. 왜 사람들이 이렇게 반응하지? 의제가 뭐야? 다음 단계는 뭐지? 지금 일어나고 있는 일들, 미디어가 잘 보도를 해주지는 않지만 정말로 중요합니다. 이미 상당한 성공을 거두고 있어요. 무엇보다 사람들의 절망감을 줄였고 실망이랄까 무관심이랄까 하는 것들을 없애 버렸지요. 사람들은 이제 이런저런 대화를 서로 나누고 있습니다. 7주 전만 해도 정부의 재정 적자 상한(Debt Ceiling) 문제가 중심 의제였죠. 하지만 지금 보세요. 사람들은 의료보험 이야기를 하고, 실업 문제를 이야기하고, 학자금 문제를 이야기하고 있어요. 이제는 월가의 탐욕이 의제가 되어 버렸어요. 이번 점거가 사람들의 의제를 완전히 바꾸어 버린 거죠. 누가 이번 점거를 조직했을까요? 골드만삭스, 시티은행, BP……. 이들이 이번 운동의 조직가들입니다. (웃음).

군이 이 운동의 출발점을 찾는다면 브래들리 매닝[Bradly Manning, 미국 군사기밀을 빼내 위키리크스에 넘겨준 군인] 아니었을까요. 그는 혐오스러운 지배 시스템의 문제를 보고 더 이상 참을 수 없었던 거죠. 정부의 부패상을 접하고는 참을 수가 없었을 겁니다. 어쩌면 미국인 모두가 수면 아래서 부글부글 끓고 있었는지도 몰라요. 그런데 이때 (패트릭을 보며) 당신이나 당신 친구들이 정말 천만다행으로 이번 운동을 제안한 거예요. 지금 농성 중인 게 리버티 스퀘어의 수백 명만이 아니라는 걸 알아야 합니다. 70% 가까운 시민들이 지지를 하고 있어요. 「폭스 뉴스」 같은 데선 지금 점거를 정리하지도 못하고 이해도 못할 겁니다. 나는 정말 지도자도 없고 특별한 대표기구도 없는 이번 점거를 지지합니다. 난 정말로 기뻐요. 내 세대에 이 일을 보게 되어서 말이에요. 이 사악한 시스템, 공정하지도 않고, 정의롭지 못하며, 민주적이지 않은 이 시스템에 대해서 이런 일을 벌이다니. 정말로 기쁩니다.

**리처드** 패트릭, 당신은 이번 점거의 조직가 중 한 사람입니다. 처음에는 경찰과 싸워야 했고 이제는 겨울과 싸워야 하게 되었네요. 이번 운동에는 맞서야 할 많은 도전 과제들이 있습니다. 당신들의 이 운동을 연구하려는 이들이 있다면 이게 어떻게 작동할 수 있었는지 설명해 줄 수 있나요?

**패트릭** 우리는 대단한 운동의 전통을 가지고 있습니다. 뿐만 아니라 이집트의 타흐리르 사람들이나 스페인의 '분노한 사람들' 영향을 받았지요. 왜 우리 운동은 성공했을까요. 우리 운동은 분명히 과거의 전통 위에 있습니다. 그러나 또한 아주 새로운 운동이기도 하지요. 우리는 새로운 세대입니다. 우리는 정말로 많은 학자금 빚을 진 세대입니다. 자신들의 미래가 도둑맞고 있다는 걸 깨닫는 젊은이들이 많습니다. 엄청난 학자금 빚을 떠안고 있는 학생들, 아마도 여생을 그 빚을 계속 떠안고 갈 젊은 사람들 말이죠. 이 운동은 공간을 새롭게 창출하는 운동입니다. 우리는 주코티 공원을 점거해서 새로운 공간으로 만들었습니다. 이름도 리버티 스퀘어로 새로 명명했구요. 물론 앞으로도 잘 될지는 모르겠습니다. 하지만 이미 우리는 시작했습니다. 재정적자 상한 이야기는 정말 귀 따갑게 들었어요. 그러나 이제 우리는 그런 이야기를 하지 않습니다. 이건 정말로 큰 이동입니다. 일종의 '심성 변환'(mentality shift), '심리적 중단'(psychic break)이 일어난 겁니다. 현재 미국에서는 1%가 47%의 부를 차지하고 있습니다. 큰 불황이라고, 글로벌 불황이라고 말합니다만, 우리는 그런 이야기를 박살 냈습니다. 우리는 잘 압니다. 지금은 역사상 가장 부유한 시대이고 이 나라는 가장 부유한 나라입니다.

**리처드**   링코, 당신은 지금까지 여러 운동을 해왔습니다. 반인종주의·반빈곤 운동, 홈리스 운동 등. 월스트리트 점거에 대해 처음 나온 비판 중에는 이 운동이 너무 백인 중심의 운동 아니냐는 것이었습니다. 이런 문제들에 대해 당신은 어떻게 생각합니까.

**링코**   기존의 조직(organization)과 이번 점거(OWS)는 상당히 다른 운동입니다. 이것은 자율적인 운동이고 매우 영리한 운동이지요. 이것은 전통적 캠페인이 아닙니다. 글쎄요, 어떻게 말할까요. 보통 아이들이 얼마만큼 사랑하느냐고 말할 때, 두 팔을 쫙 벌려서 이만큼이라고 말하기도 하지만, 두 손가락을 붙이고는, 둘 사이에 그 누구도 들어갈 수 없을 만큼 그렇게 다정하게 사랑한다고 말할 수도 있지요. 그처럼 이번 운동과 노동조합 운동, 홈리스 운동, 이주자 운동의 거리는 아주 먼 것처럼 말할 수도 있고 정말 가까이 있는 것처럼 말할 수도 있겠죠. (웃음)

　그런데 제가 드리고 싶은 말씀은, 이번 운동이 아주 다양하고 좋은데 단지 다양성(diversity)에 그쳐서는 안 된다는 겁니다. 가령 친한 친구가 파티를 열어서 초대를 받고 갔는데 음악이 좋지 않으면 오래 머물 수 없잖아요. 디제이한테 음악을 바꾸어 달라고 말하지 못하면 그냥 그걸 인정하고 나는 집에 돌아와 버리는 식이죠. 전통적으로 소수자들이 겪있던 문제들, 가령 레드라이닝(Redlining)이나 약탈적 대출제도(Predatory Lending) 같은 게 지금도 남아있고, 많은 소수자들이 이것 때문에 힘들어하고 있어요. 이번 운동이 이런 문제들, 지역

> 레드라이닝은 소수자들이 집단 거주하는 특정 지역을 표시한 후 가령 은행 대출 같은 걸 잘 해주지 않는 행동을 말한다. 특정 지역에 보이지 않는 불이익을 준다. 한편 약탈적 대출제도란 가난한 사람이 갚지 못하도록 교묘하게 대출이자 제도를 만들어서 결국 그들의 집 같은 것을 빼앗아 버리는 대출 방식이다.

의 다양한 의제들에도 영향을 미칠 수 있는 그런 운동이 되었으면 좋겠습니다.

**윌리엄** 나는 역사적 맥락을 환기하고 싶습니다. 1930년대의 급진주의(radicalism), 1960년대의 극단주의(extremism)[긍정적 의미로 이 말을 사용하고 있다]가 다시 살아난 운동이라고 생각합니다. 이런 운동의 힘은 지하의 강(underground river) 같은 거라고 할 수 있죠. 평소에는 안 보이지만 이게 표면으로 솟구치면 모든 것을 바꾸어 버립니다. 이런 운동들은 민주주의의 '본래적 약속'(original promise)을 실현하는 거라고 볼 수 있습니다. 원래부터 있던 그런 것들이 감춰져 있다가 위로 솟구치면서 드러난 것이죠. 더 거슬러 올라가면 과거 운동들과의 아이러닉한 유사성을 확인할 수 있습니다. 1870~90년대 미국 남부와 중서부의 농민들 운동. 이때는 산업자본주의가 발흥하면서 농민들이 구석에 몰릴 때입니다. 농민들은 이때 누구의 도움도 빌리지 않고 스스로 난관을 헤쳐 나가려 했어요. 나는 여기서 이번 월스트리트 점거운동과 비슷한 면을 봅니다. 농민들은 외쳤습니다. "우리는 우리 자신을 위해 이걸 해야만 한다!"(We have to do it for ourselves!) "자립하자!"(Self-reliance). 로렌스 굿윈(Lawrence Goodwin)의 『민중운동』(*Populist Movement*)에 이게 잘 기술되어 있습니다. 농민들은 창의적인 협동조합(co-op), 그러니까 농업조합, 신용조합 등을 만들어 냈어요. 이들의 운동이 실패하긴 했지만 농민들은 여기서 민주적 대화(democratic conversation)를 꾸려 나갔어요. 이들은 정말 여러 곳에서 많은 회합을 가졌습니다. 지금 우리가 물어야 할 것은 우리도 그들이 만들어 낸 협동조합 같은, 창의적인 어떤 것을 만들어 낼 수 있을 것인가 하는 겁니다. 지금 우리가 무엇을 만들 수 있는지를 물어야 합니다. 어떻게 이 사회가 재조직화되어야 하는가 하는 물음 말이죠. 누가 조직하는가, 바로 우리들, 민중들(people)입니다!

**나오미** 대안을 만들어 내는 것(building alternative)과 체제를 뒤엎는 것은 같은 게 아닙니다. 지금 OWS는 그런 점에서 대단한 책임감을 가져야 합니다. 우리는 성공해야만 해요. 그런데 내 생각에 우리는 지금 이기고 있고 이기기 시작했습니다. 예로 들자면 키스톤 엑스엘 송유관 건설에 대해 백악관에서 재검토하겠다는 이야기가 나왔어요. (환호성!) 재검토는 보통 1년 이상이 걸리기 때문에 투자자들은 정부의 재검토를 못 견디고 빠져나갈 겁니다. 그러면 이 송유관 건설은 힘들 거예요. (박수) 처음에 이 반대 운동을 할 때 우리는 승리의 가능성이 1%나 될까 생각했습니다. 그런데 그렇게 희박한 가능성을 가진 운동이 이번 OWS가 없었다면 성공할 수 있었을까요? 나는 그렇게 보지 않습니다. 이번 점거가 사회적 의제를 바꾸어 버렸습니다. 기반이 이동해 버렸어요(Ground has shifted).

사실 시애틀 이후 운동이 왕성했었죠. 그런데 9·11이 나면서 '반기업·반자본 운동'의 기세가 확 꺾여 버렸고, 운동은 결국 '반전'과 '고문 반대' 쪽으로 갈 수밖에 없었습니다. 물론 그렇다고 운동이 사라진 것은 아닙니다. 각 지역에서 '파머스 마켓'(farmers' market)을 만든다거나 하는 운동들이 계속 퍼져 나갔죠. 가령 '공동체 재생 에너지'(community renewable energy) 같은 게 이제 대안으로서 떠오를 수 있는 때가 된 것 같습니다[이제 대안 만들기에 대해 조금 말할 수 있는 수준이 되어 간다는 의미]. 일종의 '지역적 해결책'(local solution)이 나오는 것 같습니다. 그전에는

'에콜로지'와 '이코노미'를 상반된 것으로 봤습니다. 그런데 이제는 그것이 똑같은 위기가 만들어 내는, 함께 가야 하는 문제라는 것을 알게 되었습니다. 지금 우리는 여러 문제에 봉착해 있습니다. 대중교통, 클린에너지, 새로운 공동체 형성 같은 여러 과제들이 있는데 운동들이 분산되어 있죠. 이 운동들을 하나로 꿸 수 있는 힘이 필요합니다. 우리가 이제까지 '분노 모드'에서 뭔가를 했다면, 이제부터는 뭔가 새로운 것을 만들어 내는 쪽으로 가야 합니다.

**리처드** 윌리엄이 '자립'(자기의존, self-reliance)을 말하고, 나오미가 '지역적 해결책'을 말했는데, 그러면 연방정부의 역할은 어떻게 되는 겁니까. 어찌 보면 정부야말로 이런 문제들을 가장 잘 해결할 수 있는 메커니즘이 아닌가요?

**나오미** 당연히 강한 국가 개입도 필요합니다. 국가뿐 아니라 국제적 운동도 필요하구요. 그렇지만 그와 동시에 지역을 활성화시키는 것(empowerment), 탈중심화도 함께 해나가야 합니다. 가령 재생에너지를 말할 때, 그것은 현재의 중앙집중화된 에너지 시스템과 함께 갈 수는 없습니다. 절대다수의 공화당원들은 기후변화를 믿지 않는 반면 다수의 민주당원들은 그것을 믿는다고 합니다. 왜 이런 과학적 문제들에 대해 이데올로기적 분열이 일어날까요. 그 이유 중 하나는 지금 시스템으로 이득을 취한 사람들이 탈중심화를 받아들일 수 없기 때문이죠. 국가 개입이 필요하긴 하지만 우리는 거기에 대해 매우 주의를 기울이고 조심해야 합니다.

**리처드** 마이클, 당신도 전국적 의료보험 통합지급 시스템(single-pay system)을 말하고 있는데, 어떤 생각인가요.

**마이클** 지금 OWS는 유아기라고 할 수 있어요. 앞으로 더 커질 것입니다. 나오미도 환경 이슈에 대해 말했지만, 우리가 임계점(tipping point) 자체를 만들 수는 없어요. 그저 그것은 일어나는 겁니다. 그런데『애드버스터』라는 잡지가 OWS를 제안했어요. 이제는 공화당 대통령 후보 중 하나도 자기를 99%로 칭합니다. (웃음) 뱅크오브아메리카도 카드 거래 수수료 5달러 부과 방침을 철회했지요. 이 운동이 얼마나 영향을 행사하는가를 보여 줍니다. 그들은 지금 두려워하고 있어요.

> 미국 연방대법원이 법인도 인격이므로 후보 지지 광고를 할 수 있다고 판결한 이후 사람들은 '돈'이 말하게 해서는 안 된다며 '기업은 인격을 갖지 않는다'는 운동을 하고 있다.

우리에게 간당간당 남아 있는 민주주의의 원칙 중 하나가 1인 1표제죠. 우리는 더 이상 희생자(victim)의 역할을 하려 해서는 안 됩니다. 적극적인 역할을 맡아야 해요. '점거'(occupation)라는 말이 이스라엘 옆의 가자, 중동 등에서 보도될 때, 그동안 미국에서 이 단어는 '더러운 말'(dirty word)이었습니다. 그러나 지금 이 나라에서 이게 일어나면서 말의 의미가 완전히 바뀌어 버렸죠. 우리는 이 운동을 장난이 아니라 아주 심각한 것으로 생각해야 합니다. 비유컨대 배가 지금 들어왔는데 곧 떠날 겁니다. 배 들어왔을 때 뭔가를 해야 해요. 기회가 자주 오는 게 아닙니다. 그리고 이 말을 덧붙이고 싶습니다. 점거는 꼭 여기서만 해야 하는 게 아니라는 것. '난 뭘 하고 있지', '나는 OWS에 참여하기 위해 뭘 할 수 있지'를 물어야 합니다. 단 두 명이서라도 이 운동은 할 수가 있어요. 맑스와 엥겔스 두 늙은이가 런던에서 시린 손을 꼭 맞잡고 거대한 운동을 만들어 내지 않았습니까. (웃음) 우리가 적극적으로 말해야 합니다. 더 이상은 이런 체제를 받아들일 수 없다고. 이런 체제의 종언을 선언하고 과감하게 운동을 해야 해요.

* * *

**리처드** 내년에는 선거가 있습니다. 그런데 우리가 가진 양당제랄까 이런 것에 대해 어떤 생각을 갖고 있나요.

**윌리엄** 로렌스 굿윈을 다시 인용하자면 운동에는 어떤 순서가 있어요. 첫째, 체제의 심장에 공포를 심어 줘야 합니다. 지금의 대의제를 타파하고 다른 것으로 바꾸어야 할 필요가 있습니다. 둘째, 민주적 대화의 과정이 중요합니다. 내가 조심스럽게 제안해 보자면, 우리가 이 운동에서 '티파티 운동'의 참가자들, 중소 자영업자들, 군인들과 협력을 하도록 노력을 했으면 합니다. 중소 자영업자들의 경우 우리와 굉장히 많은 공유점을 갖고 있습니다. 글로벌화에 대한 반발, 대기업 문제에 대한 태도 등에서 말이죠. 군인들의 경우에도 그들 스스로, 자신들이 이용당하고 있음을 느끼는 경우가 많습니다.

**패트릭** 티파티와 OWS. 사실 공화당 론 폴(Ron Paul)의 지지자들이 이미 OWS에 와서 피켓 들고 돌아다니고 있습니다. 사실 여기 있는 대부분의 사람들, 오바마 지지하지 않았나요? 그런데 바로 그 오바마는 월가에서 가장 많은 돈을 받은 사람이기도 합니다. 우리는 정치적 이분법에서 벗어나야 해요. 두 당이 우리를 대의할 거라 기대할 수 없습니다. 그들은 돈의 영향을 받는 사람들이지 시민들에게 영향받는 사람들이 아닙니다. 처음에 티파티도 어떤 요구와 필요에서 나왔겠지만, 기존 정당[공화당]에 흡수되면서 그런 목소리가 금세 사라졌죠. 게다가 티파티 안에는 상당한 인종차별적 요소가 들어 있기도 합니다. 나는 우리가 의회 제도에 말려 들어가지(involve) 않아야 한다고 생각합니다. 나는 정부로부터 나오는 동력을 이해할 수 있지만, 최소한 지금의 형식에서 볼 때, 정부는 그 자체로 타락한 기구입니다.

**링코** 내가 세이프웨이[미국의 대형 식료품 체인]에서 겪은 일입니다. 거기서 몇몇 노동자들이 불평하는 이야기를 들었어요. 노조의 합법적 자격갱신(recertification)이 거부되었나 봐요. 내가 노동조합 문제에 관심이 많기에 무슨 일이냐고 물었죠. 내게 직접 대답은 하지 않았지만, [유색인인] 내 앞인데도 "흑인과 라틴계 놈들이 온갖 복지를 다 차지한다"라고 하는 거예요. 사실 지역에 모든 걸 맡기는 건 매우 위험합니다. 연방정부의 보호는 필요해요. 공중의 의지(public will)를 만들어 가는 게 중요해요. 결국에는 우리가 그런 사람들하고도 뭔가를 함께하기는 해야 합니다. 그런 의미에서 연방정부의 역할을 부인할 수는 없지만 지금과는 조금 다른 역할을 기대합니다. 아나키즘과 자유주의(libetarianism)는 차이가 있다고 하지만 상당히 유사한 점이 있죠. 아나키즘은 자치를 요구하고 리버테리언은 정부는 물러서고 개인이 책임지라고 합니다. 하지만 힘없는 사람들은 여전히 정부의 역할을 필요로 합니다.

> 미국에서 지역의 인종차별 정책에 연방이 개입해서 그것을 깨뜨려 온 역사를 참고할 필요가 있다.

**마이클**  사실 티파티란 게 코흐 형제(Koch Brothers)가 뒷돈 대서 만든 거 아닙니까, 대선 때 오바마 반대 운동하느라고. 아주 인종주의적이고, 사실 별로 기대하지 않습니다. 여러분, 추수감사절 때 공화당 지지자들 만나면 이런 식으로 이야기하세요. 우리는 서로 반대하는 것보다는 공통적인 게 많다고. 하지만 설득하려고 너무 시간을 들이지는 마세요. (웃음) 그들과 우리들은 다른 나라에서 사는 사람들입니다. 오바마가 천만 표 차이로 이겼는데, 그것을 분석해 보면, 백인 중에는 18~29세 그룹에서만 이겼어요. 결국 뭔가를 새로 바꾸어 갈 세력은 젊은 친구들이죠. 이 친구들은 아주 부조리한 것을 그대로 보아 넘기지 않고 참지 않습니다. 굉장한 에너지를 가진 그룹이에요. 그건 그렇고 헌법수정(Constitutional Amendment) 같은 걸 요구해 볼 수 있을 겁니다. 사람이 아닌 기업 중심의 문화라든가 돈에 매몰된 정치를 방지할 수 있는 헌법수정 같은 걸 생각해 볼 수 있지요.

**링코**  이민자가 증가하는 것은 나로서는 긍정적 소식이지만 기존의 백인들과 관계를 맺는 것도 중요하기는 해요. 그들도 나의 이웃입니다. 하지만 아직도 우리가 겪고 있는 문제들, 가령 투표 억제(Voter Suppression)가 있는데, 대표적인 예가 유권자 신분 확인법(ID Law) 같은 거죠. 지금 이번 점거 시위의 승리를 말하기는 너무 이릅니다. 아직 해야 할 일이 참 많아요. 물론 우리가 이걸 해나간다면 우리는 이기는 거겠죠.

> 사진이 부착된 신분증을 요구하는 것. 직업이나 운전면허가 없는 경우 사진 부착 신분증을 제시하기 어렵다.

**리처드**  패트릭에게 질문이 하나 들어왔습니다. 이제 겨울을 어떻게 날 건지, 우리가 어떻게 도와야 하는 건지 말해 달라고 하는데요.

**패트릭** 다양한 기부(donation)를 해주세요[occupywallst.org 참고]. 현재 많은 이들이 돕고 있습니다. 열기도 뜨겁고요.

**마이클** 알래스카 '아큐파이 앵커리지'(Occupy Anchorage) 쪽에서 겨울나기에 대해 자문해 줄 용의가 있다고 들었어요. (웃음) 겨울에 이글루 만들 생각이 있다면 뉴저지의 얼음 회사에서 자신들이 대주겠다고도 하던데. (웃음)

**패트릭** 리버티 스퀘어, 이 자리에서 산다는 것은 다른 운동과 이 운동이 다른 부분입니다. 아주 중요한 면이죠. 우리는 이것을 포기할 수 없어요. 우리는 결코 떠나지 않을 겁니다. 겨울이 물론 힘들겠지만 모두 열심히 할 거예요.

**리처드** 나오미의 생각을 듣고 싶어요. 당신은 유럽, 아르헨티나 등 여러 지역의 운동들에 대해서 알고 있지 않습니까. 이제까지의 운동들에서 우리는 무엇을 배울 수 있습니까?

**나오미** 유럽에서는 여러 해 동안 운동이 있어 왔지만 모두가 짓밟혀 버렸어요. 별 성과를 얻지 못했죠. 자유무역거래가 민주적 주권 공간을 죽여 버렸어요. 유럽 단일 통화에서 보면 알지만 개별 주권을 제약하지요. 이런 흐름들이 민주주의를 공허하게 만들고 소수의 관료나 금융가들이 나라를 운영하는 꼴을 만들어 버렸어요. 여기에는 구조적 장벽(structural barrier)이 있는데, 이는 힘의 구조(structure of force)에서 생겨납니다. 기업, 미디어 등이 힘의 구조를 형성하지요. 그리스의 국민투표 같은 것도 조작적인 (manipulative) 것이고 별로 호응을 받지 못했어요. 우리가 봉착한 것은 자유민주주의(liberal democracy)의 한계라고도 할 수 있습니다. 볼리비아의 예를 들어 보면, 실제 이 나라를 지배하는 것은 신자유주의 정책이죠. 아르헨티나에서는 이런 정책에 반대하는 흥미로운 운동이 일어났습니다. 내가 「테이크」 (The Take)라는 다큐멘터리에서도 소개한 건데요, 어마어마한 사람들이 해고되니까 이들이 공장을 점거하고 거기서 캠핑을 했습니다. 이들은 점거를 유지하기 위해 거기서 옷을 만들어서 팔았지요. 자율적으로 공장을 운영했어요. 네이버후드 어셈블리(Neighborhood Assembly) 같은 걸 통해서 스스로 운영을 했죠. 옷을 만들기도 하고, 타일 같은 걸 만들어서 기부도 하고……. 그런데 미국에서는 아직 이런 활동이 일어나지 않고 있어요. 내가 정말 듣기 싫은 말 중 하나는 '사람들은 최악에 이르러서야 뭔가를 하기 시작한다'는 말입니다. 우리가 지금 밟아야 할 단계는 첫째가 '점거'(occupy)이고, 둘째는 '저항'(resist) ― 대상은 보통 경찰인데 ― 이고, 셋째, 제일 중요한 단계가 '생산'(produce)입니다. 뭔가 만들어 낸다는 게 정말 중요합니다. 가령 지금 아르헨티나의 경우 네이버후드 어셈블리는 사라지고 없습니다. 하지만 그들이 만든 공장은 그대로 남아 있어요. 그런 의미에서 점거만으로는 충분치 않습니다. 우리도 무엇을 만들지 고민해야 합니다.

> 나오미 클레인과 애비 루이스(Avi Lewis)가 함께 찍은 다큐멘터리 필름. 2001년 아르헨티나 경제 위기 때 노동자들의 자율적 공장 점거를 다뤘다.

**윌리엄** 몇 가지 제안을 하고 싶어요. 우선 헌법수정. 우리가 우리에게 필요한 수정들 몇 개는 만들 수 있습니다. 기존 법 중에서도 지켜지지 않는 게 있어요. 가령 프랭클린 루스벨트 때 만든 와그너법(Wagner Act) 같은 것. 이게 오랫동안 무시되고 있는데 우리는 왜 침묵을 지키는지 모르겠습니다. 둘째, 채무 탕감. 여러 사회에서 모든 채무를 탕감하는 '희년'이라는 게 있는데요, 미국식 희년 제도를 생각해 볼 수 있지 않을까요? 이것이야말로 지금 위기에 대한 진정한 경제적·도덕적 답변이 될 수 있다고 봅니다. 여기에는 학자금 대출이나 주택 대출이 다 포함되는 것이고, 이를 우리가 정치의 중심 의제로 제기해 볼 수 있지 않을까요? 많은 경우 은행들은 특정한 정도의 부채는 회수할 수 없다는 걸 알고 있습니다. 그러면서도 사람들을 마지막 한 방울까지 쥐어짜는 것이죠. 결국 자본주의란 어느 정도 회수되지 않는 채무는 그 안에서 다룰 수 있게 되어 있습니다. 그런데 개인 레벨로 가면 개인을 망가뜨리고 마는 장치가 됩니다. 채무를 탕감하는 것은 성경에도 있는 정신이죠. 실제로 대형 은행들도 이런 탕감을 받지 않았습니까? 그런데 왜 개인들에 대해선 그걸 할 수가 없단 말입니까.

**마이클** 우리는 지금 스물두 살 된 젊은이들을 채무자 감옥(Debtor's Prison)으로 보내고 있는 겁니다. 그렇게 해서 이 젊은이들은 자기 삶에서 뭔가를 탐구하고 실험해 보고 새로운 것을 발견할 수 있는 기회를 다 박탈당해 버리죠. 이로써 우리 사회가 잃는 걸 한번 생각해 보세요. 다양한 문화유산이라든가 예술이라든가, 그들이 이루어 낼 수 있는 성취들을 우리는 잃어버리는 겁니다. 그들이 빚을 갚기 위해 20년, 그 이상을 허덕이는 동안 결국 우리 사회는 그만큼 희생을 당하고 있는 겁니다.

**리처드** 모두에게 마지막 질문을 던져 볼게요. 지금 점거 중인 리버티 스퀘어를 가면 굉장히 활기차고 뭔가를 할 수 있다는 생각이 듭니다. 하지만 한 블록만 더 가면 사람들은 여전히 옛날처럼 쇼핑을 하죠. 우리는 갑자기 외롭게 느껴집니다. 우리가 지금 점거운동을 확장시키는 데 가장 큰 장애가 무엇이라고 생각합니까.

**패트릭** 리버티 스퀘어 그 자체가 이 운동의 가장 문제라고 생각합니다. 사람들은 이 광장을 점거함으로써 이 운동이 리버티 스퀘어라고 하는 한정된 공간 안에서 일어나는 운동이라고 생각하는 경향이 있어요. 사실은 그런 게 아닙니다. 이 운동은 모든 사람이 모든 곳을 점거하자는 운동입니다. 그런 면에서 이 운동은 절실하고 이 운동을 퍼뜨려 나가기 위해서는 우리 모두가 노력을 해야 해요. 많은 제약과 문제가 있기는 하지만, 나는 우리가 그런 것을 넘어설 수 있을 거라고 생각합니다.

**윌리엄** 우리 역사 속에서 이 문제를 다시 생각해 보자고 말하고 싶어요. 성공적인 운동들은 그런 캠페인에 의해서가 아니라 사람들에게 메시지를 전하고 가르치고 훈련하는 과정들을 통해서 성공적으로 이끌어져 왔습니다. 로렌스 굿윈의 책 이야기를 다시 하자면, 19세기 말에 농민운동을 할 때 가장 큰 힘이 되었던 것은, 『내셔널 이코노미스트』(*National Economist*), 『내셔널 리폼 프레스 어소시에이션』(*National Reform Press Association*) 등입니다. 이들이 이런 메시지를 전달하고 사람들을 교육시키는 데 큰 역할을 했죠. 이 당시 사람들을 공통적으로 묶었던 변수는 가난이라는 것밖에 없었어요. 그런데 지금 우리는 그보다는 훨씬 큰 테두리로 묶일 수 있습니다. 그만큼 폭이 커요.

**나오미** 우리의 가장 큰 적은 두려움에서 생겨난 오랜 못된 습관들인 것 같습니다. 이 운동은 한편으로 굉장히 흥미진진하지만 다른 한편으로는 두렵기도 해요. 왜냐하면 우리가 시도하는 것은 근본적인 변화를 요구하는 것이고, 전 지구적인 차원에서 이제까지 해보지 않은 새로운 시도를 해보는 것이라고 할 수 있어요. 그렇기 때문에 이런 공포가 우리로 하여금 이 운동을 예전에 해왔던 식으로 관성적으로 해나가게 할 위험이 있지요. 내가 특별히 하고 싶은 이야기는 옆의 동료들을 아주 따뜻하게 대해 주었으면 하는 겁니다. 우리가 싸우고 있는 적은 역사상 가장 강한 적이고 그래서 우리는 서로 협력해야 하는데, 우리 좌파들의 과거가 내부적인 분열이라든가 이런 것에 시달려 왔고 때로는 아무것도 하지 않는 것을 합리화하려는 관성들이 있었어요. 그런 점에서 우리는 우리 동료들과 특별히 힘을 다 합쳐서 일을 처리해야 합니다. 이런 점에서 우리 자신의 가장 큰 적은 우리 자신이라고 할 수 있습니다. 덧붙이자면 운동에서는 창의적 정신이 참 중요합니다. 가령 이 운동을 예술적인 것과 결합시킨다든가, 새로운 실험들을 해본다든가. 우리가 해보지 않은 운동을 하는 데 이런 것들이 용기를 불러일으킬 수 있을 겁니다.

**링코** 이 운동이 지금처럼 많은 이들이 컨센서스를 이루는 운동이 되지 않고, 다시 위계질서를 세우고 그것에 따르는 예전의 운동을 반복한다면 그것이 가장 큰 문제가 될 것 같습니다. 컨센서스를 만들어 가는 과정이 매우 중요하고 여러 사람이 이 과정을 경험해 나가는 것이 정말 중요하다고 생각합니다.

**마이클** 우리는 긍정적 사고(optimism)로 무장할 필요가 있습니다. 냉소주의를 떨쳐 버립시다. 물론 긍정적 태도를 갖는 것, 낙관한다는 것은 쉬운 일은 아니죠. 하지만 우리가 낙관한다고 해서 그게 우리를 죽이진 않아요. (웃음) 난 토마토를 못 먹었었는데 [최근] 토마토를 처음으로 먹어 보게 되었어요. 그것 먹고 죽진 않더군요. 그렇게 두려웠는데 말이죠. (웃음) 그런 점에서 자꾸 새로운 방법을 시도해 보고 지금 운동을 하는 젊은이들로부터 뭔가를 열심히 배우려 할 필요가 있어요. 이 운동은 리더가 없는 운동이고, 그런 의미에서 모든 사람이 리더인 운동입니다. 자신이 할 수 있는 것들, '당신의 이웃[마을]을 점거하세요'(occupy your neighborhood). 신용카드를 안 쓰는 것, 대형 은행에서 지역 은행으로 돈을 옮기는 것 등 우리가 할 수 있는 것들은 많아요. 가장 큰 문제는 고립감입니다. 이런 것들이 굉장한 공포를 주죠. 그런데 가만 생각해 보면, 미국은 결코 공화주의자들이 지배하는 그런 보수적인 나라가 아니에요. 반대로 미국은 대부분의 주제들에 있어서 진보적인 입장을 지지한 사람들이 다수입니다. 전쟁에 반대하는 것, 환경 문제에 관심을 갖는 것. 다만 사형 문제 정도가 예외일까. 대부분 논란이 되는 주제들에서 다수가 지지하는 것은 진보적인 의제입니다. 생각해 보세요. 페미니즘이 처음 나타났을 때도, 베트남전 반대 운동도, 인권운동도, 처음에는 다 엄청난 반대에 부닥쳤습니다. 그래서 이런 운동들이 동력을 얻는 데는 여러 해가 걸렸죠. 그런데 지금 월스트리트 점거운동은 시작한 지 얼마 되지도 않았는데 엄청난 지지를 받는 운동이 되었어요. 이것이야말로 개개인들이 뭔가 창의적인 것을 할 수 있는 아주 좋은 토양이죠. 그래서 스스로가 자기 운동의 대변인이 되고, 자기 운동의 리더가 되고, 그래서 자신들의 이야기들을 했으면 좋겠어요. 나를 포함해서 여기 나온 사람들이 당신들의 대변인이라고 생각지 않았으면 좋겠습니다.

**윌리엄** 평소에는 잘 보이지 않지만 어느 시점엔가 갑자기 밖으로 튀어나와서 모든 것을 바꿔 버리는 그런 것을 우리가 지금 맞이하고 있다는 생각이 듭니다. 그런데 이런 운동은 위험성이 아주 큰 기획이라고 할 수 있죠. 실패하기도 하고, 짓밟히기도 하고, 한쪽으로 밀쳐지기도 하고. 이런 운동들은 아주 쉽지 않은 것들이지만 계속해서 또 다시 돌아옵니다. 그런 의미에서 지금 우리가 하고 있는 것에 대한 거시적 관점을 가졌으면 좋겠어요.

**현장리포트 19**
# 점거와 철거 _운동의 물리적 장소를 둘러싼 싸움

## 1. 주코티 공원과 리버티 스퀘어

'주코티 공원'과 '리버티 스퀘어'는 야곱과 이스라엘처럼 동일한 것의 다른 이름이다. 주코티 공원은 맨해튼 남쪽 3,100평방미터의 작은 공원이다. 소유는 사적인데 이용은 공적으로 하게 되어 있는 묘한 공간이다. 뉴욕시가 개발을 허용하는 조건으로 일부 면적을 공적 용도로 만들라고 했기 때문이다. 현재는 부동산회사인 '브룩필드 프로퍼티'(Brookfield Properties)가 소유하고 있다. 공원 이름은 이 회사의 회장 존 주코티(John Zuccotti)의 이름에서 따온 것이다. 그런데 '점거'가 일어난 뒤 사람들은 '주코티 공원'을 '리버티 스퀘어'로 부른다.

단순히 이름만 바뀐 것이 아니다. 주코티 공원을 지배하는 사적소유권은 사실상 행사되지 못했다(브룩필드 회사는 청소 등의 이유를 들어 점거자들을 몰아내려고 했지만 실패했다). 사적소유의 기능이 일정하게 제한된 반면 공적 기능은 훨씬 강화되었다. 사람들은 여기서 음식과 책, 음악과 춤을 함께 나누었다. 과거엔 공공 공원이라고 해도 그저 개인들이 쉬는 공간, 말 그대로 커피 한잔도 따로 마시는 곳이었지만, 점거 이후에는 모두가 서로에게 말과 음식을 권하는 공간으로 변했다. 즉 개인들의 무리에서

11월 15일 전격적으로 이루어진 리버티 스퀘어 철거 장면.

공동체로 변한 것이다.

일종의 성체변환이 일어난 셈이다. 높은 빌딩숲 사이의 작은 쉼터에 불과했던 공원은 숙박시설과 주방과 미디어 센터, 공연장, 도서관, 정치적 토론장까지 갖춘 사실상의 마을이 되었다. 무엇보다도 주코티 공원은 월 스트리트의 구성물이었던 반면 새로 태어난 리버티 스퀘어는 월스트리트에 반대하는, '반(反)월스트리트적 구성'의 중심이라고 할 수 있다. '점거 행위'가 '주코티 공원'을 '리버티 스퀘어'로 바꾸어 버린 것이다.

## 2. 명령어 — '월스트리트를 점거하라'

이러한 성체변환은, 들뢰즈(Gilles Deleuze)와 가타리(Félix Guattari)의 표현을 빌리면, 일종의 '비물체적 변형'(incorporeal transformation)이라고 할 수 있다. 이들에 따르면 가령 판사가 누군가에게 유죄를 선고하는 순간, '피고'는 '죄수'로 순식간에 그리고 즉각적으로 바뀌어 버린다. 사람만이 아니라 공간도 그렇다. 비행기 납치범이 권총을 들고 일어서 소리치는 순간 '비행기'는 '감옥'이 되고 '승객들'은 '인질'이 되고 만다. 하지만 변화 '이전'의 상태나 변화 '이후'의 상태를 나타내는 말들에는 '변화' 자체가 담겨 있지 않다(베르그손이 '자유'란 행위 이전도 행위 이후도 아닌, 행위가 지닌 색깔이라고 말한 것도 이와 관련이 있을 것이다). "이 사람은 피고입니다", "이 사람은 죄수입니다" 등에는 변화, 즉 '피고에서 죄수로 변하는 사건'이 들어 있지 않다. 이번 점거를 빗대어 말하자면 주코티 공원의 모습과 리버티 스퀘어의 모습은, 전자에서 후자로의 변신이 어떤 것이었고 어떻게 가능했는지를 말해 주지 않는다.

들뢰즈와 가타리가 든 예로 돌아가 보자면 이 변신을 담고 있는 것은 판사의 선고이다. "피고에게 유죄를 선고한다"는 말, 즉 '피고'와 '죄수'를 잇는 판사의 선고에 그런 변형이 들어 있다. '피고'나 '죄수'를 규정짓는 물체적(corporeal) 상태가 아니라, 그 사이에서 일어나는 변화가 표현되어 있다는 것이다. 피고에 대한 판사의 선고는 그런 비물체적 변형(사건event)을 담고 있다. 그리고 그뿐만 아니라 선고 자체가 그런 변형을 불러일으키는 행위이기도 하다(그의 말은 단순한 '언표'가 아니라 '언표-행위'이다). 피고의 물리적 신체를 건드리지 않으면서도 선고는 중대한 변형(비물체적 변형=사건)을 가져오는 것이다. 이러한 변형이 일어나면 '죄수'가 된 신체는 전혀 다른 규칙(코드)과 전혀 다른 공간의 규정을 받는다. 포도주와 빵을 주며 '이것은 내 피요 내 살이다'라고 말한 예수의 언명과 그 언명이 불러일으키는 변형에 빗댈 수 있을까. 예수의 언표 행위는 그것을 듣는 이를 예수처럼 변형시킨다.

신체에 달라붙은 유령처럼 주코티 공원에는 무언가가 달라붙었고 어

경찰은 점거자들을 몰아내고 '리버티 스퀘어'를 다시 '주코티 공원'으로 돌려놓았다.

떤 변형이 일어났으며 그로 인해 리버티 스퀘어가 되었다. 판사의 선고, 예수의 언명과 같은 말이 여기서도 울려 퍼진 것이다. "월스트리트를 점거하라."

물론 아무나 어느 때나 그런 말이 유령처럼 달라붙어 사건을 일으키는 것은 아니다. 하나의 말이 어떤 거대한 성체변환, 어떤 비물체적 변형을 불러일으키는 것은 그것이 선포될 때의 상황과 배치에 긴밀히 연관되어 있다. 특히 상황이 매우 고양되어 있을 때는, 위대한 성인이나 혁명가가 아니어도, 어린아이의 말조차 그런 변형을 낳는 언어가 될 수 있다(아주 건조한 환경에서는 작은 불꽃 하나가 거대한 불길로 바뀔 수 있다).

몇몇 젊은이들이 던진 '월스트리트를 점거하라'는 말 한 마디는 '점거되어야 마땅할 장소'로서 '월스트리트'를 규정해 버렸고, 그들의 언표 행위에 이은 점거는 '주코티 공원'을 단번에 '리버티 스퀘어'로 바꾸어 버렸다. 나무 한 그루, 벤치 하나 옮긴 것이 없지만 공원은 성체변환을 겪었다. 사실 '우리는 99%다'라는 말도 그렇다. 통계적으로야 99%는 언제나 존재했다. 그것은 98%도, 70%도, 30%도 언제나 존재했다는 점에서 그렇다.

그러나 '우리는 99%다'라는 말은 '99%로서의 우리'를 창조해 버렸다. 1% 와 99%는 단순한 통계적 수치를 넘어서 명확히 식별되는 하나의 그룹이 되고 말았다. 여기 언론에서는 이제 '1%'가 지난 수십 년간 미국 전체 소득에서 차지한 비율의 추이를 계속해서 발표한다. 심지어 보수적인 공화당 인사마저 '자신은 99%다'는 말을 해야 할 정도가 되었다. 마치 맑스와 엥겔스가 아직 프롤레타리아트가 하나의 신체로서 구분되지 않았을 때 '만국의 프롤레타리아트여 단결하라'고 외치면서 프롤레타리아트를 현실화시켰듯이 말이다. '인구'라고 하는 미규정적이고 미분화된 신체에서 하나의 신체를 구분해 내는 언명, 어떤 변신이 '월스트리트를 점거하라', '우리는 99%다'는 슬로건(들뢰즈와 가타리는 이를 '명령어'라고 불렀다)을 통해 일어난 것이다. 이 말은 그 안에 변형의 내용을 담고 있으면서 동시에 그 변형을 촉발하라는 요구이자 명령이다.

### 3. 점거와 철거, 그리고 재점거

그런데 지난 11월 15일 이른 아침, 블룸버그 뉴욕 시장은 경찰을 동원해서 리버티 스퀘어를 급습했다. 그는 미국인들에게는 수정헌법 1조에 의거한 '표현의 자유'가 있다며 크게 법을 어기지 않는 이상 점거자들은 계속해서 거기 머물 수 있다고 말한 적이 있다. 하지만 철거 후 그는 기자회견을 통해 공원 내 안전과 위생 문제가 걱정이 되어 전격적으로 철거를 단행할 수밖에 없었다고 말했다(어느 코미디언은 안전과 위생이 문제였다면 주코티 공원이 아니라 뉴욕을 철거해야 한다고 이 기자회견을 비꼬았다).

이른 아침 소셜네트워크를 통해 이 소식이 급히 퍼지면서 순식간에 수백 명(나중에는 수천 명)이 모여들었다. 경찰은 온갖 물건들을 마구잡이

점거자들을 내몰고 공원 물청소를 하는 모습. 뉴욕시는 과연 공원에서 일어난 비물체적 변형을 지울 수 있을까.

로 트러에 실었다. 도서관의 책들이 거리에 내던져졌고 주방의 물품들도 팽개쳐졌고, 텐트들이 찢긴 채 뒤엉켜 트럭에 실렸다. 미디어 센터에 있던 컴퓨터들도 일부 손실을 입었다. 항의하던 시민들 수십 명이 그 자리에서 바로 연행되었다. 그러고는 점거의 물리적 장소였던 공원에서 유령 같은 모든 흔적들을 지우려는 듯 물청소를 열심히 해댔다. 당시 누군가의 표현을 빌리자면 '이제 점거를 하고 있는 것은 경찰'이었다.

경찰의 점거는 과거에 텅 빈 공간이었던 주코티 공원이 사실은 미국의 경찰 권력에 의해 꽉 찼던 곳임을 뒤늦게 폭로하는 효과를 냈다. 다시 말해 주코티 공원으로 상징되는 월스트리트라는 공간은 점거 이전에도, 자본과 국가경찰권력에 의해 점거되고 있었음을 상징적으로 보여 주었다. 그렇게 보면 리버티 스퀘어를 탄생시킨 이번 점거는 사실은 '재점거'(Re-Occupy)였던 셈이다. 많은 사람들은 지금 리버티 스퀘어(혹은 다른 장소)를 어떻게 재점거할 것인지를 고민하고 있다. 하지만 애당초 처음의 점거 자체가 '재점거'이고 '탈환'이었다면, 재점거의 고민은 특별한 고민이

리버티 스퀘어 철거 후 수천 명의 사람들이 다시 그 장소에 모여 제너럴 어셈블리를 열었다.

라기보다 처음의 점거를 어떻게 반복할 것인지, 어떻게 새로운 형식 속에서 그것을 밀고 갈 것인지의 문제라고도 할 수 있다. 즉 당황하고 놀랄 일은 아니라는 것이다.

『네이션』과 '뉴스쿨'이 공동주최한 토론회(18호 리포트 참조)에서 점거 제안자 중의 한 사람이었던 패트릭은 '이번 점거의 가장 큰 장애물이 무엇이냐'는 사회자의 물음에 '리버티 스퀘어 자체'라고 답했다. 사람들이 점거가 이루어지고 있는 물리적 장소로서 리버티 스퀘어에 주목하면서, 이 운동을 이 공원에 한정된 것이라고 생각할 수 있다는 것이다. 월스트리트, 리버티 스퀘어는 어디에나 있다는 사실을 그는 강조했다.

지금은 묘한 국면이다. 이제 경찰이 리버티 스퀘어를 철거함으로써 좋든 싫든 점거의 물리적 장소 문제는 새로운 상황에 놓이게 됐다. 보수적 성향의 「폭스 뉴스」에서는 이제 월스트리트 점거운동은 사실상 끝났다고 선언했다. 정말 그럴까. 물론 물리적 장소는 운동에 있어 정말 중요하다. 물리적 장소가 없다면 슬로건은 유령처럼 겉돌 것이다. 성령은 신체를 찾지 못한 채 다만 '불온한 기운'으로서만 세상을 방황할 것이다. 그러나 패트릭의 말처럼 그것이 특정한 장소여야만 하는가는 다른 문제다. 경찰도, 보수 언론도 그렇게 생각한다. 그리고 그 장소만 철거하면 된다고 생각한다. 그러나 이번 시위 형태를 보면 그들의 예상이 맞아떨어질 것 같지는 않다. 운동에 지도자도 없고, 단일한 요구도 없다는 걸 도무지 이해할 수 없던 이들이, 운동이 단일한 장소에서만 일어나는 게 아니라는 것을 이해할 수는 없을 것이다.

물론 상황이 쉽지는 않다. 이제 뉴욕시는 점거를 쉽게 허용하지 않을 것이다. 당분간은 '행동의 날'(Day of Action)에 맞춰 대규모 시위를 할 것이다. 그리고 이곳저곳에서 중소 규모의 점거들이 계속 이어질 것 같다. 학습 효과는 양쪽 모두에게 있다. 이번 점거의 위력을 알게 된 뉴욕시는 이제는 점거의 초동 단계에서부터 강력 저지할 것이고, 점거의 방법을 알게 되었을 뿐만 아니라 자신과 생각이 같은 이들이 많다는 사실을 알게 된 대중들은 여기저기서 행동에 나설 것이다.

**현장리포트 20**
# 불복종

## 1. 시민들은 시민들을 위해 싸운다

11월 17일은 월스트리트 점거 시위가 시작된 지 두 달째 되는 날이었다. 며칠 전부터 점거자들은 이날을 기념해서 전국적 공동행동을 촉구하고 있었다. 그런데 이틀 전 경찰이 리버티 스퀘어를 철거하면서 상황은 크게 변화했다. 점거 시위가 또 하나의 중요한 변곡점을 맞은 것이다. 철거 이후, 언론에서도 이번 시위가 계속 이어질 수 있을지 의문이라고 했다. 트위터와 페이스북에는 17일 행동에 나설 것을 촉구하는 많은 글들이 올라왔다.

17일 아침, 경찰이 이미 맨해튼 남쪽에 새까맣게 깔렸다. 70년대 반전 시위 이후 이렇게 많은 경찰이 동원된 적은 없었다고 한다. 그러나 사람들은 전혀 주눅 들지 않았다. 출근 시간도 전인 이른 아침부터 '월스트리트를 셧다운시키자'는 구호를 내걸고 수천 명의 사람들이 뉴욕 증권거래소 근처에 모였다. 증권거래소 업무 시작을 알리는 종소리를 저지하려는 것이었다. 경찰이 출동해서 사람들을 밀어내고 연행했다. 오전이 되자 곳곳에서 대학생들이 결합했고 맨해튼 남부에 있는 뉴스쿨 대학에서는 학생들이 대학의 일부 공간을 점거하기도 했다.

17일 시위에 나선 뉴욕 시민들. 경찰 추산으로 3만 명이 넘었다(사진 출처: occupywallst. org).

오전의 상황을 지켜본 잡지 『네이션』의 존 니콜스(John Nichols)는 「데모크라시 나우」와의 인터뷰에서 이렇게 말했다. "주코티 공원이라는 공간을 유지할 것인지에 대해서 정말 많은 이들이 관심을 가졌습니다. 그건 중요했지요. 하지만 지금 상황을 보면 사람들이 이 운동에 대해서 원하는 게 뭔지를 보여 줍니다. 그건 이런 겁니다. '좋아, 네가 이 공원에서 우리가 머무는 걸 허락하지 않겠다고? 그래, 잘됐네. 이제 우리는 어디든 갈 거야.' 지금 우리는 그걸 보고 있습니다. 1년 전만 해도 누가 예상이나 했겠습니까. 2011년 11월, 이렇게 춥고 비가 오는 날에 수천수만의 젊은이들을 뉴욕시에서, 그리고 전국의 도시들에서 볼 거라고 말이죠. 무언가가 변했습니다. 우리 언론인들도 이것을 주의 깊게 보기 위해서 밖으로 나와야 합니다."

오후 5시, 도시는 이미 깜깜해졌지만 사람들은 더욱 타올랐다. 나는

(왼쪽) 17일, 뉴스쿨 대학생들이 점거를 알리며 건물 외벽에 텐트를 내걸었다. "이미 도래한 사상을 밀어낼 수는 없다"(사진 출처 : occupywallst.org).

(오른쪽) 같은 날 저녁 뉴욕시청 뒤편. 수천 명의 사람들이 꽉 들어찼다.

집회가 예정된 폴리 스퀘어(Foley Square)로 가 보았다. 경찰은 도로 곳곳을 차단하고 있었지만 우회 도로를 통해 시위에 참여하는 것을 막지는 않았다. 기본적으로 인도에서 시위를 벌이는 것은 문제 삼지 않았다. 폴리 스퀘어 근처에 이르자 수천 명의 사람들이 나타났다. 이 사람들은 브루클린 다리를 향해 행진하려고 했다. 브루클린 다리는 이번 점거의 상징적인 장소이다. 점거 시위가 시작된 지 얼마 되지 않았을 때 사람들은 브루클린으로 점거를 확장한다는 의미로 그 다리를 향해 행진했다. 경찰은 교통 통제까지 해주면서 행진을 허용하는 것처럼 보였지만 결국 다리 위에서 무려 700명이나 되는 시위대를 연행해 버렸다. 하지만 대규모 연행은 시위대를 위축시키기는커녕 더 많은 시민들을 시위대에 가담하게 만들었다. 17일의 행진이 다시 브루클린 다리로 향한 것은 월스트리트 점거가 두 달이 되었음을 알림과 동시에 이틀 전에 있었던 리버티 스퀘어의 철거에 맞

> 이날 행진에 참여한 노동조합은 브루클린 다리를 전혀 다른 상징적인 맥락에서 받아들였다. 브루클린 다리는 미국의 낙후된 사회적 인프라를 상징한다. 오래전에 건설되어 이곳저곳 수리를 해야 한다. 노동조합은 이 다리를 향해 행진함으로써, 정부의 재정이 사회적 인프라에 투자되어야 하며 그것을 통해 더 많은 일자리를 창출해야 한다는 메시지를 전하려 했다.

서 새로운 점거운동이 시작된다는 것을 선언하려는 것처럼 보였다.

행진하는 대열 말고도 여러 사람들이 여러 곳에서 구호를 외치고 있었다. 한쪽에서는 "이것이 바로 민주주의다!"를 외치고, 다른 쪽에서는 "우리는 99%다!"를 외쳤다. 등록금 인상에 항의하는 학생들도 많았지만 이들 못지않게 나이 든 시민들과 이민자들이 많이 참여했다. 항의 시위가 민중 일반으로 이미 깊이 퍼져 있다는 인상을 받았다.

이날 시민들의 구성은 지난 리버티 스퀘어에서 본 것보다도 훨씬 다양했다. 그동안 점거를 주도한 사람들이 젊은이들이고 인종적으로 백인이 많다는 지적이 있어 왔지만, 나는 이날 저녁 정말 다양한 연령, 다양한 인종의 사람들을 보았다. 세계에서 가장 다양한 인종적·문화적 구성을 가진 뉴요커들이 그대로 나왔다는 느낌을 받았다. 뉴욕시 당국은 월스트리트 점거를 '일부 젊은이들의 소요' 정도로 치부했는지 모르지만, 이 젊은이들의 배후가 만만치 않다는 게 이날 저녁 분명히 드러났다. 경찰 추산만으로도 이날 시위에 참여한 시민들은 3만 명이 넘었다. 리버티 스퀘어를 점거했던 게 단지 몇 명의 젊은이가 아니라 '뉴욕 시민들'의 분신이었다는 것, 리버티 스퀘어는 단지 월스트리트의 한 구역이 아니라 뉴욕 전역이라는 것을 보여 준 셈이다.

노동조합이나 시민운동단체의 소속 없이 혼자서 혹은 둘이서 조용히 피켓을 들고 서 있는 사람도 많았다. 내가 본 어느 노부부는 지하철역 입구에서, 리버티 스퀘어를 철거한 뉴욕시와 경찰에 항의하는 피켓을 들고

한 퇴역 군인이 든 피켓. "나는 이 나라를 위해 싸웠다. 그러나 이제는 시민들을 위해 싸운다."

한동안 서 있었다. 경찰의 폭력보다 훨씬 강한 힘을, 그 노부부를 보며 느꼈다. 그들 곁에는 한 나이 든 참전 군인이 서 있었다. 그의 피켓이 눈에 띄었다. "나는 이 나라를 위해 싸웠다. 이제는 시민들을 위해 싸운다."

경찰은 공원에서 시위대를 추방했지만 그것은 결국 시위를 공원 바깥으로 끌어낸 꼴이 되었다. 뿐만 아니라 리버티 스퀘어에 대한 경찰의 공격은 시민들의 어떤 인식 변화를 초래하고 있는 것 같다. 이번 철거가 '99%' 시민들에 대한 공격으로 해석되면서 '정부'와 '시민' 사이에 인식적 균열이 생기고 있다. '내 나라', '내 정부', '우리 경찰'이 자꾸 '그들의 나라', '그들의 정부', '그들의 경찰'로 보이기 시작한다는 것이다. 이날 시위는 경찰의 공격에 맞서 '시민들이 시민을 위해 싸우겠다'고 일어선, 매우 의미 있는 시위라고 할 수 있다.

## 2. 우리는 배교자들이다

이 중대한 변화의 상징적 몸짓을 브루클린 다리로 이어지는 길목에서 목격했다. 내 앞에는 서비스노조인 SEIU(Service Employees International Union), 뉴욕 시민운동 조직인 '뉴욕연대'(UnitedNY), 그리고 뉴욕 소수자들의 다양한 쟁점들을 가지고 싸우는 조직인 '목소리-뉴욕'(Vocal-NY) 사람들이 있었다. 이들 중 상당수는 '99%'라는 문구가 적힌 하얀색 티셔츠를 입고 있었는데 서로 손을 맞잡고 "우리는 99%다", "이것이 바로 민주주의다"라는 구호를 외치더니 점점 대열 한쪽부터 도로로 들어가기 시작했다. 앞에는 경찰이 새까맣게 깔려 있고, 대열 앞에는 '도로로 내려오면 연행하겠다'는 경찰의 경고방송과 함께 전광판이 번쩍이고 있었지만 이들은 아랑곳하지 않았다.

젊은 대학생도 있었고 중년 아저씨도 있었고 나이 든 할머니도 있었다. 백인도 있었고 흑인도 있었고 라틴계와 아시아계 사람들도 있었다. 경찰을 바로 앞에 두고서 그들은 서로 손을 굳게 잡고는 한 명씩 한 명씩 계속해서 도로로 걸어 내려갔다. 정말 뭉클한 장면이었다. 그것을 보던 많은 이들이 큰 목소리로 외쳤다. "민주주의가 뭔지 보여 달라!" "이것이 민주주의다!" 말 그대로였다. 이것이 바로 민주주의이고, 이것이 바로 '불복종' (disobedience)이었다.

경찰의 경고에도 불구하고 도로에 내려선 시민들의 행위는 당장에 불법, 다시 말해 범법 행위로 처벌될 것이다(가령 도로교통법 위반). 하지만 불복종은 엄밀히 말해 범법 행위가 아니다. 그것은 한마디로 법의 '근거 와해'이다. '법의 힘'은 '권위'(authority)로부터 온 것인데(아감벤은 법 이전에, 법에 힘을 주는 원천으로서의 '권위'를 '쌨의 힘'이라고 부른 바 있다), 법이

도로에 내려오면 연행하겠다는
내용의 전광판이 켜졌다.

경찰의 경고에도 불구하고 시민들
이 손을 잡고 한 명씩 도로로 내려
가고 있다.

의존하는 '권위'란 사실상 '복종'과 동의어이다. 권위가 그 자체로 힘의 원천일 수 있는 이유는 사람들이 거기에 '복종'한다는 사실 때문이다. 따라서 불복종은 특정한 법규범을 어기는 행위가 아니라 법의 근거인 '권위=복종' 자체를 와해시키는 행위이다. 이렇게 되면 법은 아무런 권위 없이 존재하는 강제 명령에 불과하게 된다. 경찰이 갖는 물리적 힘은 유지되겠지만 그것의 '공적' 성격 자체는 박탈되는 것이다. 그 순간 공권력은 사적인 폭력, 다시 말해 조직폭력배가 행사하는 강제력과 크게 다를 바 없어진다. 공권력은 사적 폭력 내지 특수 폭력이 되고, 더 나아가면 정부 자체가 그 공적 지위를 부인당한다. 이 경우 불복종에 나선 시민들은 강제력에 의해 제압될 수는 있어도 범죄자로서 처벌될 수는 없다. 그들은 패배할 수는 있어도 처벌될 수는 없다는 것이다.

따라서 시민들이 손을 잡고 경찰 앞에서 보란 듯이 발걸음을 도로에 내딛을 때, 그것은 사실상 엄청난 메시지를 정부에 보내는 것이다. 즉각적으로는 이번 리버티 스퀘어에 대해 경찰이 자행한 공격의 정당성을 인정하지 않겠다(다시 말해 그것을 공무집행으로 인정하지 않겠다)는 메시지이며, 장기적으로는 정부가 '99%'의 목소리를 외면하고 '1%'를 위한 정책을 계속해 나갈 경우 정부의 공적 성격, 다시 말해 그것이 자신들의 정부임을 부인하겠다는 메시지이다.

이처럼 불복종은 당연하지만 우리가 너무나 자주 잊어버리는 사실, '시민이 정부에 의존하는 게 아니라 정부가 시민에 의존한다'는 사실을 확인시켜 주는 행동이다. 현재의 정부, 즉 현재의 거번먼트는 대중들이 가질 수 있는 여러 거번먼트 중의 하나일 뿐이라는 사실을 명확히 일깨워 주는 행동이라고 할 수 있다. 정부가 시민들을 배신하는 순간, 시민들은 언불복종의 표시로 경찰의 눈앞에서 도로에 내려온 시민들을 경찰이 연행하고 있다. 시민들은 끌려가면서도 "우리는 99%다", "이것이 바로 민주주의다"를 계속해서 외쳤다.

"우리는 배교자들이다. 우리는 우리 자신의 철학을 가진 민중이다. 우리, 당신과 나 같은 민중들이 매일 역사의 진로를 바꾼다."

제든 정부를 배신할 준비가 되어 있다. "우리는 배교자들이다." 뉴욕시립대 학생 하나가 그렇게 적은 피켓을 들고서 내 곁을 지나갔다. 얼마나 당연한 진리인가, 그리고 얼마나 무서운 진리인가.

결국 시민들이 도로에 내려오자 경찰은 그들을 에워싸고는 한 사람씩 손을 묶기 시작했다. 연행된 시민들은 경찰버스에 올라타면서도 계속해서 구호를 외쳤다. "우리는 99%다", "이것이 바로 민주주의다". 인도에 서 있던 시민들도 손을 흔들며 함께 구호를 외쳤고 일부는 눈물을 흘리기도 했다. 뉴욕시청 근처가 이 소리로 완전히 뒤덮여 버렸다. 그렇게 11월 17일 밤이 끝났다.

현장리포트 21
## 지상의 운동 _사라진 것과 남은 것

### 1. 장소와 함께 잃은 것들

지난 11월 중순 경찰이 리버티 스퀘어를 강제 철거한 이후 '점거 장소 없는 점거'가 지금까지 이어지고 있다. '월스트리트를 점거하라'는 구호가 여전히 사람들 마음속에 있고 가상공간에서도 활발하지만 점거의 물리적 장소로서 '리버티 스퀘어'는 어떻든 사라졌다. 어딘가를 점거하지 않고도 점거 시위가 가능한가. 점거 장소가 없을 때 점거자들은 무엇이 되는가.

물리적 점거 장소의 부재는 당장 현실적 문제들을 낳고 있다. 일단은 이번 월스트리트 점거 시위를 보거나 참여하기 위해 오는 사람들이 머물 곳이 없어졌다. 리버티 스퀘어는 그동안 뉴욕의 새로운 '관광명소'로 불릴 만큼 많은 사람들이 찾았다. 어떤 결의를 가지고 온 사람들도 있고 '그라운드 제로'에 관광차 왔다가 우연히 들른 사람들도 있을 것이다. 그러나 뉴스를 보고 왔든 우연히 지나가다 들렀든 사람들은 그동안 자기 가슴속의 말이 타인의 입을 통해 나오는 걸 경험할 수도 있었고, 자신이 미처 생각하지 못했던 이야기를 듣기도 했다. 리버티 스퀘어는 뉴욕의 월스트리트 한복판에서 불타고 있는 어떤 가능성의 상징이었다. 하지만 이제 사람들이 찾아갈 그곳은 없다.

더 심각한 것은 지난 두 달 넘게 거기서 살았던 사람들이다. 그들 중 일부는 집이 없는 사람들이고 다른 일부는 집을 차고 나온 사람들이다. 다른 지역에서 여기에 합류한 사람도 제법 된다고 들었다. 그런데 이들이 머물 곳이 없어져 버렸다.

가령 12월 5일자 『뉴요커』에 사연이 소개된 레이 케이츨(Ray Kachel)도 그 중 한 명이다. 케이츨은 시애틀에서 태어나 그곳에서 50년을 넘게 산 사람이다. 젊었을 때는 종이문서를 디지털 기록으로 전환하는 일을 했고, 다음에는 밴드에서 키보드를 치며 나이트클럽에서 일했다. 때로는 기술자로 때로는 음악가로 살면서 그는 자기 세계 안에서 문제없이 살아왔던 사람이다. 그런데 경기침체가 지속되면서 일감이 줄기 시작했고 새로운 일자리도 없었다. 부정기적으로 이런저런 일을 하던 그는 여름부터 자신의 컴퓨터 장비들, DVD 컬렉션들을 팔았고, 가을부터는 집세도 밀리기 시작했다. 그때 그는 트위터를 통해 월스트리트 점거 소식을 들었다. 거기서 그는 자신이 오랫동안 가슴속에 담아 두었던 말들을 쏟아내는 사람들을 보았다. 경제적 부조리와 불평등, 서민들을 빨아먹는 가진 자들의 탐욕 등등.

10월 초 그는 블로그에 이렇게 적었다. "뉴욕으로 가는 버스를 타려 한다. 어쩌면 시애틀에 영원히 돌아오지 않을지도 모른다." 자신이 가진 모든 것들을 버리고 그는 버스에 탔다. 그리고 미국의 동서를 가로지르는 먼 길을 따라 리버티 스퀘어에 왔다. 리버티 스퀘어에서 그는 한동안 부랑자처럼 지냈다. 그는 혼자서 그렇게는 살 수 없다는 걸 깨닫고 워킹그룹 중 하나인 '청소 워킹그룹'(Sanitation Working Group)에 들어갔다. 어느 날 잠자리를 위해 여기저기 천 조각 같은 걸 모으는 걸 보고 다른 점거자

월가 시위에 참여하기 위해 버스를 타고 시애틀에서 온 레이 케이즐.

가 그에게 슬리핑백을 건넸다. 그렇게 해서 그에게는 처음으로 친구가 생겼다. 그리고 점점 자신과 다른 삶을 살아온 많은 이들을 알게 되었고 또 친구가 되었다. 오랫동안 자신만의 좁은 세계에서 지내 온 이가 자기 삶을 파괴한 원인을 찾아, 그것에 분노를 표하기 위해 뉴욕까지 왔는데, 거기서 새로운 세계를 만난 것이다. 그는 트위터에 이렇게 썼다. "여기는 코뮨적인 생활이 있다. 꽤 불편하기는 하지만 아주 놀라운 경험이다." 그리고 며칠 뒤, "시애틀 있을 때 지난번 아파트는 10년 가까이 살았어도 겨우 두 명의 다른 세입자랑 인사를 하고 지냈는데, 여기서는 단지 한 달을 살았는데 정말 많은 이웃들과 이야기를 하고 새로운 친구도 아주 많이 사귀었다"고 적었다.

갑자기 케이즐 이야기를 이렇게 길게 소개한 이유는 점거 장소의 상실과 함께 무엇이 사라졌는지를 보여 주기 위해서다. 리버티 스퀘어의 상실은 새로운 방문자의 사라짐이고, 거기 계속 머물던 이들의 사라짐이다(그들은 지금 어디서 무엇을 하고 있을까). 그런데 더 중요한 것, 물리적 장소로 환원할 수 없지만 물리적 장소와 함께 사라진 것이 있다. 바로 사람들을 끊임없이 모이고 머물게 했던 것, 케이즐이 '놀라운 경험'이라고 말했던 그것, '코뮨적 생활', '대안적 삶'의 가시적 형체가 없어진 것이다. 지금도 월스트리트 60번지에서는 매일 스포크스 카운슬을 비롯해서 여러 위킹그룹 미팅이 열리고, 리버티 스퀘어로 불리던 주코티 파크에서는 제너럴 어셈블리도 간혹 열리지만, 실험적 삶의 공동체는 사라졌다. 돈도 남았고 토론도 남았고 전략회의도 남았지만 공동의 삶은 사라졌다.

## 2. 웃음의 의미

지난 12월 9일, 이 운동에 참여하던 마이어슨(J. A. Myerson)은 『네이션』에 기고한 글에서 이렇게 썼다. "이제는 주방도, 도서관도, 메디컬 센터도, 미디어 센터도 없다. 드럼 서클도 없고 피켓 만드는 곳도 없고, 브로드웨이 쪽에 있던 안내 책상도 없으며, 북서쪽 구석 명상의 나무 주변의 제단도 없다. 이세 민주적인 제안서를 의논하고 그동안 방치된 일들과 함께 너무 큰 의제를 어떻게든 다루어 보려고 애쓰는 100여 명의 사람들이 남아 있을 뿐이다." 그리고 이런 물음을 던졌다. "청소할 공원이 없을 때 청소 워킹그룹의 기능은 무엇일 수 있을까? 메디컬이나 휴식공간은 또 어떤가?"

그는 리버티 스퀘어의 상실 이후 '월스트리트 점거' 시위자들이 두 그룹으로 나뉘고 있다고 했다. 한 그룹은 미래의 전략을 짜는 '활동가들'(activists)이고, 다른 그룹은 당장의 현실을 해결해야 하는 '점거자들'(occupiers)이다. 문제는 이 후자들이 자기 삶의 수단들, 더 나아가 자기 삶을 떠받치던 공동체를 잃어버리면서, 이번 시위의 '자랑스러운 민주적 프로세스'에 대한 신뢰도 급속히 잃어 가고 있다는 사실이다. 일부 사람들은 스포크스 카운슬에서 계속 '블록'(block)의 권리를 행사하면서 회의의 진행 자체를 가로막기도 한다.

이렇게 되면 대체로 활동은 줄어들고 말이 많아지게 된다. 그리고 이는 다시 새로운 아이디어나 활동을 자극하기보다 제시된 제안의 정당성

11월 말 스포크스 카운슬의 모습(사진 출처: Spot.us).

이나 그 채택 절차의 공정성 문제를 부각시키는 것으로 이어진다. 도대체 제안서를 들고 오는 이는 누구인지, 어떤 조직의 뒷받침을 받고 있는지를 의심하고, 또 어떤 조직들은 실제로 자기 의견을 관철시키기 위한 조직적 노력을 하기도 한다. 이런 게 운동이 운동이기를 멈추고 조직만 남게 되는 일반적 경로이다. 모두가 이런 문제를 알고 있지만, '알고도 당한다'는 말처럼 이를 해결하는 게 만만치가 않다. 아직은 이번 운동의 중요한 성과 중의 하나인 '제너럴 어셈블리'의 운영 원칙은 잘 지켜지고 있고, 대화 진행을 돕는 숙련(?) 조력자들이 많이 있기에 큰 잡음이 들리는 것 같지는 않다.

어떻든 많은 활동가들이 아무리 작은 장소라 할지라도 점거를 시도해야 한다는 생각을 갖고 있는 것 같다. 리버티 스퀘어를 잃은 후 점거자들은 근처 트리니티 교회(Trinity Church), 뉴스쿨 빌딩, 일부 상업 공간 등

12월 17일, 듀어트 스퀘어를 일시적으로 점거한 시위대.

듀어트 스퀘어에 설치된 안내 책상.

독서그룹의 펼침막. "당신은 아이디어를 몰아낼 수는 없다."

점거자들은 금세 천 명 가까이 모였다. 모두가 서로에게 인사를 건네기 바빴다.

에 대한 점거 시도를 했고, 뉴스쿨의 경우 일정한 성공을 거두기도 했다. 며칠 전에는 어떤 교회에 일정한 돈을 지불하고 공간을 사용하자는 제안이 나왔다.

지난 12월 17일, 시위 3개월을 기념하는 점거의 시도가 있었다. 지난번 점거 장소에서 도보로 30분 정도 떨어진 곳에 있는, 작은 공공 공원인 듀어트 스퀘어(Duarte Square)를 오후 1시쯤 시위대가 점거했다. 사람들의 표정은 아주 밝았다. 지난번 리버티 스퀘어에서처럼 안내 책상도 설치

경찰과 시위대의 대치. 시위대 너머에서 힘겹게 벽을 받치고 있는 경찰이 99%와 권력자들의 대치를 상징하는 것처럼 보인다(사진 출처: occupywallst.org).

하고 한쪽에서는 퍼포먼스를 하고 다른 쪽에서는 작은 공예품을 만들기도 했다. 어떤 사람은 다시 점거가 시작되었다는 의미에서 'OWS 2.0'이라는 피켓을 들고 다녔고, 또 어떤 사람은 물리적 장소를 갖는 게 중요하다고 호소하는 피켓을 들고 다니기도 했다.

사람들은 흥분한 듯 보였다. 오랜만에 보는 얼굴들이 많았다. 그들의 웃음과 활기는 그들이 '리버티 스퀘어'라는 공동의 삶을 얼마나 되찾고 싶어 했는지를 충분히 말해 주고 있었다. 서로를 향해 인사를 건네기도 하고 오랜만에 바깥에서 힘차게 "마이크 체크"를 외치기도 했고, 새로 만들어 온 피켓이나 펼침막을 서로에게 자랑하듯 보여 주기도 했다. 월가의 건물들에 둘러싸여 있던 리버티 스퀘어와 달리 듀어트 스퀘어는 차들이 속도를 내고 달리는 대로변에 있었다. 여러모로 공간은 좋아 보이지 않았지만 사람들은 너무들 좋아했다.

하지만 공원은 아침 9시부터 저녁 9시까지만 개방되어 있었다. 게다가 당국에서는 지난번과 같은 점거를 허락하지 않았다. 오후 늦게 경찰은 점거자들을 해산시켰고 거기에 불응하는 사람들을 연행했다. 조금 일찍 집으로 돌아온 나는 그 상황을 보지 못했다. 집에 도착했을 때 거기 있던

이날 연행된 사람들. 표정이 참 밝다. 이 표정이 이 운동의 최대 성과이자 최대 동력이다.

친구로부터 트위터를 통해 사진 한 장이 날아왔다. 아마도 경찰에 연행된 누군가 닭장차 안에서 함께 연행된 시민들을 찍은 것일 텐데 표정들이 참 밝았다.

당분간 지상(over-ground)에서 재점거의 전망은 어둡다. 그런데도 전체 운동이 어둡다는 생각이 들지 않는 것은 이런 표정 때문이다. 이들의 웃음이 이 운동의 최대 성과이자 최대 동력이다.

**현장리포트 22**

# 지하의 운동 _가능한 깊게, 가능한 멀리

### 1. 운동의 전파와 번역

운동을 이해하는 아주 나쁜 방식 중 하나는 그것을 정치적 집권 및 제도화의 수준, 다시 말해서 집권에 얼마나 기여했느냐 혹은 결국 어떤 제도적 개편을 이루었느냐에 따라 평가하는 것이다. 이는 운동을 정치적 집권 내지 제도화를 위한 수단으로 보거나, 아니면 아직 제도화되지 못한 미숙한 정치 행위로 보는 것이다. 민주주의와 관련해서 정치학자들은 종종 이런 질문을 던져 놓고 논쟁하기를 좋아한다. '운동인가, 제도인가.' 그런데 이 질문이 던져지는 순간 우리의 시야는 확 좁아진다. 운동이 일차적이고 제도는 부수적인 것이라고 보든, 결국 운동의 목표는 제도에 있으므로 제도야말로 운동의 성숙이라고 보든, 둘 다 중요하고 결국 선순환을 만들어 내는 게 중요하다고 보든, 상관이 없다. 이들 입장은 모두 민주주의 문제를 제도, 특히 정치적 권력의 개편과 관련해서 이해하게 만든다(정치권력을 교체하는 힘이 사회운동에 있다고 보든, 성숙한 정당들의 경쟁력에 있다고 보든 상관이 없다). '운동인가, 제도인가'라는 물음 자체가 문제를 그 둘 사이에서만 바라보게 하는 효과를 낸다.

2011년 11월 한미FTA에 반대하는 시위가 한창일 때 흥미로운 기사를 하나 읽었다. 한 집회에서 민주노동당의 대표가 "내년 총선에서 한미FTA 막는 야당 밀어 주시죠. 그러면 야당 흔들리지 않는다"라고 하자 한 대학생이 이렇게 반박했다고 한다. "한미FTA에서 자꾸 내년 총선과 대선 심판, 이런 얘기 하지 말아 달라. 그런 담론으로 투쟁이 확대되기는커녕 망한다. 다른 세계는 어떻게 가능한가, 왜 우리 자신이 저항의 주체가 되어야 하는가를 이야기해야 한다"라고 말이다.<sup>*</sup>

> 「여의도 5천여 명 FTA 반대 촛불 밝혀… 제2촛불 되나?」, 『참세상』, 2011년 11월 4일자.

정당 대표가 총선에서의 지지를 호소하고, 그것이 다른 야당을 투쟁의 장으로 끌어내는 데 효과적인 수단이라고 말하는 것이 이상할 것은 없다. 하지만 운동을 자꾸 선거와 관련시키지 말라는 대학생의 비판에는 뭔가 우리를 생각하게 하는 것이 있다. 나는 그의 비판이 단지 투쟁의 전략이나 전술에 대한 것이 아니라고 생각한다. 그의 비판에는 운동과 정치적 대표의 문제를 바라보는 다른 시각이 들어 있다.

대의 정치제도에서 정당은 거의 모든 지역과 직능의 대표들(그 대표성을 자부하는 사람들)로 구성된 집단이다 보니 우리는 정당이 모든 것을 포괄한다는 생각을 하기 쉽다. 그러나 정당에 시인 대표가 들어 있다고 해서 정치적 세계가 시적 세계를 포함하는 것은 아니다. 시가 정치적 세계의 한 구성요소이듯 정치 역시 시적 세계의 한 구성요소일 수 있다. 작물을 기르는 농부에게는 비와 바람, 해 등의 자연요소와 함께 정치도 부분 요소가 된다(물론 정치는 농작물을 가꾸는 데 있어 자연만큼이나 중요한 요소이고 상황에 따라서는 더 중요해지기도 한다). 동일한 물리적 세계를 기반으로 하고 심지어 서로 긴밀히 연관되어 있을 때조차 이들 세계들은 본질적으로 다른 세계이며 한 세계가 다른 세계를 포함하거나 대표하는 게 아니다.

월스트리트 점거운동의 2012년 시작을 알리는 포스터. 한 운동으로부터 얼마나 다양한 운동들이 만들어지는가(사진 출처: occupywallst.org).

하나의 사건, 하나의 절규, 하나의 파장, 하나의 운동이 생겨날 때, 누군가는 그것을 전달하고, 누군가는 증폭하며, 누군가는 번역한다. 하나의 파장이 전달되면 시인은 그것을 시로 전달, 증폭, 번역할 수 있다. 절규가 시가 되는 것이다. 정치가나 행정가는 그것을 공약이나 정책, 제도로 번역할 것이고, 시민운동가는 그것을 (좁은 의미의) 사회운동으로 증폭시키고 번역할 것이다. 시인이나 정치가가 미리 정해져 있다기보다 그의 활동이 그가 누구인지를 말해 준다고 하겠다. 달리 말하면 우리는 운동을 전달하고 증폭시키고 번역하는 과정에서, 심지어 그것을 흡수하고 중단시키는 과정에서, 우리가 누구인지, 우리가 어떻게 기능하는지를 보여 준다. 운동에 참여한다는 것은 우리가 운동한다는 것이며, 그만큼 우리 자신과 우리가 속한 세계를 이동시킨다는 것이다(나는 앞서 대학생이 말한 것, '왜 우리 자신이 저항의 주체가 되어야 하는가'라는 말을 '우리는 어떻게 운동에 참여할 것인가'의 말로 이해한다). 그것은 시인의 이동이면서 시적 세계의 이동이고, 노동자의 이동이면서 노동 세계의 이동이고, 정치가의 이동이면서 정치적 세계의 이동이라고 할 수 있다.

가령 김진숙 씨가 85호 크레인에 올라간 사건, 그의 절규가 만들어 낸 파장에 참여하면서 어느 시인은 자신이 받은 절규, 자신이 경험한 사건을 시로 번역하고 전달 증폭시킨다. 마찬가지로 어떤 정치가는 그것을 정치적 언어로 번역하면서 자신을 변화시키고 자신이 속한 세계를 변화시키려 할 것이다. 모두가 파장 즉 운동을 통과시킴으로써 스스로 전달의 매체, 증폭과 번역의 기계처럼 작동한다(자신을 진동시키지 않은 채 운동을 전달할 방법은 없다). 뒤집어 말하면 우리는 바로 그런 식으로 하나의 운동에 참여하는 것이다(지금 매우 많은 익명의 사람들이 그것을 하고 있다). 우리가 물어야 하는 것은 '이 운동에 어떻게 참여할 것인가'이지 이것을 '어떻게 내년 총선에서의 지지로 귀결시킬 것인가'가 아니다.

당연한 말이지만 총선 승리와 대권 획득을 위해 누군가 한진중공업의 크레인에 올라가고 누군가 제주의 강정마을을 지키러 가는 것이 아니다(그것은 어떤 이유에서건 더 이상 참을 수 없는 이들이 내지르는 절규이고 행동이다). 부산의 크레인에서 일어난 일, 제주의 구럼비 바위에서 일어난 일의 파장에 뛰어들면서(그것을 전달, 증폭 혹은 번역하면서) 사람들은 스스로의 삶을 변화시키고 자기 세계를 변화시킨다. 그리고 정치가에게도, 정치적 세계에도 이런 운동에 참여함으로써 이동할 것을, 변화할 것을 요구하는 것이다. 나는 정당 대표를 비판했던 대학생의 말에서 그것을 느꼈다.

## 2. 지하에서의 움직임

운동에 참여하고 나면 사람들은 더 이상 이전처럼 살지 않는다. 그것은 월스트리트 운동의 경우도 마찬가지다. 하지만 지금도 여전히 월스트리트 점거가 어떤 성과를 낳을 수 있을지 의문시하는 사람들이 있다. 이번 점거 운동은 티파티 운동처럼 공화당을 오른쪽으로 견인하고 그 출신들을 정치적 대표로 진출시킨 것도 아니고, 제도화할 수 있는 어떤 통일된 요구를

"나는 이미 다음 전쟁을 반대한다"라고 쓰인 포스터. 운동은 개별 이슈가 아니라 사람 자체를 바꾸어 버린다. 따라서 그것은 미래의 일에도 이미 개입한다(그림 출처: http://owsposters.tumblr.com).

명확히 내건 것도 아니다. 점거에 참여하는 이들 중에도 이런 회의적 시선을 가진 사람들이 있다. 특정한 정치 조직에 몸담고 있는 사람들은 이번 월스트리트 점거운동을 정당 건설로, 아니면 최소한 정치적 조직으로 발전시키려는 시도를 하고 있다고 들었다. 이들은 이번 운동이 '아무 것'도 얻지 못한 '한때의 소란' 정도에 그칠 수 있다고 우려한다. 이들이 아직 '아무것'도 얻지 못했다고 생각하는 것은 아마도 지금의 운동을 그 '어떤 것'을 얻는 수단으로 보기 때문일 것이다. 그리고 그 '어떤 것'은 대개 정치적 집권이나 제도와 관련된 것이다.

그러나 운동의 결과를 확인하기 위해 집권이나 제도화를 기다려야 하는 것은 아니다. 운동은 그 자체로 이동이자 변화이므로 결과가 즉각적이고 동시적이다. 사람들이 더 이상 운동 이전처럼 살아갈 수 없다면 그것이 그 자체로 변화이고 운동의 결과인 셈이다. 만약 누군가 이번 운동을 통해 미국에서 급진 정당을 만들 수 있다고 생각했다면 그에게 그런 꿈을 꾸게 한 것 자체가 이번 운동의 결과일 수도 있다(그는 앞으로 이 운동을 백악관이나 의회, 정당을 근본적으로 바꾸는 운동으로 번역해 낼 수도 있을 것이다). 그러나 운동의 파장은 삶의 큰 변화를 초래하면서도 곧바로는 정치적 집권이나 제도의 문제로 이어지지 않을 수도 있다(물론 반대로 정권 교체가 일어나도 삶에는 큰 변화가 없는 경우도 있고).

이번 점거 시위를 계기로 대안 대학 운동이 구성되었다. 이 운동의 성과로 만들어진 민중대학(People's University)의 강연 장면(워싱턴 스퀘어 파크).

한국의 경우를 예로 들자면, 어떤 사람들에게는 2008년의 촛불시위가 그 많은 사람들의 참여에도 불구하고 아무것도 얻어 내지 못한 '불임의 시위'로 보일 수 있다. 하지만 그때의 집단적 창조성과 정서적 공감의 경험은 사람들을 크게 이동시켰다. 결과는 즉각적이었다. 누구도 이명박 정부를 뽑을 때의 시간, 불과 석 달 전으로 돌아갈 수 없게 되었다. 정부도 마찬가지였다. 촛불시위가 끝난 직후인 2008년 말 인터넷 검열이 강화된 것(미네르바 구속)도, 2009년 용산과 쌍용자동차에 경찰특공대가 투입된 것도, 대중집회에 정부가 알레르기 반응을 보인 것도 그러한 이동을 잘 보여 준다. 2009년 용산과 쌍용자동차가 한편으로는 끔찍한 비극이고 엄청난 패배인 것 같지만, 사실 용산 투쟁에 참여했던 활동가, 쌍용자동차의 노동자 등이 '희망버스'의 기획자들이 되었고, 희망버스에 참여한 경험은 용산의 한 유족을 새로운 '활동가'로 만들었다." 이런 변화는 해당 이슈와 직접 관련

「용산며느리에서 활동가 정영신으로」, 『위클리 수유너머』 98호 참조.

되지 않은 것처럼 보이는 사람에게도 나타난다. 가령 어느 병역거부자는 2008년 촛불시위가 자기 신념을 알리는 결정적 계기가 되었다고 말한다. 미국산 쇠고기 수입과 관련된 시위가 병역 거부 운동에도 변화를 가져오는 것이다.* 이

> 「병역거부자 "국가의 부속품이 아니다"」, 『경향신문』, 2012년 1월 14일자.

렇게 지상에서는 보이지 않지만 물밑에서는, 즉 지하(under-ground)에서는 많은 이들이 어떤 사건을 경험하며 변화하고 그 변화를 전달하고 번역하면서 다른 운동을 만들어 내고 또 세계를 이동시킨다.

앞선 21호 리포트에서 나는 리버티 스퀘어라는 물리적 장소의 상실이 가져온 문제를 다루었다. 물론 물리적 장소는 중요하고 점거자들이 끊임없는 시도를 하고 있으니 뭔가 새로운 가능성이 열릴지도 모른다. 그러나 리버티 스퀘어를 탈환하느냐의 여부가 이 운동의 성패를 좌우하는 것은 아니다. 우리가 눈을 조금만 돌린다면 우리는 이 운동이 미국 사회를 얼마나 변화시켰는지 알 수 있을 것이다.

이미 이 운동은 사방에서 온갖 주제로 일어나고 있다(인터넷에서 'occupy'라는 단어를 한번 검색해 보라). 심지어 어느 언어학자의 말처럼 이제 영어에서 'occupy'라는 단어를, 이번 시위를 떠올리지 않고 말하는 것은 불가능해졌다. 그는 이 운동의 여파로 그 단어의 의미와 문법까지 바뀌고 있다며, 언어 안에 들어 있는 인종주의 등에 저항하기 위해 '언어를 점거하라'(Occupy Language)는 운동도 벌여야 한다고 주장했다.**

> H. Samy Alim, "What if We Occupied Language", *The New York Times*, 2011. 12. 21.

현재 점거 운동은 대학등록금, 의료보험, 주택 문제 등 미국 사회 전반에 걸쳐 있는 문제들은 물론이고 각 지역이나 단체에 고유한 이슈들(가령 할렘에서는 경찰의 '불심검문'stop-and-frisk

애틀랜타에 있는 브리짓 워커(Brigitte Walker)의 집. 점거운동자들은 은행 모기지를 지불하지 못해 집에서 쫓겨날 뻔했던 워커를 도와 체이스 뱅크를 압박했고 결국 집을 지켜냈다 (사진 출처: occupywallst.org).

이 중요 이슈이다)로 번져 나가고 있다. 뉴욕의 활동가이자, 우리에게 『뉴욕열전』의 저자로 알려진 고소 이와사부로는 리버티 스퀘어의 상실 이후 오히려 운동은 더욱 유체화되었다고 말한다. "불안정해진 운동의 동력(impetus)은 더욱 유체화되고 흐름의 성격이 강해졌으며, 도시 전역으로 퍼져 나가고 있다. 이제 점거의 대상은 말 그대로 안팎을 가리지 않고 모든 것, 모든 장소가 되었다".* 이것을 단일한 조직, 단일한 요구로 묶으려는 것은 불가능하기도 하지만 바람직하지도 않다. 중요한 것은 운동을 묶어 내는 게 아니라, 운동을 계속 운동하게 하는 것이다.

Sabu Kohso, "News: Occupied New York", *Radical Philosophy* no.171, January/February 2012.

### 3. 가장 바깥에서 시작하라

지금이 이 운동의 겨울이라는 걸 부인하는 사람은 없다. 지난 리포트에서 말한 것처럼 지상의 점거 장소는 사라졌다. 그러나 이 운동의 파장은 뱀처럼 여기저기로 흘러 다니고 때로는 두더지처럼 지상에 불쑥불쑥 머리를 내밀고 있다. 지금 곳곳에서 토론회와 워크숍이 열리고 있고 간헐적으로 기습적인 점거도 이루어지고 있다.

12월 14일 저녁, 나는 맨해튼의 윈스턴 유니티 홀(Winston Unity Hall)에서 열린 활동가들의 워크숍(OWS Organizers Workshop)을 지켜보았다. 그 워크숍 주제는 '인종적 정의의 틀을 통해 운동을 조직해 보기'(Organizing Through A Racial Justice Framework)였다. 강사는 '인종적 정의'라는 틀로 오랫동안 여러 인종들의 연대를 고민해 온 링코 센(Rinku Sen)이었다. 그는 이번 점거 시위에 자신이 오랫동안 고민해 온 전략들을 어떻게 끌어들이고 발전시킬까를 이야기했다.

그와 그의 동료는 먼저 미국 사회에 존재하는 인종적 불평등(항상적으로 존재해 온 불평등 문제뿐만이 아니라 지금과 같은 위기의 순간에 그 고통이 소수 인종들에게 얼마나 더 혹독하게 전가되는지)을 사람들에게 설명했다. 그리고 운동을 어디서 어떻게 시작할 것인가와 관련해서 레스토랑을 예로 들었다. 잘 알려진 것처럼 미국 식당에서의 일은 인종적으로 위계화되어 있다. 매니저, 홀서빙, 주방, 청소, 배달 등이 대체로 인종적인 위계를 이루고 있다. 어디서 시작해야 하는가. 그는 동심원을 보여 주고는, 내부에서 시작해서 확대하는 것은 어렵다고 했다. 상대적으로 안정적인 일을 하는 사람으로부터 불안정하고 노동조건도 좋지 않은 사람들로 연대를 확대하는 건 어렵다는 것이다. 다음 단계로 나아갈 때마다 그들은 그렇게 되는 것을 두려워하고 연대를 할수록 상황이 자기에게 불리해진다고 생각하기 때문이다. 센에 따르면 반대 방향에서 접근해야 한다. 가장 바깥에서 조직하기를 시작해야 한다는 것이다(우리 상황에 비추어 말하자면 비정규직을 조직하고 그들과 연대하는 것에서 정규직 쪽으로 다가가야 한다는 것이다). 그는

'인종적 정의의 틀을 통해 운동을 조직해 보기'라는 주제로 윈스턴 유니티 홀에서 열린 워크숍의 모습.

사람들에게 설문지를 나눠 준 뒤 주변 사람들과 조를 이루어서 토론하게 했다. 설문지에는 이번 점거 시위의 배제적인 측면과 포함적인 측면을 적게 되어 있었다. 사람들은 그것을 가지고 토론을 벌였다.

구체적인 실천 전략과는 별개로 내게 이 워크숍은 사회운동의 중요한 지침을 다시 일깨워 주었다. 운동이 일어나는 순간 현재의 자신으로부터 가능한 한 먼 곳으로, 가능한 한 빠르게 이동해야 한다는 것, 거기서 뭔가를 시작해야 한다는 것 말이다. 가능한 한 빨리 자신의 한계를 드러내는 곳, 그래서 자신을 극복할 수 있게 해주는 곳, 기존의 분할 장벽들을 넘어 조건이나 자격과 상관없이 연대를 구축할 수 있는 곳으로 가야 한다.

## 4. 두 개의 이야기 — 가장 먼 곳은 가장 가까이에 있다

그런데 '가장 먼 곳'은 사실 그렇게 멀리 있지 않다. 지난주 나는 짧지만 아주 흥미로운 두 편의 글을 읽었다. 『점거하라!: 점거된 미국의 풍경들』이라는 책에 실린 「차이나타운은 어디에도 없다」와 「홈리스라는 문제」가 그것이다.

> Audrea Lim, "Chinatown is Nowhere"; Christopher Herring and Zoltán Glück, "The Homeless Question", *Occupy!: Scenes from Occupied America*, London: Verso, 2011.

차이나타운 문제를 다룬 오드리아 림은, 처음에 리버티 스퀘어의 점거 시위에 필요한 음식을 값싸고 손쉽게 구할 수 있는 곳으로 차이나타운을 떠올렸다고 한다. 차이나타운은 리버티 스퀘어에서 무척 가깝기도 했다. 그런데 문득 이번 점거 시위에 차이나타운 사람들이 참여하고 있지 않다는 것을 깨달았다. 차이나타운에는 저임금에 신분까지 불안한 노동자들이 많고 경제 위기로 인한 피해도 큰데 왜 이번 점거 시위에 참여하지 않았을까.

그녀는 차이나타운의 활동가와의 대화 속에서, 미국의 많은 운동가들이 차이나타운의 역사(19세기 이래 중국 이민자들이 미국에서 받은 끔찍한 차별과 냉대의 역사)는 물론이고 그들이 도시 개발 과정에서 어떤 고통을 겪었고 또 겪고 있는지를 모른다는 것을 깨달았다. 그녀는 또한 운동이 어떤 보편적인 이익들(가령 일자리나 의료보험 문제 같은 것들)을 요구하므로 그 혜택이 모두에게 돌아갈 것이니 지금 운동에 참여하라고 말할 수도 없다는 것을 알게 되었다. 마치 이 운동이 성공하면 모든 소수자들이 낙수효과(trickle down effect) 같은 걸 누릴 것이라는 식으로 말해서는 안 된다는 것이다(그러고 보면 많은 사회운동론이 경제성장론과 닮았다).

그러면서 림은 어떤 가능성을 지난 11월 12일에 있었던 차이나타운의 시위에서 찾았다. 앨런 스트리트(Allen Street)의 어느 빌딩 주인이 세를 대폭 인상해서 수십 년간 살아온 세입자들을 내쫓으려 했을 때 몇몇 사람들이 "도시재개발 반대"를 외치며 시위를 벌였다. 그때 '픽처 더 홈리스'(Picture the Homeless)의 멤버였던 흑인 한 명이 (아마도 이번 금융위기로)

집을 빼앗긴 일에 대해 말하면서 "우리 모두는 집에 대한 권리를 갖고 있다"고 외쳤고, 그것이 중국어로 통역되면서 큰 호응을 얻었다고 했다. 이 운동을 이끈 중국의 한 활동가는 림에게 그들이 이제 차이나타운에서 (월스트리트 점거 시위가 일어난) 주코티 공원까지 행진할 수도 있겠다는 말을 했다고 한다. 림은 이렇게 말했다. "아마도 이제 차이나타운의 저임금 노동자들과 거주자들은 월스트리트 점거운동의 메시지를 이해할 수 있을 것 같다. 하지만 월스트리트 점거운동은 차이나타운에 대해서, 그리고 차이나타운의 사람들이 싸우고 있는 주제들에 대해 알고 있는가."

또 하나의 이야기는 크리스토퍼 헤링과 줄탄 글뤽이 제기한 리버티 스퀘어 내의 소위 '직업적 홈리스'(professional homeless)에 관한 것이다. 리버티 스퀘어에서는 음식을 무상으로 얻을 수 있고, 경찰이나 건물주의 방해 없이 비교적 안전하게 잠을 잘 수도 있기 때문에, 통상 '노숙인'이라고 불리는 홈리스들이 지내기에 꽤나 괜찮은 공간이라고 할 수 있다. 그런데 경찰이나 언론은 이들 홈리스들을 찍어서, 월스트리트 점거자들이 사실상 홈리스들이며 매우 불결하고 범죄의 위험도 크다는 식으로 말하곤 했다.

헤링 등은 소위 직업적 홈리스인 해리스라는 남자에 대해 월스트리트 점거자들이 보인 행동에 문제를 제기했다. 사람들은 해리스에게 '왜 여기 있느냐'고 물었다. 해리스에 따르면 맨해튼의 업타운에서 자고 있을 때 경찰이 이곳으로 가라고 했다고 한다(실제로 경찰은 리버티 스퀘어의 이미지를 훼손할 목적으로 홈리스들을 이쪽으로 보내는 것 아닌가 하는 의혹을 사고 있다). 그러자 몇몇 점거자들이 말했다. "그럼 다시 업타운으로 가세요." 이 문제는 점거자들 사이에서 점거의 '무임탑승자'(freeloader)에 대한 논란으로 발전했다. 이번 점거에 뭐가라도 기여(contribution)를 하면서 '자산'(asset)이 되는 사람과 무임탑승하면서 운동을 '위험'(risk)에 빠뜨리는(직업적 홈리스들이 당국과 주류 언론의 먹잇감을 제공한다는 의미에서) 사람의 구분이 생긴 것이다. 몇몇 점거자들은 계속해서, 이 운동에 '뭐가 기여할 뜻도 없으면서 왜 여기 있느냐'는 질문을 던졌다고 한다. 얼마 전에는 '직업적인 홈리스'처럼 보인 사람과 다툼을 벌였던, 리버티 스퀘어의 주방 사람이 그의 차별 행동 때문에 비난을 받았던 일도 있었던 모양이다(그러고 보면 그곳을 얼쩡거렸던 나 역시 '기여자'인지 '무임탑승자'인지 구분하기 쉽지 않았을 텐데, 나에게는 왜 그 질문을 던지지 않았을까).

헤링은 여기서 '배제의 정치'가 작동할 위험성을 지적했다. 그는 '홈리스 문제'를 홈리스를 어떻게 추방할 것인가가 아니라, 음식과 안전한 잠자리를 원하는 사람들을 어떻게 대해야 하는지, 그들을 어떤 시각에서 볼지의 문제로 다뤄야 한다고 했다. 실제로 오클랜드와 필라델피아 등에서는 도시 홈리스들에게 주방을 개방했으며, 애틀랜타에서는 폐쇄될 위험에 처했던 홈리스들의 피난처를 점거자들이 싸워서 지켜 냈다고 한다. '왜 당신은 여기에 있는가'는 리버티 스퀘어의 점거자들이 홈리스에게 던진 질문이기도 했지만, 사실 누구보다도 점거자들 자신이 그들을 찾은 사람들이나 언론에게 자주 받는 질문이기도 했다.

내가 예를 들어 설명한 차이나타운과 홈리스의 이야기는 이번 점거가 도달해야 할 가장 먼 곳이 또한 가장 가까운 곳에 있다는 것을 보여 준다. 두 이야기에서 우리는 '99%'라는 말이 추상적이고 보편적인 동일자의 이름으로서는 한없이 공허하다는 것을 깨닫게 된다. 그것은 우리에게 그동안 동일한 삶을 강요해 온 '1%'의 이름과 대칭을 이루는 또다른 동일자가 되어서는 안 될 것이다. 나는 '99%'가 현재적 실존에 대한 선언이기도 하지만 우리가 도달해야 하는 실존에 대한 요구이기도 하다고 생각한다. 그리고 거기에 도달하기 위해서 우리는 마치 퀼트를 짤 때처럼 다양한 삶을 구체적으로 엮어서 하나를 만들어야 한다.

게다가 이 두 이야기는 우리에게 체제로부터 추방당한 자들은, 자기 안의 추방과 배제에 대해 싸우는 방식으로만, 체제로부터 탈주할 수

뉴멕시코주에서 원주민들이 참여한 아큐파이 운동. 이들은 식민주의 문제를 제기하며 용어를 '(un)occupy'로 바꾸었다(그림 출처: http://www.truthout.org).

있다는 것을 깨닫게 한다. '점거' 혹은 '점령'이라는 뜻을 가진 'occupy'라는 단어는 한편으로 월스트리트로 상징되는 지배 세력에 대한 항거를 담고 있지만 곧바로 이 나라의 식민주의적 기초를 환기시키기도 한다. 지배자들에 대해 점거를 선언하는 순간 점거자들은 그 단어가 담고 있는 역사와 현실(과거 원주민에 대한 잔인한 폭력과 학살은 물론이고 현재 세계 여러 지역에 대한 군사적 점령까지), 그리고 심지어 점거운동 자체에서 생겨나는 배제와 추방(가령 홈리스들은 점거자들에게 노숙 장소를 빼앗겼다)의 문제와 대면하게 한다. 그들은 '점거' 내지 '점령'을 위해서도 '점거 해제' 내지 '해방'을 이루어야 한다. 즉 '아큐파이'(occupy)는 동시에 '언아큐파이'(unoccupy)여야 한다는 역설적 과제를 떠안게 된 것이다. 이것은 이 운동이 가진 한계일 수 있지만, 또한 이 운동이 가진 가능성, 이 운동의 해방적

성격이 어디서 시작될지를 말해 주는 것이기도 하다. 중요한 것은 이 지점에 빨리 이르는 것이다. 우리는 가능한 한 빨리 이 한계에 도달해야 하고 가능한 한 멀리, 가능한 한 깊이 이 한계를 돌파해야 한다. 그만큼, 딱 그만큼만 우리는 우리 자신과 세계를 이동시킬 것이다.

**노트 5**
# 아큐파이 오클랜드 '함께할 권리'에 대하여

월스트리트 점거운동이 미국 전역으로 확대되고 있고, 특히 포틀랜드나 시애틀 등 서부 연안 도시에서의 점거운동이 상당한 전투성을 보여 주고 있는 가운데 특히 인상적인 곳은 오클랜드다. 오클랜드의 시위를 본 사람들은 뉴욕이 너무 얌전하다고 말한다. 오클랜드 시위대는 11월 2일 미국 도시 중 유일하게 '총파업'(General Strike)을 시도해서 일정한 성공을 거둔 바 있다. 경찰과의 격한 충돌도 자주 있었고, 해가 바뀐 1월 30일에는 빈 건물을 점거해서 사회센터(Social Center)를 만들려는 시도도 했다.

오클랜드 시위는 다른 곳에 비해 매우 전투적이다. 일단 이 지역의 전통이 크게 한몫하지 않았을까 싶다. 60~70년대 반전시위로 이름이 높았던 버클리 대학이 인근에 있고 또 그 유명한 혁명 조직 '블랙팬더당'(Black Panther Party)이 처음 만들어진 곳이기도 하다. 그러나 이번 시위가 전투적이 된 더 직접적인 계기는 경찰의 폭력적 진압에서 찾아야 할 것 같다. 10월 25일 점거자들을 공원에서 몰아낸 후 경찰은 거기에 항의하는 사람들에게 최루탄, 섬광탄, 고무총탄 등을 쏘아 댔다. 오클랜드 시민들은 이에 분노하여 11월 2일 총파업을 단행했고 그 이후 경찰과의 갈등 수위가 더 높아졌다. 이 과정에서 다른 곳에서는 좀처럼 보기 힘들었던 일종의 폭력 시위 전술인 '블랙 블록'(Black Bloc)을 구사하는 시위대가 나타나면서, 이번 점거운동에서 '폭력 시위' 논쟁을 불러일으키기도 했다.

**1. 총파업 — 체제로부터의 탈퇴**

오클랜드에서의 점거는 2011년 10월 10일에 시작되었다. 시민들은 시청 앞 오가와 플라자(Ogawa Plaza)에 텐트촌을 만들었다. 오가와는 2차 대전 당시 강제수용소에 갇혔던 일본계 미국인으로 이 플라자를 재건축하던 중에 숨졌다고 한다. 오가와 플라자라는 이름은 그를 기리는 뜻에서 만들어졌다. 그런데 점거자들은 이 공원을, 뉴욕 시위대가 '주코티 공원'을 '리버티 스퀘어'로 바꾸어 부른 것처럼, '오스카 그랜트 플라자'(Oscar Grant Plaza)로 바꾸어 부른다. 오스카 그랜트는 2009년 경찰에 총살된 아프리카계 미국인의 이름이다. 이 사건은 오클랜드 시민들에게 큰 반향을 일으켰고 이번 점거자들 중 상당수도 당시 일어난 정의 운동(Justice Movement)에 참가한 사람들이다. 그러니까 '오스카 그랜트'는 오클랜드 경찰의 인종주의적 폭력성을 고발하고 오클랜드 시민들이 벌였던 정의 운동을 환기시키는 이름인 셈이다.

초기부터 점거에 참여한 수노라 테일러(Sunaura Taylor)는 점거가 시작되었을 때 오스카 그랜트 플라자의 모습을 이렇게 묘사했다. "오스카 그랜트 플라자에 머무는 것의 가장 멋진 측면은 사람들이 어떻게 움직이는지를 보는 것이다. 일주일 전만 해도 말 한 마디 나누지 못했던 이들이 이제는 서로 이웃이 되었다".

> Sunaura Taylor, "Scenes from Occupied Oakland", *Occupy!: Scenes from Occupied America*, London: Verso, 2011, p.136.

점거가 시작되고 보름이 지난 25일, 경찰은 아침 일찍 텐트촌을 급습했고 100여 명을 연행했다. 그러나 오후가 되자 경찰의 공격에 항의하며 시민들이 시내로 쏟아져 나왔다. 처음에는 수백 명이 시작했으나 시위대는 곧 수천 명으로 불어났다. 경찰은 최루탄

11월 2일, 총파업을 선언한 오클랜드 시민들(사진 출처: en.wikipedia.org).

과 섬광탄, 고무총탄을 마구 쏘아 댔다. 이 와중에 15호 리포트에서 소개한 것처럼, 이라크전 참전 군인이었던 스캇 올슨이 피격되어 생명이 위독하게 되었다. 경찰은 시위대 바로 앞에서 최루탄과 고무총탄을 쏘았고, 심지어 올슨이 피격되었을 때는 응급상황에 처한 그를 구하러 간 시민들에게조차 최루탄과 섬광탄을 던졌다. 경찰의 야만적 폭력에 시민들은 크게 분노했다.

11월 2일, 수천 명의 시민이 총파업에 참가했다. 경찰에 쫓겨났던 시민들은 다시 '오스카 그랜트 플라자'를 되찾았다(수세 국면에 있던 오클랜드의 콴Jean Quan 시장은 시민들의 분노를 가라앉히기 위해 다시 텐트촌을 세우는 것을 허용했다). 당일 『LA타임즈』에 따르면 캘리포니아 간호사협회(California Nurses Association), 캘리포니아 교사연합(California Federation of Teachers), 오클랜드 교육협회(Oakland Educational Association) 등이

총파업에 나선 시민들이 오클랜드항 폐쇄를 위해 나서고 있다(사진 출처: indybay.org).

파업을 지지했고, 오클랜드 학교에서는 교사들에게 학교를 열기는 하지만 휴가를 내고 파업에 참가해도 좋다고 말했다. 상당수의 은행 점포와 상점들이 문을 닫았고, 그랜드 레이크 극장(Grand Lake Theater) 등 일부 상점들은 파업 지지 의사를 밝혔다. 아울러 상당수의 노동자들이 파업에 우호적 견해를 피력했다.

이날 총파업의 백미는 오클랜드항의 봉쇄였다. 수노라 테일러에 따르면 시민들은 각자 자기 행동을 스스로 조직했다고 한다. 작은 그룹들로 나뉘어 각자 항만 점거에 나선 것이다. 저녁 7시 노동자들의 교대 시간에 맞춰 새로운 노동자들이 들어가지 못하도록 시민들은 피켓 라인을 만들었다. 트럭 운전사들 중 일부가 반발하기는 했지만 다수의 노동자들은 경적을 울리며 호응했고 결국 항만 봉쇄는 성공을 거두었다. 저녁이 되자 시민들은 총파업 성공을 축하했고 지역 상인들과 노동조합, 그리고 여러 시민들이 음식을 가져와 함께 파티를 벌였다.

총파업과 항만 봉쇄를 통해 오클랜드의 점거자들은 이번 월스트리트 점거 시위 중에서도 가장 강한 메시지를 던진 것으로 보인다. 사실 오클랜드항을 비롯해서 캘리포니아의 항구들은 미국 자본주의의 상징적인 장소들이다. 중국을 비롯해 아시아 경제가 급성장하면서 미국 자본주의 물류의 중심이 대서양 연안에서 태평양 연안으로 바뀌었기 때문이다. 뉴욕 월스트리트의 점거가 '금융자본의 탐욕'을 겨냥하는 것처럼 보였다면, 오클랜드의 총파업과 항만 봉쇄에서는 '실물자본주의' 혹은 '자본주의' 자체에 대한 어떤 공격성이 엿보인다. 참가자들이 그 문제를 얼마나 진지하게 의식했는가와 상관없이 그들의 시위 형식이 그렇다는 것이다(참고로 총파업의 날, 오클랜드시의 브로드웨이와 14번가 사이에는 "자본주의에 죽음을" Death to Capitalism이라는 큼지막한 펼침막이 내걸렸다).

사실 '총파업'은 일반적인 파업과 질적으로 다른 투쟁의 형식이다. 일반파업과 총파업을 구분하는 것은 파업의 범위나 규모가 아니다. 로자 룩셈부르크(Rosa Luxemburg)가 '개량'과 '혁명'을 확연히 구분했듯이, 두 가지 파업도 질적으로 다른 투쟁의 형식이다(참고로 발터 벤야민Walter Benjamin의 '정치적 파업'과 '프롤레타리아적 총파업'의 구분을 따라도 좋을 것이다).

일반적인 노동파업의 경우, 파업은 고용주를 위협해서 무언가를 얻어 내는 수단이다. 파업의 목표는 역설적이게도 파업의 중지, 다시 말해 요구의 충족에 있다. 이 경우 파업은 '파업 이전의 일상으로의 복귀'—물론 '더 나은 조건'에서의 복귀이지만—를 암묵적으로 전제한다. 그러나 총파업은 체제의 '부분'이 되는 것에 대한 전면적 거부라고 할 수 있다. 말 그대로 '체제로부터의 집단 탈퇴'인 것이다. 총파업은 아무것

오클랜드 시내 거리에 내걸린 펼침막. "자본주의에 죽음을" (사진 출처 : indybay.org).

도 요구하지 않는 행동이다(이 점에서 총파업은 파업이 더 이상 '수단'이 되지 않는 그런 파업이라고 말할 수도 있고, 목적에서 자유롭다는 점에서 '순수 수단'이라고 부를 수도 있다). 아니 어쩌면 이번 점거운동이 보여 주듯이, 그야말로 모든 것을 요구하는 운동이라고 할 수도 있다. 맑스와 엥겔스가 『공산당 선언』에서 보여 주듯, 부르주아들에게는 바랄 것이 아무것도 없으며—프롤레타리아트는 부르주아가 가진 가족도, 국가도, 사유재산도 원하지 않는다. 다만 그것의 폐지를 원할 뿐이다—만약 원하는 게 있다면 그것은 '온 세계'이다.

아무것도 원하지 않는다는 점에서(똑같은 의미로, 모든 것을 원한다는 점에서) 총파업은 거래의 '요구'라기보다 탈퇴의 '선언'이고 '행동'이다. 현 체제에 요구할 것이 아무것도 없다는, 따라서 나는 이 체제에 더 이상 참여하지 않겠다는 선언인 것이다. 오직 문제가 된 현재의 시스템의 교체 내지 변혁만이 유일한 해결책이라고 할 수 있다(총파업이 뭔가를 요구한다면 그것은 개별 이득에 대한 것이 아니라 전체 시스템의 교체나 변혁에 대한 것이다). 그것은 남북전쟁 이후 미국 남부의 면화 산업 노동자가 되기를 거부했던 흑인 노예들의 대규모 도망 같은 형태로 나타나기도 하고, 영국의 식민주의에 어떤 협력도 거부하며 그 자리에서 꼼짝도 하지 않았던 인도인들의 행동처럼 나타나기도 한다. 도무지 거래가 불가능하다는 점에서 총파업은 폭력을 사용하지 않는 경우에도 참 무서운 저항의 형식이라고 할 수 있다.

이번 점거운동이 거기까지 나갈 수 있을까. 이번 점거운동이 금융자본주의 체제 혹은 더 나아가 자본주의 전체에 대한 집단적 탈퇴를 낳을 수 있을까. 총파업이 소위 이데올로그들이 상투적인 구호 속에서 상상하는 그런 거라면(가령 총파업을 통한 집권) 그 가능성은 낮아 보인다. 하지만 총파업을 정의하는 것이 단순히 파업의 범위나 규모의 문제가 아니라면, 우리는 어쩌면 꽤 많은 사람들, 현 체제의 부분이기를 거부하고 새로운 삶과 세계로 탈주하고 있는 꽤 많은 사람들이 이번 점거를 통해 총파업을 벌이고 있다고 말할 수 있을지도 모른다.

## 2. 하나의 논쟁 — 폭력에 반대하는 폭력

오클랜드 시위를 통해 논쟁의 중심에 떠오른 또 하나의 주제는 폭력이다. 먼저 눈에 띄는 것은 경찰의 폭력이다. 뉴욕 점거운동에서도 초기 국면에 경찰 폭력은 큰 문제로 부각된 바 있다. 인도를 따라 평화롭게 행진하던 여성 시위자들에게 최루 스프레이를 난사했던 경찰 폭력은 많은 뉴욕 시민들을 분노케 했다. 그런데 오클랜드 경찰은, 최소한 이번 시위와 관련해서 보건대, 뉴욕 경찰과는 비교도 안 될 만큼 폭력적이었다. 그들은 불과 수십 미터 앞에서 시민들에게 고무총탄 같은 것을 쏘아 대는 걸 주저하지 않았다.

앞서 말한 것처럼, 이번 점거 장소의 이름이기도 한 '오스카 그랜트'의 경우도 오클랜드 경찰의 폭력성을 잘 보여 주는 사례이다. 2009년, 지하철역에서 싸움이 벌어지고 있다는 신고를 받은 경찰은 흑인 청년 오스카 그랜트를 체포했다. 그런데 경찰은 그를 엎드리게 한 후 수갑까지 채운 상태에서 뒤에서 총을 쏘아 그를 살해했다. 그것도 여러 사람들이 지켜보는 지하철역에서. 이 일은 오클랜드시를 발칵 뒤집었고 많은 흑인들이 거리로 나와 시위를 벌였다.

오클랜드 경찰의 폭력 문제와 관련해서 더 거슬러 올라가면, 1990년대 악명 높았던 '러프 라이더스'(Rough Riders) 사례도 있다. 러프 라이더스는 1990년대 후반 활개 쳤던, 폭력배나 다름없던 순찰대원들이다. 경찰 내에서 영웅시됐던 그들은 용의자들을 구타하고 증거를 조작하는 일을 일삼은 게 들통 나서 재판을 받았고, 시 당국은 소송을 건 피해자들에게 1,100만 달러를 보상하기로 하고 합의했다. 좀더 거슬러 올라가 보면 1960년대 블랙팬더당이 만들어진 계기도 그랬다. 1966년 오클랜드에서 블랙팬더당이 처음 만들어졌을 때 그들은 '경찰의 폭력으로부터 아프리카계 미국인을 보호하는 것'을 가장 중요한 목표로 제시했다. 그래서 처음 이름도 '자기방어를 위한 블랙팬더당'(the Black Panther Party for Self-Defense)이었다.■ 이번 점거운동에서 오클랜드 경찰이 보여 준 폭력성은 긴 역사적 배경을 갖고 있는 셈이다.

지난 10월 『가디언』에는 오클랜드 경찰의 폭력성의 역사를 소개한 짧은 기사가 게재되었다. "Oakland police: controversial History Sets Tone for City's Discord", *The Guardian*, 2011.10.26. 참고로 지금도 오클랜드 경찰의 인종차별적 폭력은 심각한 문제로 지적되고 있다. 최근 조사에 따르면 흑인과 백인의 인구 비율은 비슷한데, 흑인들이 백인들에 비해 불심검문을 당하는 비율은 세 배가 넘었다.

그런데 11월 2일 총파업을 단행했을 때 아큐파이 오클랜드에서는 경찰의 폭력과는 다른 폭력이 문제로 떠올랐다. 검은 복면을 한 채 은행 점포의 창문을 깨고 현금인출기를 부수고, 대형 상점들의 간판을 부수고 곳곳에 스프레이로 낙서를 한 '블랙 블록' 사람들에 대한 논쟁이 일어난 것이다. 어떤 점거자는 이들을 향해 "이걸로 은행이 입은 피해는 별 게 없지만 시위대는 엄청난 타격을 입었다"고 비판했다. 즉 블랙 블록이 행사한 폭력은 경찰로 상징되는 국가와 자본을 파괴하기보다 시위대를 파괴하고 있다는 것이었다. 아닌 게 아니라 주류 언론에서는 수만 명이 참여한 오클랜드 항구 봉쇄보다 수십 명 내지 수백 명의 블랙 블록을 더 집중 보도했다. 블랙 블록 전술에 화가 난 어느 청년은 이들을 향해 "얼마나 멍청한 짓이야! 점거를 하라고, 파괴 말고 말야 (Occupy not destroy)!"라고 외치기도 했다.■

> 다음 동영상을 참고하라. http://www.youtube.com/watch?v=zz22OvY6FTY&feature=youtu.be&t=3m42s.

15호 리포트에서도 다룬 바 있지만 '폭력'이 무엇인지를 밝히는 건 참 어렵다. '폭력' 일반이 아니라, 그저 우리가 일상에서 말하는 '폭력 시위'가 무엇을 의미하는지조차 모호한 면이 있다. 어떤 곳에서는 법을 어기고 경찰의 지시를 어긴 것만으로도 '폭력 시위'라는 말이 나오고, 또 다른 곳에서는 경찰에게 돌을 던지는 것에 대해서도 대체로 비폭력 시위였다는 평가를 받기도 한다. 이번 오클랜드 시위에서의 '블랙 블록'에 대한 논쟁에 개입하면서 그레이버는 자신이 지난 4월에 만난 이집트 청년의 이야기를 꺼냈다. 이집트의 은행에 근무하던 자유주의 성향의 그 청년은 비폭력 시위 이야기가 나오자 이렇게 말했다고 한다.

"당연하죠. 우리는 모두 비폭력적입니다. 아무도 화기(firearms) 같은 걸 사용하지 않아요. 그저 돌멩이나 던질 뿐이죠".■■

> David Graeber, "Concerning the Violent People-Police: An Open Letter to Chris Hedges from David Graeber", http://untitled12988.tumblr.com.

오클랜드 총파업 이후 지난 1월까지 대량 연행자가 발생하는 시위가 계속 일어나면서, 이번 점거운동의 지지자들 중 아큐파이 오클랜드를 전체 운동에서 분리시키려는 움직임이 나타났다. 본격적인 논쟁의 시발은 진보적 저널리스트인 크리스 헤지스(Chris Hedges)가 시작했다. 그는 「아큐파이 운동에서의 암적 존재」라는 글을 써서, 블랙 블록 아나키스트들을 전체 운동에서 제거해야 할 존재로 비난했다.* 그는 블랙 블록 아나키스트들이 반달리즘(vandalism)이나 니힐리즘(nihilism)을 혁명과 혼동하고 있다고 했다. 다양한 전술에 대한 고려는 필요하지만 블랙 블록이 하는 행동은 사실상 범죄에 불과하며, 오히려 경찰의 폭력 진압에 명분을 제공하고 있다고도 했다. "국가로서는 이보다 더 기쁠 수 없을 것이다."

> Chris Hedges, "The Cancer in Occupy", *Truthdig*, 2012.2.6, http://www.truthdig.com/report/item/the_cancer_of_occupy_20120206.

폭력 시위에 대한 헤지스의 우려 자체는 이해 못할 바도 아니고 우리에게 낯선 것도 아니다. 군부정권이 물러간 90년대 이후 '폭력 시위'에 대한 비판은 경찰과 언론의 시위대에 대한 단골 공격 메뉴였으며, 작년 한미FTA 반대 시위 때 일어난 '종로경찰서장에 대한 폭력' 논란에서 보듯 현재적 문제이기도 하다. 시위대의 물리력 사용 수준은 87년 이후 전반적으로 감소되어 왔지만 폭력 시위에 대한 문제 제기는 결코 감소하지 않았으며 오히려 늘지 않았나 싶다.

물론 시위에서 폭력에 대한 성찰은 중요하다. 나는 15호 리포트에서 폭력은 외면적으로는 법을 위반하는 것이지만 어떤 점에서 법적인 것과 내적 연관을 맺고 있다고 했다. 그리고 폭력성보다 중요한 것은 급진성 내지 공격성이라고 했다. 운동의 급진성이나 공격성은 그 운동이 가진 내적 역량과 체제를 넘어서는 타협 불가능한 움직임에 의해 표현된다. 시위대가 방향을 잃은 채 무력함에 빠져 눈앞의 경찰에 대한 보복 이상의 의미를 갖지 않는 물리력을 행사한다면 그것은 물리력의 강도에 상관없이 폭력이다. 그런 물리력의 사용은 대개의 경우 상황을 타개하기보다 상황을 고립시켜 버린다.

그래서 폭력에 대한 헤지스의 지적에는 일견 수긍할 만한 대목이 없지 않다. 그러나 폭력에 대한 그의 문제 제기는 우리로 하여금 '폭력에 반대하는 쪽에서 나오는 폭력'에 대해 생각해 보게 한다. 그는 '블랙 블록'을 하나의 집단과 동일시해서 그 집단을 운동에서 제거하려는 폭력적 욕망을 드러내고 있기 때문이다(블랙 블록에 대한 그의 비판의 현실적 효과는 이번 점거운동으로부터 '아큐파이 오클랜드'를 분리시키는 것이 될 것이다).

하지만 그레이버가 그의 글에 강하게 반발하며 지적했듯이, 일단 '블랙 블록'은 집단이 아니라 '전술'의 이름이다. 상황에 따라 물리력의 사용이 필요하다고 느끼는 사람은 정파에 상관없이 블랙 블록에 참여한다. 그들은 경찰로부터 익명성을 유지하고 또한 시위대에게 자신이 하려는 행동을 알리기 위해(한편으로는 시위대를 경찰 폭력으로부터 지키기 위해, 다른 한편으로는 시위대 자신에게 위험한 상황이 초래될 수 있으니 적절한 거리를 유지하라는 메시지를 전하기 위해) 검정 옷을 입고 두건을 쓴다. 누구든 맥락에 따라 거기에 참여할 수가 있다. 80~90년대 한국의 학생운동에도 이런 식의 '사수대' 구성이 흔하게 일어났다. 대학에 다닐 때 나 역시 여기에 참여한 적이 있었다. 91년 봄, 오후 늦게 도서관에서 공부를 하다가 나오는데 경찰이 시위대를 해산하겠다며 학내에 진입했고 이곳저곳에서 동료들을 구타하는 것을 보았다. 학생들 중 누군가 사수대에 참여할 사람을 모았고 나도 거기에 뛰어갔던 기억이 난다.

　지금 점거운동에서 문제가 된 블랙 블록의 상당수는 전문 무력 투쟁 단체가 아니고 상황에 따라 물리력 사용을 결의한 시위대의 일부이다. 물론 이 전술이 상황에 적합한 것인지, 그것이 올바르게 사용되고 있는지에 대해서는 의견이 갈릴 수 있다. 하지만 그 전술에 동의하는지 여부와 그 전술을 사용하는 사람들과 운동을 함께할 수 있다고 생각하는지 여부는 조금 다른 문제다. 내가 동의하지 않는 전술에 대해서 우리는 어떤 태도를 취해야 하는가. 내 전술만이 배타적으로 옳다는 생각이 아니라면, 우리는 우리가 동의하지 않는 전술들과 어떻게 관계 맺을지에 대한 구체적인 방안을 고민해야 한다.

　불행히도 헤지스는 폭력을 특정 집단의 문제로 돌리고 그 집단을 전체 운동으로부터 제거하려고 했다. 그동안 막대한 이득을 챙기며 경제 위기를 초래한 대규모 은행들, 천문학적 규모의 구제금융을 받고 경영진에게는 보너스 잔치까지 벌여 준 은행 점포들의 창문을 깨뜨린 것, 거기에 스프레이로 낙서를 한 것. 그러한 행동들에 동의하지 않는다고 해서 우리가 그들을 '암적 존재'로 지목하고 제거해야 마땅한 '폭력 집단'으로 불러야 하는가.

　헤지스를 비판한 그레이버는 블랙 블록이라는 전술을 특정 집단과 동일시하고 그들을 범죄자 취급하는 것이야말로, 평화 시위 주창자들이 행사하는 끔찍한 폭력일 수 있음을 지적했다. 그에 따르면 실제로 평화 시위 주창자들은 블랙 블록 전술을 구사하는 이들을 붙잡아서 경찰에 넘기기도 했고, 블랙 블록 시위대의 옷과 복면을 벗긴 뒤 폭행을 하는 일도 일어났다고 한다. 경찰에 대해서는 평화로운 행동을 그토록 강조하는 사람들이 말이다.

2008년 촛불시위 때 나도 비슷한 경험을 했다. 7월 중순께 시위가 뚜렷이 하강 국면에 접어들었을 때, 한 부류의 사람들은 쇠파이프를 들고 경복궁 근처에서 경찰과 충돌하고 있었고 다른 한 부류의 사람들은 청계천 인근에서 평화롭게 앉아서 문화제를 열었다. 둘은 서로를 운동을 망치는 주범으로 간주했다. 그날 밤 길바닥에 앉아 몇몇 연구자들과 그때의 시위에 대해서 의견을 나누었다. 내가 6월 말에 있었던 어떤 상황, 즉 일군의 대학생들이 경찰에 고립되어 폭행을 당할 위험에 처했을 때, 교수들 몇 명이 뛰어들어가 그들을 이끌어 낸 일을 언급하며, 지금 상황에서 필요한 것은, 비폭력적이지만 매우 공세적인, 말 그대로 상황을 타개해 줄 창과 같은 존재들이라고 했다. 지금 필요한 용기는 상황을 타개하는 행동에 있지 상황을 지키는 행동에 있지 않다고. 그때 곁에 있던 유명한 철학자 한 사람이 내게 입에 담기 힘든 욕설을 바로 퍼부었다. 그는 평화 시위 주창자였고 촛불집회의 정신은 거기 있다고 생각했던 사람으로 내 말을 듣기 전까지는 아주 온화한 평화주의자의 얼굴을 하고 있었다. 경찰에 대해서는 욕설도 자제하는 사람이 왜 내게 그토록 심한 욕설을 퍼부었던 것일까. 여기에 바로 '폭력에 반대하는', 그러나 역시 또다른 의미에서 내부로 행사되는 '폭력'이 있었던 것이다. 평화주의자들이 종종 '내부 공안'으로서의 역할을 수행하며, 국가에 반대하는 시위를 할 때조차 국가를 이미 내면화한 상태로서 그렇게 할 수 있다는 것이 이런 데서 드러난다(나는 이런 '폭력에 반대하는 폭력' 문제를 대할 때마다 스텐리 큐브릭의 1971년 작 영화 「시계태엽 오렌지」가 떠오른다).

### 3. '타자 배제의 권리'와 '타자와 함께할 권리'

총파업 날 저녁, 아큐파이 오클랜드에서는 '폭력과 비폭력'에 대한 포럼을 열었다고 한다. 점거자들은 대체로 "다양한 전술을 존중할 필요가 있다"는 결론에 도달했다고 한다. 헤지스는 "전술의 다양성(diveristy of tactics)이란 결국 한 줌의 훌리건들 때문에 수백 수천의 평화로운 시위대가 불신을 받게 되는 길"이라고, 그것은 사유를 끝장내 버리는 블랙 블록의 상투 문구일 뿐이라고 주장했다.

하지만 '다양한 전술의 존중'은 정말 중요한 문제이다. 운동의 대의를 공감하지만 서로 다른 전술을 추구하는 이들이 어떻게 운동을 함께해 나갈 수 있을까. 현재 활동가들이 선호하는 방법은 '구역화'(zoning) 방식이다. '블랙존', '레드존', '그린존'을 설정해서, 일정한 물리력의 사용을 각오하는 사람들, 비합법이지만 물리력 사용까지는 원하지 않는(가령 허가받지 않은 도로에서의 평화로운 행진까지는 각오한) 사람들, 법이 정한 틀을 어기지 않으며 시위를 하고 싶은 사람들이 각자의 방식으로 시위를 하게 하는 것이다. 물론 이때의 '구역화'는 물리적 장소의 구분이라기보다는 시위 '행위'의 구분이다. 그 사이에서는 다양한 활동가들이 코디네이터 혹은 조력자로서 움직인다. 서로의 시위를 조정해 주는 것이다.˙

물론 시위대 중에는 온갖 사람들이 있기 마련이고 사실상 '죽음의 충동'과 다름없는 파괴 행위를 하는 사람도 있을 수 있다. 그러나 우리가 폭력 시위에 대해 문제를 제기할 수 있다면 그것은 우리가 시위에서 '타자를 배제할 권리'를 가졌기 때문이 아니라, 반대로 시위를 '함께할 권리'를 가졌기 때문일 것이다. 내 전술이 배타적으로 옳다는 생각이 아니라면, 그리고 시위대 일부가 실제로 나의 '적'이라는 인식이 들지 않는다면, 우리는 어떻게 동의하지 않는 전술들에도 불구하고 운동을 함께할 수 있는가를 고민할 필요가 있다. 그것은 시위자들 모두의 권리이고 동일한 의미에서 시위자들의 능력이다.

내가 폭력 시위에 문제 제기를 하는 대목은 사실 이 부분이다. 즉 시위대가 법을 어겼는지, 경찰에게 어떤 물리력을 행사했는지의 여부 이전에, 그것이 시위대의 '함께할 권리'를 박탈하고 있는 것은 아닌지(즉각적 상황에서뿐만 아니라 장기적 비전에 있어서도)의 여부에서 먼저 판단될 필요가 있다. 아큐파이 오클랜드에 참여하고 있는 휠체어 이용자 수노라 테일러는 경찰 폭력이 자신의 '시위할 권리'(right to protest)를 박탈하고 있다고 비판했는데, 이 문제 제기는 시위대 내부에서도 중요하게 판단해야 할 사안이다. "나는 경찰의 폭력이 시위를 매우 안전하지 못한 것으로 만듦으로써, 어떤 취약성 — 그것이 나이 때문이든, 이민자라는 지위 때문이든, 병 때문이든, 어떤 장애 때문이든 상관없이 — 을 가진 많은 이들이 시위를 할 권리를 행사하는 것을 막고 있는 것에 분노한다."

> 2000년대 이후 한국의 시위에서는 녹색 조끼를 입고 시위대 사이를 누비고 다니는 인권지킴이들을 많이 볼 수 있다. 경찰 폭력으로부터 시위대의 인권을 지키는 중요한 활동을 하고 있고 동시에 시위대가 필요 이상으로 과열되지 않게 하는 역할도 일정하게 하는 것 같다. 90년대 이후 시민운동, 특히 인권운동이 많이 성장하면서 생겨난 중요한 그룹이 아닌가 싶다. 하지만 요즘 들어 나는 이들 인권지킴이 못지않게 한국의 시위에서 필요한 것은 시위대 내부의 코디네이터가 아닐까 하는 생각을 하고 있다. 시위대 스스로가 서로 다른 전술 때문에 갈등에 빠지지 않도록, 그리고 민중들이 자유롭게 발언하는 일반회합, 즉 '제너럴 어셈블리'가 자생적으로 거리에서 생겼을 때(2008년 시위 때 나는 곳곳에서 순간적으로 이런 회합들이 생겨나는 것을 보았다), 그 진행을 돕는 조력자들이 정말 필요하다는 생각이 든다.

시위대의 어떤 전술이 다른 이들을 시위로부터 추방하고 배제한다면, 그것은 함께할 권리의 박탈이자, 함께할 수 없는 무능력의 표출이다(이 점 때문에 블랙 블록 전술을 행사하는 이들에게는 엄격한 윤리가 요청된다. 그것이 무너지면 그들은 사실상 시위대를 공격하는 것이 된다). 테일러는 "다양

오클랜드 점거자들이 지난 1월 28일 사회센터 설립을 위한 점거 행동에 나섰다. "코뮨을 안으로 들이고 경찰을 밖으로 내보내자."

한 전술들을 존중한다는 것이 정말 무엇인지, 그걸 아는 데 우리의 미래가 달려 있다"고 적었는데, 정말 공감이 가는 말이다.

### 4. 자본주의의 '사적소유권'과 코뮨주의의 '함께 살아갈 권리'

많은 경우 폭력은 관계의 '해체'이자 '추방'을 의미한다(반복해서 말하지만 나는 폭력의 핵심이 물리력의 강도나 법규 위반 여부가 아니라, 관계의 '해체'나 '처분', '추방'에 있다고 생각한다). 이 점에서 코뮨주의와 자본주의는 좋은 대비를 이룬다. 코뮨(commune)이라는 말이 '함께함', 다시 말해 '함께할 수 있는 능력과 권리'를 의미한다고 할 때, 확실히 폭력은 코뮨에 상반된 측면을 갖고 있다. 역으로 이번 오클랜드 시위자들의 폭력에 희생된 것처럼 보도된 '사유재산의 권리'는 그것이 본질적으로 '타자 추방의 권리'에 입각해 있다는 점에서 오히려 폭력적인 면이 있다." 그리고

> 사적소유권의 핵심에 '추방'과 '처분'이 있다는 것에 대해서는 『코뮨주의 선언』(교양인, 2008)의 3장 「코뮨주의와 소유」 참조.

이 사유재산의 권리가 가진 폭력성은 지금과 같은 경제적 위기 속에서는 더 첨예하게 드러난다.

흥미롭게도 2012년 1월 28일 오클랜드 시위대의 행동은 이 문제를 잘 드러내 주었다. 아큐파이 오클랜드의 점거자들은 오클랜드시의 텅 비어 있던 카이저 컨벤션 센터(Kaiser Convention Center)를 점거해서 사회 센터 내지 공동체 센터로 전환하려는 시도를 했다. 지난 점거에서 공원에서 시도했던 새로운 공동 삶의 형식, 즉 코뮨을 만들고자 한 것이다. 이것은 금융위기 와중에 집에 대한 소유권을 잃은 이들에게 집을 돌려주려고 했던 점거운동(가령 아큐파이 애틀랜타)보다 이 집에서 훨씬 급진적이라고 할 수도 있다. 후자가 소유권을 되돌려주는 것이라면, 전자는 소유권을 넘어서려는 시도이기 때문이다. 이들의 시도는 자본주의적 사유재산(비록 그것이 가난한 이들의 것일지라도)을 지켜 주는 운동의 방향이 아니라, 사적 울타리를 넘는 공동의 공간, 더 나아가 공동의 삶을 창출하는 방향을 지향하는 것처럼 보인다.

아큐파이 오클랜드의 참여자 중 한 사람인 마리아 루이스는 「데모크라시 나우」와의 인터뷰에서 이렇게 말했다. "오클랜드의 수천 명 시민들은 길거리에서 지금 이 나라의 경제적·정치적 시스템이 체계적으로 우리를 밀어내고 있다고, 다시 말해 기본적인 음식, 쉼터, 의료보험 등에 대한 권리를 거부하고 있다고 주장하고 있습니다. 바로 그것들은 오클랜드 코뮨, 즉 아큐파이 오클랜드가 텐트촌에서 제공했던 것이죠. 그런데 경찰이 잔인하게 그것을 철거하면서 불가능해졌습니다." 그러고는 고무탄이나 섬광탄 등을 쏘며 건물 점거자들을 몰아내고 400명 이상을 연행한 오클랜드 경찰에 대해 이렇게 말했다. "저는 이게 시 당국이 무엇을 더 중요하게 생각하는지를 보여 주는 조치라고 생각합니다. 그들은 내버려진 사유재산권을 보호하는 것이 내버려진 사람들을 보호하는 것보다 중요하다고 보는 거죠".■

　이번 점거는 경찰의 폭력과 일부 시위대의 폭력 논란으로 가려졌지만 우리 사회가 가진 체제적·제도적 폭력 문제를 슬쩍 보여 주었다. 시위대의 행동이 폭력적이었는가의 논란 이면에 '사유재산권'이라고 하는 자본주의의 어떤 본질적인 권리가 건드려진 것이다. 정부가 기업이나 은행에 막대한 구제금융을 제공하고도 섣불리 개입할 수 없었던 것, 그리고 도시에 버려진 집이 그렇게 많지만 길거리에 나앉은 사람들이 이용할 수 있는 공간은 단 하나도 없는 것은 자본주의의 신성한 '사유재산권'의 침해를 조금도 인정할 수 없었기 때문이다.

　우리 사회가 어디에 더 우월한 가치를 둘 것인가는 생각해 볼 대목이다. 우리 사회의 가장 밑바닥에 '사유재산의 권리'를 둘 것인지, '함께 살아갈 권리'를 둘 것인지. 이른바 자본주의 대 코뮨주의. 오클랜드 사례는 여러모로 흥미롭다.

> ■ "Occupy Oakland: Over 400 Arrested as Police Fire Tear Gas, Flash Grenades at Protesters", 2012.1.30, http://www.democracynow.org/2012/1/30/occupy_oakland_over_400_arrested_as.

부록

**부록1** @데이비드 그레이버

# 월스트리트 점거운동의 아나키스트적 뿌리

> David Graeber, "Occupy Wall Street's Anarchist Roots", *Aljazeera*, 2011.11.30, http://www.aljazeera.com/indepth/opinion/2011/11/2011112872835904508.html.

'월스트리트를 점거하라'(OWS) 운동에 대해 주류 언론과 인터뷰를 할 때마다 내게 그들은 똑같은 내용을 다만 변주해서 말하곤 한다. "만약 당신들이 리더십[지도/피지도] 구조를 만들기를 거부하거나 [시위의] 실질적인 요구 사항들의 목록을 만들지 않으려 한다면 어떻게 어떤 결론을 도출하거나 뭔가를 얻어 낼 수가 있겠습니까? 아나키스트적 넌센스로요? 컨센서스, 그러니까 손가락을 반짝반짝거리는 걸 통해서요? 이런 식으로는 일반적인 미국인들, 주류 미국인들에게 절대 다가가지 못할 겁니다!"

만약 누군가 자신이 받은 최악의 충고들로 스크랩북을 만든다면 이런 식의 충고는 아마 꽤나 상위 자리를 차지할 수 있을 것이다. 사실 2007년 금융 붕괴 이후로, 그런 저널리스트들이 권유한 방식으로, 미국의 금융 엘리트들이 자행한 약탈에 맞선 전국적 운동을 시작하려는 수십 번의 시도가 있었다. 하지만 그 모든 것들이 실패했다. 지난 [2011년] 8월 2일에서야 일군의 아나키스트들과 반권위주의자들(anti-authoritarians)이 그런

▼
데이비드 그레이버는 미국 태생의 인류학자로서 현재 런던대학교 골드스미스 컬리지 사회인류학과 교수로 재직 중이다. 급진적 사회운동에 활발히 참여하고 있으며, 이번 월스트리트 점거운동에도 커다란 역할을 하고 있다. 대표 저서로 『가치이론에 대한 인류학적 접근』, 『부채, 그 첫 5,000년』 등이 있다.

[저널리스트들이 말한 식으로 운동을 시도했던] 그룹이 소집한 집회에 나타나 사람들에게 미리 계획된 행진과 집회를 그만두고, 기본적으로 아나키스트 원리들에 바탕을 둔 진정한 민주적 어셈블리를 만들자고 설득력 있게 호소했고 이로써 포틀랜드에서 터스컬루사까지 미국인들이 서로를 기꺼이 껴안을 수 있는 운동을 위한 무대가 마련되었다.

여기서 나는 내가 '아나키스트 원리들'이라고 부른 것에 대해 좀더 분명히 해두고 싶다. 아나키즘을 설명하는 가장 쉬운 방식은 그것을 진정하게 자유로운 사회, 다시 말해 사람들이 폭력의 지속적인 위협에 의해 강제되지 않는 그런 관계들을 다른 이들과 맺는 그런 사회를 만들고자 하는 정치적 운동이라고 말하는 것이다. 역사는 우리에게 부의 막대한 불평등, 노예제 같은 제도들, 채무 예속이나 임금노동 같은 것들이 군대, 감옥, 경찰 등에 의해 뒷받침될 때만 유지된다는 것을 보여 주었다. 아나키스트들은 군대나 감옥, 경찰 등에 의해 뒷받침될 필요가 없는 그런 인간관계들을 보고 싶어 한다. 아나키즘은 평등과 연대에 기반한 사회, 단지 참여자들의 자유로운 동의에 의해서만 실존하는 그런 사회를 꿈꾼다.

**아나키즘 대 맑시즘**

물론 전통적인 맑시즘도 동일한 최종 목적을 열망한다. 하지만 중요한 차이가 있다. 대부분의 맑스주의자들은 국가권력과 거기에 수반되는 모든 관료주의적 폭력 메커니즘들을 장악하는 것이 우선 필요하다고 주장한다. 그리고 그것들을 이용해서 사회를 변혁해야 한다고 말한다. 그들의 주장에 따르면 그런 메커니즘들이 불필요해서 사라지게 되는 때가 오는데 그때까지 그렇게 해야 한다. 이미 19세기에 아나키스트들은 이것이 하나의 몽상에 불과하다고 주장했다. 그들은 우리가 전쟁을 위해 훈련하는 식으로 평화를 창조할 수 없으며, 상명하복식의 명령 체계를 통해 평등을 창출할 수 없다고, 마찬가지로, 대의를 위해 자기 실현이나 자기 완성을 모두 희생시키는, 침울하고 음울한 혁명가들이 되는 식으로는 인간적 행복을 만들어 낼 수 없다고 주장했다.

이는 단지 목적이 수단을 정당화하지 않는다는 뜻에서가 아니라(목적이 수단을 정당화하지 않는 것도 사실이지만), 수단들이 그 자체로 당신이 만들고 싶은 세계에 맞는 게 아니라면 당신은 결코 목적을 이룰 수 없다는 뜻에서다. 그래서 자유학교에서 급진적 노동조합, 농촌의 코뮨들에 걸친 평등주의적 실험들로 "구(舊)사회의 껍데기 속에서 새로운 사회 건설"을 시작하라는 유명한 아나키스트 외침이 나온 것이다.

아나키즘 역시 혁명적인 이데올로기였으며, 개인의 의식과 개인들의 주도권 행사에 대한 아나키즘의 강조는 대체로 1875년부터 1914년 사이, 다시 말해 혁명적 아나키즘이 잘나가던 첫번째 시기 동안, 많은 이들이 폭탄과 저격을 통해 국가 수뇌부들과 자본가들에 직접 맞서 싸웠음을 의미한다. 그래서 아나키스트 폭탄 투척자라는 대중적 이미지가 생겨난 것이다. 하지만 아나키스트들이야말로 — 비록 곧바로 결백하다는 걸 의미하는 건 아니지만 — 테러리즘이 통하지 않는다는 것을 깨달은 아마도 첫번째 정치적 운동이었을 것이라는 사실에 주목할 필요가 있다. 이제까지 거의 한 세기 동안 아나키즘은 그 신봉자가 누군가를 날려 버리지 않은 극소수의 정치철학들 중의 하나이다(20세기 정치지도자 중 아나키스트 전통에서 가장 많은 것을 끌어낸 사람은 간디였다).

그러나 대체로 보아 1914년에서 1989년까지의 기간 동안, 그러니까 세계가 계속해서 세계 전쟁을 치르거나 준비했던 이 기간 동안, 아나키즘은 정확히 다음과 같은 이유에서 빛을 잃어버린 어떤 것(something of an eclipse)이 되어 갔다. 그런 폭력적인 시대에 '현실적'(realistic)으로 보이기 위해, 정치적 운동은 육군과 해군을 조직하고 미사일 발사 시스템을 갖출 수 있어야 했으며, 그게 맑스주의자들이 종종 유능함을 보였던 것들 중의 하나였다. 하지만 모든 사람들은 아나키스트들이 ─자랑스럽게도─ 그런 걸 할 수는 없을 거라는 걸 깨달았다. 엄청난 전쟁 동원의 시대가 끝난 것처럼 보이고 아나키스트 원리에 기초한 지구적 혁명 운동 ─지구적 정의 운동(global justice movement) ─ 이 즉각적으로 재출현한 것은 바로 1989년이 지나서였다.

자, 그럼 OWS가 어떻게 아나키스트 원리들을 체현했다는 것일까? 항목별로 하나씩 이것을 검토해 보는 것이 도움이 될 것 같다.

① 기존 정치제도들의 정당성을 인정하는 것에 대한 거부

그동안 많이 논의되었지만, 요구사항을 제시하기를 거부하는 이유 중의 하나는, 그것이 그 요구사항을 이루는 사람들의 정당성 ─혹은 최소한 그 사람들의 권력─을 승인한다는 의미를 갖기 때문이다. 아나키스트들은 종종 이것이 항의시위(protest)와 직접행동(direct action)의 차이라고 말한다. 항의시위는 아무리 전투적일 때조차 당국(authorities)에 달리 행동해 줄 것을 호소하는 것이다. 하지만 직접행동은, 그것이 공동체에서 우물을 만드는 것이든 법에 저항하며 소금을 만드는 것이든(다시 간디의 예를 들자면), 아니면 회의 개최를 막거나 공장을 점거하는 것이든, 마치 기존의 권력 구조가 존재하지도 않는 것처럼 행동하는 문제이다. 직접행동

이란, 결국에, 마치 우리가 이미 자유로운 사람들인 것처럼 행동하자는 저항적 외침이다.

② 기존 법질서의 정당성을 받아들이는 것에 대한 거부

두번째 원리는 첫번째 것으로부터 자연스럽게 따라 나오는 것이다. 아주 처음부터, 그러니까 뉴욕의 톰킨스 스퀘어 공원에서 예비 모임을 시작했을 때부터, 조직가들은 당국의 허가 없이 공공 공원에서 12명 이상이 회합을 갖는 것은 불법이라는 법적 명령을 고의로 무시해 버렸다. 그런 법이 존재해서는 안 된다는 단순한 이유에서였다. 마찬가지 이유에서 우리는 중동과 남유럽의 예에서 영감을 받아 공원을 점거하기로 했고, 우리 자신이 공중(공공, the public)이기에 우리는 공공 장소를 점거하는 데 허가를 받을 필요가 없다는 이유에서도 공원을 점거하기로 했다. 이는 사소한 형태의 시민불복종(civil disobedience)일 수도 있지만, 우리가 법률적인 명령이 아니라 도덕적 명령에 대한 책무만으로 출발한 것은 매우 중요하다.

③ 내적 위계 만들기를 거부하고 그 대신 동의에 토대를 둔 직접민주주의 형식을 창안한 것

조직가들은 역시 [이 운동의] 처음부터 지도자 없는 직접민주주의를 통해, 그리고 또한 동의를 통해 운영을 하자는 대담한 결정을 내렸다. 첫번째 결정은 매수되거나 위협받을 위험이 있는 형식적 리더십[지도부] 구조를 만들지 않겠다는 것이고, 두번째 결정은 어떤 다수도 소수를 함부로 하지 못하며 모든 중요한 결정들은 일반적 동의(general consensus)를 통해서만 내려져야 한다는 것이다. 미국 아나키스트들은 동의 과정(consensus process)을 오랫동안 아주 중요한 것으로 간주해 왔다(이 전통은 페미니즘, 아나키즘, 그리고 퀘이커와 같은 영적인 전통들이 합류해서 만들어진 것이다). 왜냐하면 이것이야말로 강요 없이 운영될 수 있는 유일한 형태의 의사결정이기 때문이다. 만약 다수가 소수를 자기 명령에 따르도록 강제할 수단들을 가지고 있지 않다면 모든 의사결정은 필연적으로 일반적 동의(general consent)에 의해 이루어질 수밖에 없을 것이다.

④ 예시적(豫示的) 정치를 받아들이기

그 결과 주코티 공원, 그리고 이후 만들어진 여러 야영지들은 새로운 사회의 제도들을 창안하는 실험 공간이 되었다. 민주적 제너럴 어셈블리만이 아니라 주방, 도서관, 병원, 미디어 센터, 그리고 여러 기구들을 관장하는 호스트 등등. 이 모든 것들은 상호부조와 자기조직화라고 하는 아나키스트 원리들에 의해서 운영되고 있다. 이것은 낡은 것의 껍데기 안에서 새로운 사회의 제도들을 창안하는 진정한 시도라고 할 수 있다.

왜 그것이 작동했던 것일까? 왜 그것이 사람들을 사로잡았던 것일까? 하나의 분명한 이유는 대부분의 미국인들은 기존 미디어에 있는 사람들이 인정하는 것보다 훨씬 더 급진적 생각들을 받아들이는 데 적극적이라는 점이다. 기본적인 메시지, 즉 미국의 정치 질서는 완전히 그리고 치유 불가능할 정도로 부패했고, 두 지배 정당들은 상위 1%의 부자들에게 구매되고 팔렸다는 것, 그리고 진정으로 어떤 민주적인 사회에 살고 싶다면 우리는 처음부터 다시 시작해야만 할 것이라는 사실이 분명 미국인들의 마음 깊이 울린 것이다.

어쩌면 이것은 놀랄 일이 아니다. 우리는 1930년대의 상황에 필적할 만한 처지에 있으니 말이다. 비록 미디어가 그것을 고집스럽게 인정하지 않으려 한다는 큰 차이가 있기는 하지만.* 이는 미국 사회에서 미디어 자체의 역할이 무엇인지에 대한 흥미로운 문제를 던져 준다. 급진적 비평가들은 소위 '기업 미디어'(corporate media)는 주로 대중들(the public)에게 기존 제도들이 건강하고 정당하며 올바르다는 것을 확신시키기 위해서 존재한다고 생각해 왔다. 하지만 미디어들도 이것이 진짜로 가능하다고 생각하지는 않는다는 점이 분명해지고 있다. 오히려 그들의 역할이란 점점 늘어나는 분노한 대중들로 하여금 아무도 그들이 도달한 결론에 동의하지 않는다는 점[즉 당신들만 그렇게 생각한다는 점]을 확신시키는 데 있을 뿐이다. 그 결과 진정으로 믿는 사람은 아무도 없으면서도 대부분의 사람들은 최소한 자기 말고 다른 사람들은 그것을 믿는 것 같다고 생각하는 이데올로기가 만들어진다.

보통의 미국인들이 진심으로 생각하는 것과 미디어와 기존의 정치제도들이 그들에게 그들이 생각하는 것이라고 말해 주는 것 사이의 괴리가 민주주의에 대해서 말할 때만큼 분명한 곳도 없을 것이다.

> 원문에서는 "미디어가 그것을 고집스럽게 인정하려는 것처럼 보인다"(the media seems stubbornly willing to acknowledge it)고 되어 있으나, 문맥상 본문처럼 옮기는 것이 옳은 것 같아 수정했다.

### 미국에서의 민주주의?

물론 공식적 견해에 따르면 '민주주의'는 건국의 아버지들이 창안한 것으로, 대통령과 의회, 사법부 간의 견제와 균형에 근거해서 만들어진 체계이다. 사실 독립선언서나 헌법 어디에도 미국에 대해 '민주주의'라고 말한 대목은 없다. 이 문서들의 저자들은, 한 사람도 빠짐없이, '민주주의'를 민중집회(인민회합, popular assemblies)에 의한 집단적 자기통치라고 정의

했고 그래서 그것에 단호하게 반대했다.

민주주의는 군중들의 광기를 의미했다. 즉 민주주의는 피와 소란과 불안정이 지배한다는 것이다. 그래서 존 애덤스(John Adams)는 이렇게 썼다. "자살하지 않는 민주주의란 없다." 해밀턴(Alexander Hamilton)은 견제와 균형 체제를 정당화하면서, "부유하고 출신이 좋은" 사람들이 민주주의의 '무모함'(imprudence)을 제어할(check) 영구적인 조직, 심지어 하원에서 받아들일 만한 그런 제한된 형태조차도 제어할 그런 영구적인 조직을 만들 필요가 있다고 주장했다.

그 결과로 나온 것이 아테네가 아니라 로마를 모델로 한 공화정(republic)이었다. 이것이 '민주주의'라고 재정의될 수 있었던 것은 19세기 초가 되어서였다. 왜냐하면 보통의 미국인들은 아주 다른 견해를 갖고 있었기 때문이고[즉 그것을 민주주의로 생각하지 않았기 때문이고], 유권자들은 자신을 '민주주의자'(민주당원, democrats)라고 부른 후보들에게 계속해서 표를 던져 왔기 때문이다. 그렇다면 보통의 미국인들이 생각했던 ─그리고 생각하는─ 민주주의의 의미란 무엇일까? 그들은 정말로 자신들이 의견을 표하고(weigh in), 정치가들이 그에 바탕을 두어 통치하는(정부를 운영하는, run the government) 그런 시스템을 민주주의라고 생각했을까? 그런 것 같지 않다. 결국에 따지고 보면 대부분의 미국인들은 정치가들을 혐오하고 통치라는 생각 자체를 못마땅해하는 경향이 있다. 만약 미국인들이 '민주주의'를 자신의 정치적 이상으로 제시한다면 그것은 단지 자신들이 여전히 민주주의를, 비록 막연하다 하더라도, 자기 통치(자기 거버넌스, self-governance)로서 보고 있기 때문이다. 즉 건국의 아버지들이 '민주주의'라는 말로 혹은 때때로 '아나키'라는 말로 거부감을 보이곤 했던 바로 그것으로, 민주주의를 이해하기 때문이다.

이는 최소한 미국의 미디어와 정치집단들이 한결같이 경멸적인 묵살을 해대고 있음에도 불구하고 왜 미국인들이 직접민주주의 원리들에 기초한 운동들을 열정적으로 받아들이는지를 설명하는 데 도움을 줄 수 있을 것이다.

사실 근본적으로 아나키스트적 원리들에 입각한 운동 — 직접행동, 직접민주주의, 기존 정치 기구들에 대한 거부와 대안적 기구들을 창조하려는 움직임 — 이 미국에서 일어난 게 이번이 처음은 아니다. 시민권 운동(최소한 그것의 급진적 분파들의 경우), 반핵운동, 지구적 정의 운동 등은 모두 비슷한 방향을 취했다고 할 수 있다. 하지만 그 어떤 운동도 이렇게 놀랍도록 빨리 성장하지는 못했다. 부분적으로 그 이유는, 이번에는 조직가들이 중심 모순으로 곧바로 나아간 것에 있다. 그들은 자신들이 민주주의를 이끌고 있다고 하는 지배 엘리트들의 거짓(pretenses)에 직접적으로 도전했다.

가장 기본적인 정치적 감수성이 생겨나면서 대부분의 미국인들은 아주 깊이 갈등하게 되었다. 대부분의 사람들은 개인의 자유에 대한 깊은 존중을 군대나 경찰 같은 제도들에 대한 거의 숭배에 가까운 동일시와 결합시킨다. 대부분의 사람들은 자본주의에 대한 증오를 시장에 대한 열정과 결합시킨다. 대부분의 사람들은 아주 평등주의적이면서 동시에 아주 인종차별적이다. 실질적으로 아나키스트인 사람은 거의 없다. '아나키즘'이 무엇인지 그 의미를 아는 사람조차 거의 없다. 설령 그들이 알게 된다 하더라도 얼마나 많은 사람들이 결국에 국가나 자본주의를 완전히 거부하게 될지는 분명치 않다. 아나키즘은 단지 풀뿌리 민주주의에 머무는 게 아니다. 그 훨씬 이상이다. 궁극적으로 아나키즘은 임금노동에서 가부장제에 이르기까지, 무력의 체계적인 위협에 의해서만 유지될 수 있는 그런 모든 사회적 관계들의 제거를 목표로 한다.

하지만 지금 압도적 다수의 미국인들이 느끼고 있는 한 가지 사실은 자신의 나라가 뭔가 끔찍하게 잘못되었다는 것, 나라의 핵심 기구들이 오만한 엘리트에 의해 지배되고 있다는 것, 어떤 급진적인 변혁이 그때를 너무 오래 놓쳐 왔다는 것이다. 그들 생각이 옳다. 도대체 어떻게 정치 시스템이 이렇게까지 구조적으로 타락할 수 있는지 상상하기조차 어렵다―모든 수준에서 뇌물은 합법화되었을 뿐 아니라 심지어 뇌물을 요구하고 나누어 주는 일이 모든 미국 정치인들의 전업(full-time occupation)이 되고 말았을 정도다. 지금의 분노는 적절한 것이다. 문제는 9월 17일이 될 때까지 어떤 종류든지 간에 급진적 해법을 내놓으려고 했던 유일한 진영은 우파였다는 사실이다.

지난 운동의 역사가 분명히 보여 주는 것처럼, 마구 터져 나오는 민주주의만큼 미국을 운영하는 이들에게 두려운 것은 없다. 민주적으로 조직된 시민불복종 운동의 점잖은 발발에 대해서조차 즉각적으로 나온 반응은 양보와 무자비한 탄압을 뒤섞은 말 그대로 우왕좌왕이었다. 이런 게 아니라면 어떻게 권리장전(the Bill of Rights)이 보호하겠다고 천명한 바로 그런 종류의 민주적 집회에 참여하고 있는 시민들, 뭔가 어긴 게 있다면 기껏해야 지역의 야영규칙 정도나 위반했을 그런 시민들에 대해, 전국적 수준에서 수천 명의 폭동진압 경찰들이 동원되고 폭행과 화학적 공격, 대량 연행 등이 횡행하는 것을 설명할 수가 있겠는가?

우리의 미디어 전문가들은, 만약 평균적인 미국인들이 이번 월스트리트 점거운동에서의 아나키스트들의 역할을 깨닫게 된다면 그들은 놀라고 두려워서 이 운동으로부터 돌아설 것이라고 말할지도 모른다. 하지만 상당수 미국인들이 아나키즘이 무엇인지 알게 될까봐 두려움에 떠는 것은 오히려 우리의 통치자들인 것 같다. 그들은 미국인들이 아나키즘이 무엇인지를 알게 되면 자신들에게 어떤 종류의 통치자도 필요 없다고 결심하게 되지 않을까 하는 떨쳐 내기 힘든 두려움 아래 있는 것 같다.

**부록2** @가야트리 스피박

# 총파업

> Gayatri C. Spivak, "General Strike", *tidal: occupy theory, occupy strategy*, issue 1, 2011.12. 이 글은 http://occupiedmedia.us/2012/02/general-strike/에서도 볼 수 있다.

도시의 노동력 전체가 노동수단을 내려놓고 어떤 요구가 충족될 때까지 일하기를 멈추는 것, 그것이 총파업(General Strike)이다. 처음 아이디어는 19세기 아나키스트들, 그러니까 노동자들은 아니었지만 반국가주의 신념을 가진 이들로부터 나왔다. [그런데] 폴란드 출신 혁명적 사상가로 독일의 반동 군대에 의해 살해되었던 로자 룩셈부르크(Rosa Luxemburg)가 총파업 개념을 다시 썼다. 그녀는 1896년에 시작해서 1905년 거대한 총파업으로 발전했던 러시아 제국에서의 위대한 총파업을 목격한 뒤 노동자들(프롤레타리아트)에게 그것을 호소했다. 프랑스 사상가로 정치적 좌파에서 정치적 우파로 변신했던 조르주 소렐(Georges Sorel) 역시 총파업을 노동자들에게 활력을 불어넣는 방법으로 인식했다.

아프리카계 미국인이자 역사학자이며 사회학자였던 두 보이스(W. E. B. Du Bois)는 노예해방 직후 일어난 노예들의 대탈주(exodus)를 총파업으로 기술했다. 노예들은 '블랙 프롤레타리아트'(면화 산업을 위한 플

▼
가야트리 스피박은 인도 출신의 대표적인 탈식민이론가로서, 그가 쓴 「하위주체는 말할 수 있는가?」(Can the Subaltern Speak?)는 서발턴에 대한 논의를 촉발시킨 고전이다. 현재 컬럼비아 대학에 재직 중이며, 『포스트식민 이성 비판』, 『경계선 넘기』, 『누가 민족국가를 노래하는가』, 『다른 여러 아시아』 등을 썼다.

랜테이션 노동자들)가 스스로를 정규 노동력으로 만드는 것을 용인하지 않았기 때문이다. 동일한 시기에 인도의 민족 해방가 간디는 총파업을 또다시 새롭게 썼다. 그는 계급에 상관없이 모든 식민지인들에게 총파업을 호소했다. 이로써 그는 총파업을 노동계급 운동으로부터 시민불복종과 보이콧 정치의 혼합태로 이동시킨 것이다. 그는 총파업을 '협력거부'(Non-Cooperation)라고 불렀다. 총파업에 대한 생각은 이렇게 변해 왔다.

지구화가 노동자들과는 별 관련도 없는 금융 시스템 ─ 불평등한 통화들을 거래하는 ─ 을 통해 진행되면서, 오늘날 전 세계 노동자들은 깊이 분할된 채로 살아간다. 이러한 분할은 왜 지금이 총파업을 다시 요청해야 할 때인가를 말해 준다. 이익이 계속 상층으로만 흘러가게 만들어진 시스템 ─ 은행에는 구제금융을 제공하고 의료보험이나 교육 그리고 구제금융이 절실히 필요한 모든 것들은 팽개치는 시스템 ─ 에 의해 배제된(disenfranchised) 사람들은 사실 이미 총파업을 호소하고 있었다. 이제 노동은 '배제된 시민들의 연합', 즉 99%로 총파업을 재정의할 기회를 갖게 되었다.

안토니오 그람시(Antonio Gramsci)는 국가의 복지 구조에 접근할 수 없는 사람들, 국가에서 아무런 역할도 할 수 없는 사람들을 '서발턴'(subaltern), 즉 가난한 사람들 중에서도 가장 가난한 사람들이라고 불렀다. 오늘날 이 이야기 역시 다시 쓰여지고 있는 중이다. 우리가 목격하고 있는 것은 일반 서민들(the middle class), 다시 말해 99%의 가장 큰 부분을 차지하는 사람들의 서발턴화이다. 총파업은, 두 보이스나 간디가 한때 그렸던 것처럼, 산뜻하게 대응 관계를 이루던 예전의 노동자/주인의 싸움을 넘어선 강력한 상징이 되고 있다. 이 점에서 우리가 명심해야 할 총파업의 몇 가지 특징들이 있음을 말하고 싶다.

① 총파업은 오늘날 매일(day-to-day) 실제로 부당한 일을 겪고 있는[부정의를 경험하는] 사람들에 의해 수행되는 것이지 도덕적으로 분노한 이데올로그들에 의해 수행되는 것이 아니다.
② 총파업은 정의상 비폭력적(non-violent)이다. 국가의 억압적 장치가 파업 참가자들에게 엄청난 폭력을 행사할 때조차 말이다.
③ 총파업은 일반적으로 법을 개정(reforming)하거나 다시 쓰는(re-writing) 것에 초점을 맞춘 요구들로 이루어져 있다. 즉 러시아 노동자들이 노동일의 길이에, 그리고 [미국의] 노예들이 수정헌법 14조와 15조(담론상에서가 아니라 실제상의 변화)에, 그리고 간디 시대에 탈식민화된 법구조에 초점을 맞추었듯이 말이다.

총파업과 법의 관계를 깨닫는다면, 우리는 이것이 **법적** 개량주의가 아니라 사회적·경제적 **정의**에 대한 요청임을 알 수 있을 것이다. 은행에 대한 구제금융에 반대하고, 재정정책에 대한 법적 감시를 제도화하고, 부자들에게 세금을 부과하며, 교육을 탈기업화하고, 화석연료와 농업에 대한 보조금을 철폐하는 것 등등. 법적 변화와 그것의 실행에 대한 강력한 관여는 정의에 대한 요구라고 할 수 있다. 그리고 기억해야 한다. 정치적 정당과 달리 총파업의 운동가들은 그들이 실제적인 변화를 볼 때까지는 협조(타협, co-operate)할 필요가 없다는 것을. 이미 압력은 작동하기 시작했다. 지난 11월 직불카드 수수료에 대한 5달러 승리를 보라[카드수수료를 월 5달러 부과하려 했던 은행들이 월스트리트 점거운동의 일환으로 계좌 이체 운동이 일어나자 놀라서 그 조치를 취소한 바 있다].

어떤 점에서 총파업들은 항상 '월스트리트'——넓게 말해 자본주의라고 말할 수 있는 '월스트리트'——에 반대하는 것이었다. 하지만 혁명들은 또한 단일한 독재자들이나 왕들로 표상되는 나쁜 체제들에 반대해 온 것이었기에, '혁명'에 대한 우리의 생각은 무장 투쟁, 폭력, 체제 변혁(regime change) 같은 것과 혼동되어 왔다. 러시아에서 차르, 중국에서 퇴폐적 봉건주의와 유럽식민주의(Euro-colonialism), 라틴아메리카에서 라티푼디아(대지주제, latifundia), 프랑스에서 부르봉 왕가, 아메리카에서 하노버 왕가와 이후의 노예제, 오늘날 아랍 세계에서 보면 튀니지의 자인 알-아비딘 벤 알리(Zayn al-Abidin Ben Ali), 이집트의 호스니 무바라크(Hosni Mubarak), 리비아의 무아마르 가다피(Muammar Gaddafi) 등.

하지만 이와 대조적으로 월스트리트 점거운동에서 총파업의 정신은 그 자신의 것으로 나아갔고 시민불복종이라는 미국의 전통과 함께하게 되었다. 즉 시민들은 규제받지 않는(unregulated) 자본주의 국가에 반대하는 것이지 특정한 개인이나 체제에 반대하는 것이 아니다. 그래서 우리는 단기적으로는 국가로 하여금 민중들이 아니라 기업과 은행들에 대해서만 책무를 다하게 하는 법들을 바꾸어야 한다. 그리고 장기적으로는 정의에의 의지(the will to justice)를 살아 있게 하는 교육을 만들고 키워 나가야 한다.

**부록3** @주디스 버틀러
# 불안정을 위하여, 그리고 불안정에 반대하며

> Judith Butler, "For and Against Precarity", *tidal: occupy theory, occupy strategy*, issue 1, 2011.12.

신자유주의 경제학이 공공 서비스는 물론이고, 학교와 대학을 비롯해서 공공기관들을 점점 더 구조화하고 있는 이때, 그리고 점점 더 많은 사람들이 집과 연금, 일자리에 대한 기대를 잃어 가고 있는 바로 이때, 우리는 우리 인구 중 일부가 처분 가능한(disposable) 존재라는 인식과 마주하고 있다. 노동 대중의 대체 가능성과 처분 가능성에 기대고 있는 단기 노동 혹은 포스트포드주의 형태의 유연 노동이 우리 앞에 존재한다. 이런 노동은 시장 합리성이 누구의 건강과 생명이 보호받아야 하고 누구 것은 그럴 필요가 없는지를 결정해야 한다는 식의 생각을 깔고 있는, 이 사회의 건강보험과 사회보장에 대한 지배적 태도에 의해 강화된 것이기도 하다. 우리가 보기에 지난번 티파티 회합은 이 점을 아주 분명하게 보여 주었다. 그날 회합에서 티파티의 한 회원은 누군가 심각한 병을 앓고 있지만 건강보험료를 낼 형편이 아닐 때 그 사람은 죽어 마땅하다고 주장했다. 뉴스에 따르면 군중들의 환호가 그곳을 가득 채웠다고 한다. 나는 그것이 대개 참전

▼
주디스 버틀러는 후기구조주의 페미니즘의 대표적 인물로 꼽히며, 미국 캘리포니아 버클리 대학의 수사학-비교문학과 교수로 재직 중이다. 대표 저서로 『의미를 재현하는 육체』, 『불확실한 삶』, 『젠더 트러블』 등이 있다.

으로 이어지는 그런 종류의 환호였거나 혹은 민족주의적 열정의 형태였다고 생각한다. 하지만 몇몇 사람들에게 이것이 기쁜 일이었다면, 그것은 틀림없이 어떤 믿음, 즉 소득이 충분치 않은 사람들이나 고용이 안정되지 않은 사람들은 건강보험의 도움을 받을 자격이 없으며 그 사람들에 대해 우리 나머지 사람들은 전혀 책임을 질 필요가 없다는 믿음 때문일 것이다.

도대체 어떤 경제적·정치적 조건들에서 그런 잔인한 형태의 기쁨이 출현하는 것일까? 그 청중들이 들먹인 책임(responsibility) 관념은, 뒤에서 보겠지만, 정치적 윤리 관념을 포기하지 않은 채 따져 봐야만 할 것이다. 만약 우리 각자가 오직 우리 자신들에 대해서만 책임을 지고 다른 이들에 대해서는 그렇지 않다면, 그리고 책임성이라는 것이, 무엇보다도 먼저, 자족성(self-sufficiency)이 구조적으로 손상된 조건 아래서 경제적으로 자족적이 되어야 한다는 바로 그런 책임성을 의미한다면, 우리는 이 신자유주의적 도덕이 경제적 수준에서는 자족성의 가능성을 파괴하면서도 그것을 도덕적 이상으로 요구하고 있음을 알 수 있다. 사실 건강보험료를 낼 수 없는 사람들은 처분 가능한 것으로 간주되는 인구의 단 한 판본에 불과하다. 기술을 배우고 일자리를 구할 수 있다는 약속에 입대한 사람들, 그래서 아무런 권한도 없는 분쟁지역들, 그들의 삶이 파괴될 수도 있고 실제로 파괴되기도 하는 그런 분쟁지역들로 보내지는 사람들, 그들도 역시 처분 가능한 인구들이라고 할 수 있다. 그들은 나라에 필수적인 존재로 떠받들어지지만 동시에 그들의 삶[생명]은 처분 가능한 것으로 간주된다. 그리고 부자와 가난한 사람들 사이의 격차가 증가되는 것을 보며 자기 자신들은 안전이나 전망의 몇 가지 형태를 상실했음[사회안전망도 없고 그다지 미래도 없다는 것]을 깨달은 사람들, 그들도 스스로를 정부가 포기한

(abandoned) 존재로 이해하며, 정치경제가 일반 서민들을 희생시켜 극소수의 부를 증가시켜 온 게 명백하다는 것을 알게 되었다.

이는 우리를 두번째 지점으로 나아가게 한다. 사람들이 길거리에 모여들면서 함축된 한 가지 사실이 분명해졌다. 그것은 바로 그들이 여전히 여기저기 있다는 것, 그들이 계속 존속한다는 것, 그들이 모여들어 서로의 처지가 다르지 않음을 알게 되었고 그것을 표명하고 있다는 것, 심지어 그들이 협상할 만한 일련의 요구들을 제시하거나 그것에 대해 말하지 않을 때조차 정의(justice)에 대한 요구는 실행되고 있다는 것. 모여든 신체들은 '말하고 있다', 우리는 처분 가능한 존재가 아니라고. 그들이 지금 실제로 그 말을 사용하는지 여부에 상관없이 말이다. 그들이 말하고 있는 것은, 말하자면, 우리는 여전히 여기 있고, 여기에 계속 존속하고 있으며, 더 큰 정의, 불안정으로부터의 해방, 살아갈 만한 삶(livable life)의 가능성 등을 요구하고 있다는 것이다.

물론 정의를 요구한다는 것은 간단치 않은 일이다. 그것은 모든 활동가들을 어떤 철학적 문제로 말려들게 한다. 정의란 무엇인가, 그리고 정의에 대한 요구는 어떤 수단들을 통해 이루어질 수 있는가? 신체들이 "월스트리트를 점거하라"는 표제 아래 모여들었을 때 거기에 "아무런 요구도 없다"는 말이 나오는 이유는 요구들을 담은 어떤 리스트도 지금 요구되고 있는 정의의 이상(ideal)을 소진시킬 수는 없기 때문이다. 우리가 할 수 있는 거라고는 단지 의료보험, 공교육, 주택, 음식의 분배와 이용 등에 대한 해법에 대해서 상상하는 것이다. 달리 말하자면 우리는 부당한 것들을 여러 항목으로 나열하고 그것들을 일련의 특정한 요구들로 제시할 수 있었을 뿐이다. 하지만 정의에 대한 요구는 그런 요구들 각각에 나타나면서도 또한 그것들을 필연적으로 초월할 수밖에 없다. 우리는 이러한 요구가 작동하는 다른 방식을 보기 위해 플라톤식의 정의(Justice) 이론을 받아들일 필요는 없다. 왜냐하면 신체들이 자신들의 분노를 표현하기 위해, 그리고 공공장소에서 자신들의 복수적 실존을 실현하기 위해 모여들 때, 그들은 또한 요구들을 더욱 넓혀 가기 때문이다. 그들은 자신들이 인식되기를, 가치를 평가받기를 요구하고 있다. 그들은 나타날 권리[보여질 권리]를 행사하고 있고 자유를 행사하고 있다. 그들은 살 만한 삶을 요구하고 있다. 이런 가치들은 특수한 요구들에 전제되지만, 그것들은 또한 우리의 사회경제적이고 정치적인 질서의 더 근본적인 재구조화를 요구한다.

어떤 경제적이고 정치적인 이론에서 우리는 '불안정화'(precaritization)라고 불리는 것에 점점 더 예속화되어 가는 인구집단에 대해서 듣는다. 이 과정——이는 오랜 시간 동안 사람들을 불안정과 낙담에 적응하도록 만드는 경제적 기구들이나 정부기구들에 의해 유도되고 재생산된다(이사벨 로리Isabell Lorey를 참조하라)——은 한시적 노동, 사라져 가는 사회적 서비스, 그리고 사회적 민주주의의 일반적 쇠퇴 등의 제도화 안에 구축된다. 그런데 이는 개인적 책임[책임의 개인화]의 맹렬한 이데올로기와 인생의 궁극적 목표를 자신의 시장가치의 극대화에 두게 하는 그런 책무 같은 걸로 지지되는 기업주의적 양식들(entrepreneurial modalities)을 위한 것이다. 내 생각에 불안정화라고 하는 이 중요한 과정은 로렌 벌랜트(Lauren Berlant)가 제안했듯이 불안정을 하나의 정서 구조(structure of affect)로서 이해하는 것, 그리고 사회 전체에 차등적으로 배분된 소모 가능성(expendability)이나 처분 가능성(disposability)의 고조된 감각으로서 이해하는 것으로 보충될 필요가 있다. 그리고 나는 여기에 세번째로 불안함(precariousness)이라는 말을 덧붙이고자 한다. 이는 몸을 부여받은(embodied) 그리고 유한한(finite) 모든 인간 존재를 특징짓고 또한 비인간 존재들을 특징짓는 단어이다. 이 단어는 단순히 실존적인 진리 —다시 말해서 우리 각자는 우리가 통제할 수 없는(outside of our control) 사건들이나 과정들의 힘에 의해 박탈되고 상처 입고 무력해지거나 죽음에 처하기 쉽다는 그런 실존적인 진리인 것만은 아니다. 이 단어는 또한 매우 중요하게도 우리가 사회적 유대(social bond)라고 부르는 것, 우리의 상호 의존성을 정립하고 있는 다양한 관계들의 특징이기도 하다. 달리 말하자면 사람들이 피난처의 부족으로 고통받는 것은 모든 사람들 각각이 접근할 수 있는 방식으로 피난처를 조직하는 데 사회적으로 실패했기 때문이다. 그리고 사람들이 실업으로 고통받는 것은 그 가능성을 저지하는 안전망을 구축하는 데 실패한 시스템과 정치경제학 때문이다.

이는 바로 다음과 같은 사실을 의미한다. 즉 사회적이고 경제적인 박탈[궁핍]에 대한 우리 자신의 가장 취약한[끔찍한] 경험 속에서 폭로된 것은 단지 개별적 인간으로서의 불안함만이 아니라 —물론 그것도 확실히 드러나기는 했지만— 사회경제적이고 정치적인 제도들의 실패와 불평등도 드러났다. 불안정(precarity)에 대한 우리의 개별적 취약성을 통해 우리는 우리가 사회적 존재임을, 말하자면 우리를 지탱시켜 주거나 거기에 실패하는, 아니면 끊임없이 절망과 결핍의 유령을 생산하면서 단지 간헐적으로만 우리를 지탱시켜 주는 그런 일련의 네트워크들에 연루되어 있는 그런 사회적 존재임을 발견한다. 우리의 개인적 복리는 우리의 상호 의존성을 받쳐 주는 사회적·경제적 구조들이 제자리를 찾을 것인가에 달려 있다. 이것은 오직 신자유주의적 상황과의 단절을 통해서만 가능하다. 바로 우리의 정치적 세계와 단절하고 그것을 다시 만들고자 하는, 가차없이 공공연하고 완고하고 지속적이며 운동가적인 투쟁 속에서 신체들의 함께함을 통해서 민중들의 요구를 실현시키면서 말이다. 신체들로서, 우리는 고통받고 우리는 저항하며 함께한다는 것, 그것도 아주 다양한 지역에서 그렇다는 것은 신자유주의적 경제학이 거의 파괴해 버린, 지속 가능한 사회적 결합의 형식을 예증한다.